CHINA ECONOMIC GROWTH REPORT

中国经济增长报告

新发展格局下的经济转型、经济增长和宏观调控

2021—2022

刘　伟◎学术顾问

苏　剑◎主　编　戚自科◎副主编

中国经济出版社
CHINA ECONOMIC PUBLISHING HOUSE
北　京

图书在版编目（CIP）数据

中国经济增长报告．2021-2022：新发展格局下的经济转型、经济增长和宏观调控 / 苏剑主编；戚自科副主编．-- 北京：中国经济出版社，2022.12
ISBN 978-7-5136-6875-0

Ⅰ．①中… Ⅱ．①苏… ②戚… Ⅲ．①中国经济－经济增长－研究报告-2021-2022 Ⅳ．①F124.1

中国版本图书馆 CIP 数据核字（2022）第 243130 号

责任编辑　邓媛媛
责任印制　马小宾
封面设计　华子工作室

出版发行　中国经济出版社
印 刷 者　北京富泰印刷有限责任公司
经 销 者　各地新华书店
开　　本　710mm×1000mm　1/16
印　　张　17.25
字　　数　237 千字
版　　次　2022 年 12 月第 1 次
印　　次　2022 年 12 月第 1 次
定　　价　98.00 元

中国经济出版社　**网址**　www.economyph.com　**社址**　北京市东城区安定门外大街 58 号　**邮编**　100011

本版图书如存在印装质量问题，请与本社销售中心联系调换（联系电话：010-57512564）

目　录

绪 论

2021 年，国内外风险因素增多，经济转型和调整的压力有所显现。初步核算，2021 年全年国内生产总值（GDP）1143670 亿元，按不变价格计算，较上年增长 8.1%，超额完成年初制定的 6% 增速目标。分季度看，第一季度受到低基数效应以及经济修复速度加快的支撑，GDP 同比增长 18.3%，2020 年和 2021 年两年平均增长 5%，第二季度、第三季度和第四季度分别增长 7.9%、4.9%、4%，经济同比增速逐季回落明显。虽然中国与当今世界相比仍属于增长较快的经济体，尤其是在 2020 年全球负增长条件下，中国仍达到了 2.3% 的增长水平，同时与近年来自身逐年增长率相比，2021 年的增速处于合理区间，率先迈入后疫情时代稳健复苏阶段，但 2020 年和 2021 年两年平均增速为 5.1% 左右，低于 2018 年（6.6%）和 2019 年（6.1%）的水平，表明宏观经济出现趋势性放缓迹象。那么，在未来构建新发展格局的背景下，中国宏观经济增长潜力在哪里？重点发展领域有哪些？宏观政策该如何调整？本报告将以专题的形式对此进行详细的分析与探讨。

第一章主要对中国 2021 年整体经济发展形势、2022 年经济发展指标以及宏观调控政策做了全面的解读和总结。2021 年中国宏观经济政策目标圆满达成，实现了“十四五”良好开局，体现了中国经济较强的韧性。2022 年中国宏观经济主要指标科学合理，但需要付出艰苦努力才能实现，体现了主动作为。2022 年中国宏观经济政策突出特点在于保持连续性，增强有效性，取向清晰，力度加强，实现新的经济增长。

第二章主要对当前中国市场一体化进程进行了测算和分析。针对当前中国推出双循环新发展格局的背景下，聚焦于国内市场一体化改革的评价分析，首先采用相对价格法测算了 2004—2018 年 30 个省区市的综合市场、商品市场、要素市场、资本品市场以及劳动力市场的分割指数。其次从全国层面、地区层面以及省级层面比较分析各类市场的分割程度和一体化改革成效。研究结果发现，中国整体市场分割程度确实呈下降收敛的趋势，市场一体化改革进程取得了积极的成效，但整体市场分割程度的下降主要由商品市场拉动，要素市场一体化改革进程相对落后。最后基于研究结论提出了针对性的政策建议，为中国打通国内大循环，实现国内国际双循环发展理念和战略提供政策性参考。

第三章主要针对美国东西城市群、日本东京都市圈、法国巴黎都市圈、英国伦敦都市圈、以色列特拉维夫及城市群的区域协同发展经验进行梳理，通过比较分析全球发达经济体的区域协同发展经验，为我国粤港澳大湾区发展提供多方面启示。

第四章主要基于 EBM-Luenberger 模型对中国经济发展方式转型效果进行了评估，研究结果显示，1996—2017 年中国经济来自效率改善的平均贡献份额明显低于要素投入的贡献份额。虽然中国经济发展方式尚未出现根本性转变，但呈现出加快改善的趋势，特别是 2012 年已经进入粗放型向质量型过渡的阶段。效率改善的提高主要源于技术进步，证明中国经济发展方式转型主要是由于科学技术发展而推动。东部地区经济发展方式转型效果相对较好，特别是 2017 年东部地区效率改善接近 50%，即将实现质量型发展。2017 年上海、北京、广东、江苏、浙江、重庆 6 省区市效率对经济发展的贡献已经超过 50%。

第五章主要基于总供给和总需求的分析视角研究了人口老龄化对经济增长的影响。全球人口老龄化持续加剧，中国的人口老龄化问题也同样严峻，中国政府已经将应对人口老龄化问题上升到了国家战略的高度。为了从理论层面厘清人口老龄化对宏观经济运行的影响，分别分析人口老龄化对供给侧和需求侧的影响，并在此基础上分析人口老龄化对经济增长的影响。基于跨国面板数据的实证研究发现，老年抚养比提高 1 个百分点，会使 GDP 显著降低 0.226%，即一个国家的老年抚养比提高会对经济增长产生显著的负面影响。与此同时，在以上分析的基础上，结合联合国有关中国的人口预测数据分析了人口年龄结构变化对中国中长期经济增长的影响。最后，基于相关分析结果，从生育政策的角度以及总供给与总需求方面提出相关政策建议来缓解人口老龄化对于经济增长的负面影响。

第六章主要论证了大力度体制改革对当前中国经济增长的重要作用，通过仿真推演显示，在 2035 年前的阶段，综合第四次大力度改革与实施国土再开发战略获得的新增长潜能年平均约为 3 个百分点，实施调水增地重大发展举措还可获得 0.5 个百分点的新增长潜能，假定广义技术进步年平均增长率为 1%，顺其自然的经济增长速度为 1.5%~2.5%，则经济增长速度可为 5%~6%，可以实现 GDP 翻两番、进入高收入国家行列和初步建成现代化国家的经济社会发展目标。

第七章主要研究减税政策是否真的提升了小微企业的全要素生产率。小微企业的减税成效是当前重点关注的问题之一，本章基于 2014—2015 年全国税收调查数据，采用聚束和 DID 方法检验小微企业所得税优惠政策间断点的聚束效应和减税成效，得到以下结论：首先，中国小微企业所得税优惠政策间断点附近并未形成显著的聚束效应；其次，出现这种现象的原因是样本期内实际享受优惠的小微企业占可享受优惠企业的比例较低；最后，样本期内小微企业所得税优惠政策虽然使企业全要素生产率平均提高了 5.8%，但如果满足条件的企业都享受该优惠，全要素生产率将平均提高 13.3%，两者差距较大。

第八章主要测算了中国房地产市场对经济增长和就业的影响。中国房地产行业经过快速发展，已经成为影响经济健康发展和民生福祉的重要因素。房地产行业从供给和需求两个角度对中国经济增长和就业产生直接和间接拉动作用。根据分析结果进行预测，2022 年在悲观、中性和乐观情形下，房地产开发投资分别增长 3%、4% 和 5%。根据投入产出模型计算，悲观、中性和乐观情形将分别下拉 2022 年 GDP 增速 0.31 个、0.24 个和 0.18 个百分点。2022 年经济稳增长压力仍然较大，无论是房地产调控短期政策还是长期政策的制定，都需要充分考虑房地产业过快下滑对宏观经济带来的影响。

第九章主要对数字经济时代数据生产要素化进行经济分析，深入研究数据生产要素化的原因、难点，以及由此产生的数字经济核算问题。研究发现，数据作为数字化的载体，具有非竞争性、边际成本趋近于零和价值存在不确定性等特征，在影响经济增长的机制上，应该建立数据要素与其他生产要素的协同联动机制、市场化配置机制和反垄断机制。数据资产确权的难点在于数据所有权应指定给企业还是个人，数据所有权的模糊、数据的可复制性和信息悖论导致了数据资产交易和定价的困难。数据生产要素化过程中，数字经济面临统计挑战，传统 GDP 核算方法会产生 GDP 规模的漏统计和增速被低估的风险。

第十章主要研究如何加速数字政府与现代财政的地方体系建设来推进县域治理“三起来”。在数字时代，加速建设地方数字政府与现代财政是县域治理的坚实基础与重要支柱。地方体系建设下县域政府数字化转型路径主要包括：地方省级政府完善本地方数字政府整体联动机制；地方省域内各级数字政府建设的协作配合与互助互促；加速县域数字政府的城乡一体化建设。地方体系建设下县域财政现代化转型路径包括：基于“金财工程”改造升级的地方事权明晰与县域财政支出结构优化；基于“金税工程”调整升级的地方税基壮大与县域税收征管能力增强；地方财政治理现代化推进与县域现代预算制度构建。

第十一章主要研究碳中和愿景下中国能源转型的战略及趋势探索。碳中和明确了中国能源转型的最终目标，即到2060年形成近零碳排放的能源体系。能源领域的深度碳减排要求一方面通过节能提效降低能耗，另一方面通过调整能源结构使能源消费清洁低碳化，因此本章从能耗和能源结构两个维度分析满足2030年碳达峰、2060年碳中和要求的四种可能情景，探讨能源转型的阶段性目标和路线图。在此基础上，分析碳中和愿景下中国能源转型的三大趋势：能源系统电气化、电力系统低碳化和能源电力系统去中心化。

第十二章主要探讨了中国特色供给管理的实践历程与创新应用。供给管理在中国得到了广泛应用，在具体实践过程中因中国特殊的经济背景和制度环境表现出一定的独特性和创新性，赋予了供给管理在中国应用的新特色。本章系统梳理了中国自改革开放以来供给管理的实践历程，探讨中国特色供给管理的实践逻辑，详细论述中国特色供给管理的具体政策应用，总结并论证了中国特色与供给管理之间的内在关联，并为未来中国供给侧结构性改革提出新思路。

本期报告的学术顾问为刘伟（中国人民大学原校长、教授、博士生导师），主编为苏剑（北京大学国民经济研究中心主任、教授、博士生导师），副主编为戚自科。撰稿人有刘伟（第一章）、苏剑（第二章、第五章）、周景彤（中国银行研究院副院长，第八章）、叶银丹（中国银行研究院研究员，第八章）、周天勇（东北财经大学教授，第六章）、邵宇佳（商务部国际贸易经济合作研究院副研究员，第二章、第十二章）、黄剑辉（全国工商联智库委员会委员，中国民营经济研究会副会长，华夏新供给经济学研究院首席经济学家，第三章）、冯科（北京大学经济学院教授，第九章）、张冬梅（中央民族大学经济学院教授，第十章）、林卫斌（北京师范大学经济与资源管理研究院教授，第十一章）、樊勇（中央财经大学财政税务学院教授，第七章）、王光（中国财政科学研究院助理研究员，第十二章）、花璐（商务部国际贸易经济合作研究院研究助理，第十二章）、袁晓玲（西安交通大学经济与金融学院教授，第四章）、陈丽娜（北京大学经济学院博士生，第二章）、闫利光（中央民族大学经济学院研究生，第十章）、吴嘉仪（北京师范大学经济与资源管理研究院博士研究生，第十一章）、管淳（中央财经大学财政税务学院硕士研究生，第七章）、李昊楠（西南财经大学财政税务学院讲师，第七章）。

本报告是系列年度报告《中国经济增长报告》的第 18 部。以往的报告分别为：

1.《中国经济增长报告 2004——进入新一轮经济增长周期的中国经济》

2.《中国经济增长报告 2005——宏观调控下的经济增长》

3.《中国经济增长报告 2006——对外开放中的经济增长》

4.《中国经济增长报告 2007——和谐社会与可持续发展》

5.《中国经济增长报告 2008——经济结构与可持续发展》

6.《中国经济增长报告 2009——全球衰退下的中国经济可持续增长》

7.《中国经济增长报告 2010——从需求管理到供给管理》

8.《中国经济增长报告 2011——克服中等收入陷阱的关键在于经济发展方式转变》

9.《中国经济增长报告 2012——宏观调控与体制创新》

10.《中国经济增长报告 2013——实现新的历史性跨越》

11.《中国经济增长报告 2014——深化经济改革与适度经济增长》

12.《中国经济增长报告 2015——新常态下的宏观调控与结构升级》

13.《中国经济增长报告 2016——中国经济面临新的机遇和挑战》

14.《中国经济增长报告 2017——新常态下的增长动力及其转换》

15.《中国经济增长报告 2018——高质量发展中的经济增长和宏观调控》

16.《中国经济增长报告 2019——寻求经济增长的持久动力与对策》

17.《中国经济增长报告 2020——疫情、人口负债、逆全球化：多重约束下中国经济的高质量发展》

18.《中国经济增长报告 2021—2022——新发展格局下的经济转型、经济增长和宏观调控》

第一章 稳定经济增长 完善宏观治理
——我国经济发展趋势及宏观调控政策分析①

第一节　2021 年中国宏观经济政策目标圆满达成，体现了中国经济较强的韧性

改革开放以来的 40 多年里，我国经济年均增长率达到 9% 以上，创造了战后经济持续高速增长的奇迹。特别是进入新时代（党的十八大）以来，中国经济发展进入新常态，国际经济复苏迟缓，尤其是近几年受新冠肺炎疫情冲击，各种前所未有的因素相互叠加，经济增长和发展面临一系列新挑战和严重的不确定性，但中国经济仍体现出较强的增长韧性和抗打击能力。2013 年至 2017 年 GDP 保持年均 7.1% 的中高速增长，2020 年在全球负增长的条件下，我国成为唯一保持正增长的主要经济体（2.3%），2021 年增速进一步提高到 8.1%，居世界前列，2020 年和 2021 年两年平均增长 5.1%，GDP 达 114 万亿元以上，折合约 17.7 万亿美元（按汇率 6.45 左右），在稳居世界第二大经济体的同时（占全球 GDP 17% 以上），进一步缩小了与美国的差距（相当于美国的 77%），人均 GDP 达 8 万多元（折合 1.2 万多美元），超过当代世界的平均水平，接近世界银行划分的高收入阶段的起点水平（按 1986

① 刘伟．稳定经济增长 完善宏观治理——我国经济发展趋势及宏观调控政策分析 [J]. 经济科学，2022（2）.

年 6000 美元折算），为实现“十四五”发展阶段性目标，跨越中等收入阶段，进入高收入阶段，进而实现 2035 年基本现代化，人均国民收入水平达到中等发达国家水平或 GDP 总量翻一番做出了扎实的推进工作。城乡居民人均可支配收入实际增长 8.1%，与经济增长保持同步（城乡居民人均可支配收入与经济增长近年基本保持同步，接近但未达到 GDP 增长水平）。

在实现中高速增长目标的同时，总体上看各方面宏观经济主要指标和结构变化较为均衡并呈良性趋势：消费者物价指数（CPI）上涨率为 0.9%，近年来政策目标始终在 3% 左右，实际均在 3% 以下，可以说呈现了较高经济增长和低水平通胀的态势；城镇调查失业率为 5.1%，近些年政策目标在 5.5% 以下，实际均在 5% 左右，每年新增就业 1000 万人以上，可以说淡化了经济周期的同时稳住了就业这一基本民生指标；国际收支基本平衡，人民币汇率波动稳定，外汇储备稳定在 3.2 万亿美元以上，2021 年货物进出口总额增速为 21.4%，实际利用外资保持增长；产业结构持续优化，农业基础进一步夯实，农业生产力布局和结构调整进一步优化，粮食产量达到 1.37 万亿斤，创历史新高（农业总产值占 GDP 7%）；制造业核心竞争力提升，五年行动计划和产业基础再造工程取得实质性进展，制造业增加值占 GDP 比重达到 27.4%（比 2020 年上升 1.1 个百分点）；高技术制造业增加值增长 18.2%，高技术产业投资增长 17.1%，信息技术服务等生产性服务业快速发展，数字经济健康成长，新产业新业态获得新发展；区域发展战略有效推进，京津冀协同发展，长江经济带发展，粤港澳大湾区建设，长三角地区一体化发展，黄河流域生态保护和高质量发展等重大区域战略实施均取得扎实进展；东部、中部、西部协调发展水平进一步提升，东部进一步提升创新能力，推动中部地区高质量发展，促进西部地区发展，深化东北地区国企改革和结构调整，推进重点领域平台建设，支持欠发达地区、革命老区、边境地区、生态退化地区、资源枯竭型地区等各类特殊地区振兴等取得新进展。

总之，2021 年我国宏观经济主要指标和社会发展主要目标完成情况良好，实现了“十四五”良好开局，也体现了中国经济的韧性。

第二节　2022年中国宏观经济主要指标科学合理，体现了主动作为

中国人民大学宏观论坛团队预计，2022年中国实际GDP增速有望达到5.5%左右[①]。《政府工作报告》提出：国内生产总值增长5.5%左右，新增城镇就业1100万人以上，城镇调查失业率（我国与欧盟劳工组织的失业率指标大体相同）全年控制在5.5%以内（现阶段GDP增长1个百分点大约新增200万个就业岗位）；居民消费价格涨幅3%左右（以2021年0.9%的涨幅看，3%的政策目标留有较大空间）；居民收入增长与经济增长基本同步（5.5%）；进出口保稳提质，国际收支基本平衡；粮食产量保持在1.3万亿斤以上；生态环境持续改善，主要污染物排放量继续下降，能耗强度目标在“十四五”规划期内统筹考核（2021年下降3%），留有适当弹性，兼顾发展和减排、当前和长远（“十四五”规划期间能耗强度总体下降），新增可再生能源和原料用能不纳入能源消费总量控制。

就增长目标而言，《政府工作报告》提出的5.5%高于国际社会和主要国际经济机构对我国明年经济的预测，也明显高于世界经济增长平均速度，与世界主要经济体相比较，是较高的增长速度；但与我国自身的经济发展历史相比，则是历史上，特别是进入21世纪以来最低的。

从中长期来看，中国经济可能仍将保持较长一段时间的中高速增长，潜在经济增长率逐步下降至5%左右。过去10年，中国经济保持了稳健的中高速增长，对比同期全球主要经济体的增长表现，可以非常明显地看到中国经

① 此文写于2022年初。未做特殊说明，都是以2022年初为视角的。

济又快又稳的增长特征。一是中国经济高增长低波动的运行格局；二是中国从未发生典型的经济与金融危机；三是中国制造在全球化格局中的独特地位；四是移动互联网和大数据等新技术和应用场景在中国经济的实践领先于全球。

从 2022 年全年增长的态势看，与 2021 年相比会有显著不同。2021 年季度之间是先高后低，从第一季度的 18% 以上，逐季下降，到第三季度降至 4.9%，第四季度则进一步降至 4%。2022 年预计总的态势是先低后高，如果第一季度经济增长能够达到 4% 以上，上半年就可能达到 5% 以上，下半年有可能进一步加快，全年达到 5.5% 左右。因为一系列跨周期调节的举措，特别是 2021 年下半年，尤其是第四季度的政策措施的真正显现会在 2022 年逐渐释放（关键看 2022 年第一季度与去年增速的环比速度，如果是正增长接近 1%，那么 2022 年第一季度起步增速就能够保持在 4% 以上）。

这一增长速度是中高速，一是宏观经济主要指标均衡的要求，特别是就业指标的要求（奥肯定律在我国现阶段的经验值大约为增长 1 个百分点带来 200 万个就业岗位）。1100 万人就业，调查失业率控制在 5.5% 以内，需要经济增长 5.5% 左右，与 3% 左右的 CPI 控制目标也大体适应，或者说若无特别的影响因素出现，一般条件下，5.5% 的增长率不会推动 CPI 涨幅超过 3%。二是与近两年我国的平均增速接近，因而有现实依据，2021 年我国经济增长 8.1%，2020 年增长 2.3%，两年平均增长率为 5.1%。三是与我国“十四五”规划目标要求及相联系的 2035 年发展目标要求相衔接，2035 年人均国民收入水平达到当代中等发达国家水平，意味着 GDP 总量 15 年内（2021—2035 年）按可比价格计翻一番，实现这一目标年均增长率应在 4.8% 以上，要在未来到 2035 年的 15 年时间里年均增长率达到 4.8%，在“十四五”期间平均年增长率应该在 5.5% 以上（“十五五”应在 5% 以上，“十六五”则需平均在 4.5% 以上）。

这一速度，作为中高速度是较为积极的，“体现了主动作为”，但实现起来面临极大的压力和不确定性：一是疫情发展和防控在全球范围内仍有极大的不确定性，国内疫情防控态势也极为复杂，对2022年的经济增长会带来严重的风险挑战，一方面，全球消费品价格的上扬将带来中国贸易品竞争力的上扬，另一方面，大宗商品价格持续上扬又将使成本冲击的力度加强，输入性通货膨胀的压力加大；美国物价上涨和赤字财政将加大对中国的需求，导致美国的对华贸易政策全面转向，但美国前期持续量宽以及量宽调整带来的金融市场的震荡很可能导致人民币汇率过度升值；2022年欧美疫情限制的全面放开可能导致全球供应链和产业链调整进一步加速，但也可能在调整中出现更严重的新的供应链瓶颈约束问题。二是世界政治经济局势的演变，经济复苏动力不足，全球经济仍在深度衰退中，同时又有新的矛盾变化，不同经济体之间经济修复的差异日益拉大，疫情冲击下的经济复苏的不均衡性更加突显，前期为应对金融危机冲击和疫情冲击的叠加，采取超强的刺激政策，其对经济的负面冲击开始显现，疫情暴发以来，美欧实施了极度宽松的财政货币刺激政策，使得需求快速反弹；但是其疫情失控局面下供给面修复迟缓，多轮疫情冲击对产业链供应链产生了严重破坏，使得欧美生产和供给不足、原材料和运输成本上升，进而产生严重的供需失衡，导致通胀飙升，特别是美国，自疫情暴发至今，美联储资产负债表规模从2020年初的约4.1万亿美元飙升至目前的约8.8万亿美元，增长了1倍多，美国国债总额从2020年初的23.2万亿美元飙升至目前的30.2万亿美元，两年增加了近7万亿美元；超宽松的货币政策形成的通货膨胀压力开始释放，初级产品和大宗产品的价格大幅上扬，美国等西方主要经济体强力定量宽松货币政策经过一定的时滞后已形成对物价的强劲推动（美国CPI已达7%~8%），高通胀低增长，甚至负增长高通胀的格局有可能形成，进而对我国经济产生冲击，从PPI上涨逐渐传导到CPI上涨，从年初较低的通胀率逐渐攀升，形成2022年先低后高的通胀轨迹。三是俄罗斯与乌克兰之间的军事冲突，对整个国际政治经济关系必然会产生深刻影响，并且这种影响程度究竟有多大还难以预料，从目前对能源（石油、天然气）价格的影响看是极为深刻的，对我国经济也将产生严重影响，特别是考虑到我国石油、天然气的进口高依存度，由此产生的风险更需高度重视（布伦特原油期货价一度超过 140 美元）。四是我国经济增长进入现阶段的基数效应以及经济新常态下的新特点都会对经济增长和发展产生新挑战，GDP 总量在 2021 年超过 114 万亿元的新规模基础上实现再增长，速度自然面临减缓的趋势（每增长 1 个百分点意味着是 1.14 万亿元，相当于 1986 年的 GDP 总量，相当于 2000 年 GDP 总量增长 22.4%），在去年面临一系列挑战的条件下实现 GDP 增长 8.1% 的基础上，再实现较高速度增长需要有更强劲的新动能，而动能转换本身也具有极大的不确定性，因此 2022 年经济增长目标需要付出艰苦努力才能实现。

就居民消费价格而言，在新发展格局的构建中，扩大消费是我国需要牢牢把握的战略基点之一，但当前消费拉动比较乏力，总体消费率不仅长期偏低，而且纵向来看，存在整体下降趋势，疫情的影响进一步加剧了这一现象。随着宏观经济政策调整和居民收入改善，2022 年消费将会继续复苏，并出现一定程度的反弹，但受疫情防控和未来收入预期转弱等因素影响，居民消费仍将存在一定缺口。

消费乏力从根源上取决于居民收入和居民消费意愿的相对下降，背后相关联的是居民住房、教育、医疗、养老等负担过重。因此，牢牢把握扩大消费的战略基点，需要从供给和需求两方面着手，既加强需求侧管理，又加强供给侧结构性改革，其中，关键是做好针对性的制度安排。

第三节 2022 年宏观经济政策突出特点在于保持连续性，增强有效性，取向清晰，力度加强

2022 年《政府工作报告》指出："要保持宏观政策连续性，增强有效性，积极的财政政策要提升效能，更加注重精准、可持续。稳健的货币政策要灵

活适度，保持流动性合理充裕。就业优先政策要提质加力。政策发力适当靠前，及时动用储备政策工具，确保经济平稳运行。”也就是说，宏观经济政策的取向不变，在去年的基础上保持对经济恢复稳增长的必要支持力度，坚持逆周期调节的导向；同时要适应跨周期调节需要，为应对更长期的困难挑战预留政策空间，尤其是要考虑现期宏观经济政策对后期经济可能产生的影响，尽可能使现期政策对后期经济失衡起到缓解和对冲的逆周期作用，而不是为后期宏观经济调控带来需要消化的严重成本。

积极的财政政策要提升效能，更加注重精准（2021 年提出积极的财政政策提质增效，更可持续）。一是继续实施赤字财政政策，赤字率为 2.8%（去年为 3.2% 以上，即超过欧盟的警戒线水平 3%），较去年略有下降，为应对可能出现的更为复杂的局面留出政策空间和政策工具储备。但由于财政收入预计会继续增长（2021 年增长 10.7%，突破 20 万亿元），加之特定国有金融机构（外管局）和专营机构上缴近年结存利润（经营外汇储备的收入 1 万多亿元，以及烟草专卖等形成的利润），可用财力明显增加，支出规模比 2021 年能够扩大 2 万亿元以上，能够保证财政支出政策刺激经济的必要力度。二是在投资政策上用好政府投资资金并带动扩大有效投资。中央政府直接投资较去年有所增加（从 6100 亿元提高到 6400 亿元），安排地方政府专项债券 3.65 万亿元，规模未减，但实际力度较去年有所强化（去年地方政府专项债券 3/4 是在第四季度才投出，对经济的实际拉动作用要到 2022 年才真正显现），而且 2022 年在坚持“资金跟着项目走”的同时，合理扩大专项债使用范围（以往专项债项目要求条件过于严格，如要求项目必须有现金流，而一些公共基础设施项目恰恰难以形成现金流，要求地方政府配套投入，而地方政府之间发展不平衡，土地出让金水平差异极大，总体上地方政府配套能力也不足，等等。使得地方政府专项债难以落实，同时即使落实也可能形成挤出效应，如对国开行的贷款项目），对在建项目的后续融资，公用设施改造和新型基础设施投资的扩大，都会产生更加积极的作用。三是在财政收入政策上实施新的组合式税费支持政策。一方面减税缴费力度不减，对小微企业阶段性免征增值税，减半征收所得税（100 万元至 300 万元应纳所得额）；另一方面大力改进增值税留抵退税制度，对留抵税额实行大规模退税。在 2021 年“规模性减税降费 1 万亿元”基础上采取新的组合式减税降费，包括直接退税，预计全年退税减税约 2.5 万亿元，其中留抵退税约达 1.5 万亿元，继续减税 1 万亿元，退税资金全部直达企业（并且留抵退税不需以往的 5 个方面的附加条件，一律直接退税，比减税更直接更简明）。四是在中央与地方的财政关系上，中央财政加大对地方财政支持力度，中央对地方转移支付增长 18%，约增加 1.5 万亿元，较 2021 年大幅提高，总规模近 9.8 万亿元，并且大都直达市县，同时要求省级财政也加大对市县的支持。

稳健的货币政策要灵活适度，保持流动性合理充裕。一是有效发挥货币政策总量功能，保持广义货币供应量（M2）余额，社会融资规模存量增速与 GDP 名义增速基本匹配，保持宏观杠杆率基本稳定（2021 年 M2 余额增长 9%，社融存量增长 10.3%）。二是发挥货币政策结构功能，引导金融机构加大对实体经济特别是制造业、小微企业、科技创新、绿色发展等重点领域和薄弱环节的支持。三是提高货币政策灵活精准度，合理适度以及灵活运用降准、再贷款、再贴现等多种政策工具以及定向直达工具，保持流动性合理充裕。四是推动金融机构降低实际利率，减少收费，以降低企业融资成本（2021 年我国企业综合融资成本稳中有降，与国际上普遍提升利率形成对照，企业贷款平均利率为 4.61%，比 2020 年下降 0.1 个百分点）。五是保持人民币汇率在合理均衡水平上的基本稳定，进一步完善外汇市场宏观审慎管理和微观监管。

第四节　适应构建新发展格局要求，提升宏观经济治理体系和能力的现代化水平，宏观调控方式具有新特点

构建新发展格局的目的在于建设现代化经济体系，畅通国民经济循环，根本转变发展方式，以贯彻新的发展理念，实现高质量发展。就宏观经济而言，高质量发展必须是良好运行的，国民经济生产、分配、流通、消费各个领域相互协调，国民经济生产和再生产各环节有机衔接，供给与需求在总量和结构上适配，经济增长、通货膨胀、就业等宏观经济政策目标均衡实现，市场与政府机制有效结合，国内与国际双循环相互促进，宏观调控与微观行为有机统一。

宏观调控方式具有新的特点。

首先，宏观经济政策与其他主要社会经济发展政策必须相互协调，形成推动发展的合力。2022 年《政府工作报告》提出：要完成 2022 年发展目标任务，宏观政策要稳健有效，微观政策要持续激发市场主体活力，结构政策要着力畅通国民经济循环，科技政策要扎实落地，改革开放政策要激活发展动力，区域政策要增强发展的平衡性、协调性，社会政策要兜牢民生底线。一是在七大政策之间，在具体措施上要相互协调相互衔接，避免形成政策合成谬误，而且要有利于形成稳定的社会对政策的预期，尤其是在稳增长保主体的政策取向上必须同向发力，避免出现反方向的政策叠加效应。在政策目标上必须协调，不能孤立强调单一政策目标，在政策目标的实现进度上必须相互联系，且要有弹性，因地制宜、因时制宜，年度目标与中长期目标相互衔接，2022 年把 GDP 单位能耗目标由年度目标调整为“十四五”统筹，就是弹性的具体体现。二是要科学清晰地把握七大政策之间的内在逻辑，就宏观经济治理和调控而言，最为基本和紧要的是稳定宏观经济大盘，保持国民经济运行处于合理的区间，实现政策增长目标，因为经济增长目标是就业目标、物价目标实现的基础和前提，就我国 2022 年宏观经济大盘稳定而言，是

在稳定经济增长（实现 5.5% 左右的增长目标）基础上实现“六稳”，进而切实落实“六保”。三是要实现稳增长，在采取有效宏观经济政策基础上，关键在于稳市场主体，为企业减负纾困，提高市场主体活力，宏观经济政策无论是经济增长目标还是就业目标及通胀目标，都是通过市场主体的市场竞争活动及行为调整实现的；如果市场主体缺乏活力，宏观经济政策目标不可能通过市场机制有效地实现，财政、货币政策需要围绕降低企业成本、减轻企业负担、提高企业竞争力展开，只有稳住市场主体才可能稳住就业，才可能使经济增长具备微观基础。特别是对中小微企业，既是稳住市场主体的重点，又是难点所在，更应加大支持力度和有效性。我国现阶段 1.5 亿个市场主体中绝大部分是中小微企业，其中 1 亿多家个体工商户，承担 3 亿多人就业，中小微企业承担 4 亿多人就业，合计承担 7 亿多人就业。正如 2021 年 12 月召开的中央经济工作会议所总结的，我们党对经济工作的规律性认识，重点在于必须加强统筹协调，坚持系统观念[①]。

其次，以扩大内需为战略基点，以深化供给侧结构性改革为战略方向，推进供求均衡，形成需求和供给两方面调控的有机统一。我国经济现阶段面临的三重压力，在于需求收缩、供给冲击以及在此基础上形成的预期转弱。因而宏观经济治理需要同时应对需求和供给两方面的影响，应对需求收缩冲击，在稳外贸的同时以扩大内需为战略基点。

就扩大内需而言，要从促进就业、加强职业技能培训、改善资源配置、完善税收制度、完善社保、扩大中等收入群体、合理调节房价、合理提升社会公共服务多个角度加强制度安排。在恢复升级消费需求上，尤其是在疫情冲击下，消费需求受到严重影响，在消费需求的恢复远未达到正常水平条件下，边际消费需求增长放缓，2021 年和 2022 年两年社会消费品零售总额平均增速仅为 3.9%（剔除基数效应）。因此，一方面我国具有超大规模的消费市场，经济增长条件下，14 亿人口和持续的居民实际收入与 GDP 基本同步

---

①《人民日报》2021 年 12 月 11 日，第 1 版。

增长形成大规模的市场有效消费需求基础。2021 年我国社会消费品零售总额达到 44.08 万亿元，网上零售额达到 13.09 万亿元，居世界前列，要充分利用我国消费市场空间。另一方面需要多措并举提升消费能力和信心，完善收入分配制度，缩小收入差距，完善初次分配、再分配调节和三次分配，在做大蛋糕基础上切实分好蛋糕，提高全社会消费倾向并稳定消费预期，更好地发挥分配在国民经济生产和再生产中的功能和作用，坚持按劳分配为主体，完善按要素分配政策，加大税收、社保、转移支付的调节力度，支持有意愿有能力的企业和群体积极参与公益慈善事业，通过完善分配推进共同富裕的历史进程，同时促进经济增长动能提升，尤其是增强消费需求对经济的拉动作用。在扩大投资需求上，一是积极扩大有效投资，围绕国家重大战略部署和“十四五”规划纲要 102 项重大工程项目实施，政策发力适当靠前，适度超前开展基础设施投资，2022 年中央预算内投资较上年进一步增加，将达到 6400 亿元，全社会固定资产投资规模在 2021 年超过 54 万亿元的基础上（2021 年固定资产投资增长 4.9%，不含农户）进一步增大。二是深化投资审批制度改革，破解投资体制性难题，切实推进中央与地方、国企与民营、东部与中西部等方面在投资体制上的改善和完善，有力扩大投资需求的同时，切实提升投资的有效性，处理好投资效率和均衡的关系，切实把投资拉动的作用有效发挥出来。三是深化要素市场化进程，为扩大有效投资创造良好的要素条件，尤其是在满足投资需求的用地、用能指标以及地方配套等方面进一步完善相关支持政策，对国家重大项目实行能耗单列，使有效投资需求能够切实实现，以有效需求牵引供给扩张。更重要的是，为适应逆全球化和后疫情时代特征，需要在发展观念上更加强调内生动力和经济安全。因此，在当前的特定形势下扩大内需，需要加大有效财政支出力度，出台消费导向的减税降费政策和民生导向的收入补贴措施。同时，配合新发展格局的布局，还需要进行财政支出结构调整。在关键核心技术、高新技术上的布局，在核心产业链上进行国产替代的布局，以及在出口转内销等方面的一系列布局，都需要财税改革的配合，需要产业政策和贸易政策的调整，以实现新战略与传统战略的对接。

就应对供给冲击而言，一方面以深化供给侧结构性改革为主线，增强企业活力，增强市场竞争力和创造力；提升产业链水平，改善产业组织，优化产业结构；畅通国民经济循环，打通国民经济生产和再生产的堵点。我国现阶段的产业结构是我国工业化发展到一定阶段的结果，有其历史的必然性，符合改革开放前几十年中国在国际贸易中的要素禀赋优势，也符合中国的经济发展水平。然而，我国的要素禀赋优势在发生变化，经济增长引致的鲍莫尔效应和恩格尔效应也在推动产业结构的变化，产业结构升级和优化是经济发展到特定阶段的要求。从第二产业和第三产业的占比关系上来看，第二产业技术进步引致的鲍莫尔效应和国民收入增加引致的恩格尔效应会推动第三产业占比的增加。这正是由中国经济增长和产业发展的阶段性所决定的。

但与此同时，推动第二产业的内部升级和第三产业的高质量发展有利于经济的可持续增长。从整个国民经济的发展方式上看，通过深化体制改革即加强制度创新来推动技术创新，从而使我国的经济增长由更多地依赖于增加投入改变为更多地通过经营管理进步和科学技术进步来实现。实现可持续的经济增长，关键是要以广义技术进步（包括制度创新和技术创新）来提高经济增长质量。第二产业的内部升级方面，我国经济正由资本密集型转向技术密集型，从投资驱动型向创新驱动型转变。现阶段需要着重实现中低技术工业到高科技工业的升级，通过高科技产品与世界其他国家产品的交换，实现低投入和高产出。第三产业的高质量发展方面，国家现在所重视的服务贸易和数字经济等，几乎都对第三产业的高质量发展提出更高要求，尤其是对生产性服务业的发展提出了更高的要求。目前，我国可以抓住两个较为突出的产业升级机遇：一是以新技术为代表的科技革命和产业革命，二是以碳达峰、碳中和为主导的绿色转型。

随着数字经济时代的到来，数据要素在全球经济增长中扮演的角色越发重要。人工智能、大数据、云计算等技术正在引领新一轮技术进步，将催生出新的数字经济产业活动，促进中国经济结构进一步转型升级。另外，为实现碳达峰、碳中和目标，中国的能源结构、生产结构、消费结构等将被重构，把握好绿色转型机遇，将会带来一场全面系统深刻的经济社会结构转型。

然而，调整和优化国内产业结构也需要注意两个问题。一是产业升级并不意味着“去工业化”。过早过快“去工业化”，不仅会造成工业发展不充分，还会造成没有形成对服务业的有效需求，导致工业和服务业之间不能形成良性联动。这也是《中共中央关于制定国民经济和社会发展第十四个五年规划和二〇三五年远景目标的建议》中强调“保持制造业比重基本稳定”的原因。二是应避免经济的“脱实向虚”。第一，部分金融部门脱离服务实体经济的目标，形成金融体系内部的自我循环和增值，容易引发系统性金融风险。第二，房地产部门的发展与国民经济其他部门的发展之间存在失衡，容易引发房地产泡沫、债务风险等危机，并影响长期经济增长动力。

另一方面通过深化供给侧结构性改革，提高供给质量，完善供给结构，提升供给与需求的适配性（更好满足需求），同时引领并创造新的需求。在消费领域，培育新的消费热点，发展服务消费，拓展消费新场景、新业态，提升消费产品和服务质量，促进老字号创新发展，适应老龄化趋势开发新的适老化技术和消费品，深化农业供给侧结构性改革，加大消费品质量安全监管力度，改善消费环境，适应绿色低碳和智慧数字时代变化，推进新型消费发展和服务升级，等等。在投资领域，精准有效超前推进交通、水利、物流、能源、新型基础设施、民生等领域重大基础设施项目的建设，扩大战略性新兴产业投资，进一步支持企业扩大设备更新和技术改造，加快补齐农业农村、水利、市政工程、防灾减灾、应急保障等领域短板，提高城市基础设施改造和建设水平，提升新型城镇化质量，等等。在创新领域，要破解制约科技创新发展的难题，需要通过加强制度创新来推动技术创新。一是优化配置优势资源，推动重要领域关键核心技术攻关。第一，全面统筹各方力量，通过市场机制配置优势资源；第二，合理布局各个技术环节，降低初期投入的预期风险；第三，充分利用国际国内创新要素，致力于高水平的开放合作。二是优化上下游经济结构，推动要素市场化改革。第一，推动产业结构升级，降低企业的成本，提高企业的竞争力；第二，推进要素市场化改革，降低民营企业的融资约束，解决中小企业“融资难、融资贵”等问题，让下游企业敢创新、能创新；第三，建设全国统一大市场，开拓国际国内市场，让上游企业有市场、有收益。通过供给侧结构性改革，逐渐转变经济发展方式，即从扩大要素投入量为主，转变为提高要素生产效率和全要素生产率为主。

再次，宏观经济政策跨周期与逆周期相互配合，淡化经济周期波动性。这是我国宏观经济治理实践创造的一条重要经验。所谓逆周期就是根据宏观经济失衡的方向和失衡程度，相应采取与失衡方向相反的以克服失衡的宏观经济政策。改革开放以来，从 1978 年至 1998 年 21 年时间里我国宏观经济失衡总方向是需求膨胀，因而长期紧缩；1998 年至 2008 年为应对亚洲金融危机和国际金融危机冲击，我们先后采取了积极的财政政策和稳健的货币政策，以及更加积极的财政政策和适度宽松的货币政策；2010 年底退出全面反危机政策之后，重新回到积极的财政政策和稳健的货币政策，但根据失衡的强度不断调整政策力度，总体是扩张性的。现阶段我国经济面临三重冲击，需要从需求和供给两方面应对冲击，要求宏观经济政策保持相应的扩张强度，稳定经济增长，我国之所以能够长期保持高速增长且波动性不大，重要的原因在于逆周期的宏观政策作用。所谓跨周期调节就是充分考虑现阶段调节的政策效应对未来阶段经济会产生怎样的影响，在有效调控即期宏观经济失衡的同时，为今后预留必要的政策空间，至少尽可能降低未来宏观经济运行和宏观调控需要消化的现期政策成本，最好当期的宏观政策不仅能在本期发挥逆周期调节作用，而且能形成跨周期的政策效应。我们总结 2008 年应对国际金融危机冲击的经验教训（短期里 4 万亿元投资支出强刺激和漫灌式强力扩张信贷），为应对疫情冲击下的经济衰退，没有采取超大规模超强力的刺激经济的政策，2021 年经济实际增长 8.1%，但宏观政策增长目标是按 6% 安排的，根据这一增长目标的要求，财政赤字率没有进一步增加，虽然仍在警戒线水平之上（欧盟的标准是 3%），但从上年的 3.6% 减少至 3.2%，国债规模也略有减少（减少 1000 亿元）；M2 余额增长控制在一位数（9%），社会融资规模存量增速保持在 10% 左右的水平，企业贷款平均利率没有大幅下调（比上年下降 0.1 个百分点）；3.6 万亿元地方政府专项债由于种种原因（主动的及被动的），相当大的部分（3/4 左右）是在 2021 年第三季度之后投出的，客观上会形成对 2022 年及以后更长时间的拉动作用。因而，2022 年中国宏观经济与世界其他主要经济体相比，没有出现过高的通胀压力（7%~8%），2021 年我国 CPI 仅为 0.9%，2022 年虽然受各种因素影响，特别是国际经济因素影响，我国通胀率可能会表现出前低后高态势，但全年控制在 3% 左右的政策目标还是可能实现的。与我国自身以往逆周期政策相比，没有采取大规模强刺激，而是强调稳增长、调结构、促改革，强调政策的精准有效，因而没有形成大规模的重复投资以及新一轮的低水平产能过剩。这些举措为 2022 年和今后的经济增长预留了政策空间，使得我们具备更为丰富的政策工具，加大稳增长、保就业的力度，为实现今年宏观经济目标创造了有利条件。而 2022 年按 5.5% 的经济目标安排，除考虑本年度当期经济增长目标、就业目标、物价目标等宏观经济运行的必要性和可能性外，也考虑到为明年乃至更为长远的经济增长和发展预留政策空间，以切实在宏观经济治理上贯彻稳中求进的工作总基调，把握好宏观经济政策的时度效，防止经济出现大起大落。

最后，在高质量发展的过程中，需要解决两个方面的短板问题。一是当前中国的市场体系还不够完善，特别是要素市场化配置改革相对滞后。市场化改革不彻底抑制了资源配置效率的提高，也是以往中国企业创新动力不足的重要原因。要素市场管制的存在，使得企业更倾向于通过寻租获取廉价的生产要素以创造利润，而在科技创新和研发方面的投入较少，从而抑制了创新活力。我们的研究测算结果表明，如果能够深入推进市场化改革，完善要素市场化配置，那么 2020—2035 年中国经济的潜在增速均值将额外提高 40% 左右，从 3.8% 提升至 5.3%，从而能够为到 2035 年基本实现社会主义现代化打下坚实基础。二是关键核心技术和国民经济循环受制于人，产业链供应链存在断点、堵点。进入新发展阶段，技术进步主要依靠“模仿”已不可能。关键核心技术是买不来、要不来的，只能依靠自主创新。实现发展方式的根本转变，推动高质量发展，关键在于创新带来的效率革命和动能转换；现代经济体系的构建及竞争力的提升，根本在于创新的支撑；产业链的断点、堵点和国民经济循环受制于人的短板得以克服，要害也在于创新力上能否突破。

实现高质量发展，必须实现依靠创新驱动的内涵型增长，技术创新和制度创新。一方面是技术创新，依靠技术创新进行结构升级，打好关键核心技术攻坚战，这既是形成以国内大循环为主体的关键，也是摆脱西方国家“卡脖子”、提高国际竞争主动权、促进国内国际双循环的关键。在这一过程中，既要更好发挥政府顶层设计、统一布局、组织协调的作用，又要充分发挥企业在技术创新中的主体作用；既要夯实基础研究，又要加速科技成果向现实生产力转化；既要大力提升自主创新能力，又要坚持开放创新，加强国际科技交流合作。另一方面是制度创新。2020 年 5 月，中共中央、国务院发布《关于新时代加快完善社会主义市场经济体制的意见》，就是对全面推进改革，完善社会主义市场经济体制的再布置、再强调。未来要通过进一步的制度创新，建设能充分发挥市场作用、更好发挥政府作用的经济体制，实现市场机制有效、微观主体有活力、宏观调控有度。

第二章

中国市场一体化进程：趋势、成效与建议①

第一节 引言

当前全球经济形势错综复杂，国际贸易和国际投资在逆全球化思潮迭起的背景下已然出现拐点，同时随着 2020 年新冠肺炎疫情的暴发，贸易保护和产业链回流更是频频发生，逆全球化显然已经达到了新的高度，令全球经济衰退蒙上了新的阴影。聚焦国内经济运行，自 2013 年进入新常态以来，经济下行压力开始凸显，如何发掘新的经济增长点，提升潜在经济增长率仍是当务之急。

面对当前中国经济发展的新阶段、新环境和新变化，如何畅通国民经济循环，发挥国内超大规模市场优势，形成以国内大循环为主体、国际国内双循环相互促进的新发展格局已经成为当前中国经济发展的焦点。从中国经济发展历程来看，出口对经济的拉动作用呈现逐渐减弱的趋势，出口占 GDP 的比重已经从 2006 年的 35.4% 下降至 2019 年的 17.4%，影射出 2019 年中国经济由国内循环实现的比例达到了 82.6%，其中国内消费对经济增长贡献率达到 57.8%，且连续 6 年成为经济增长第一拉动力。可见，随着中国经济的

---

① 苏剑，邵宇佳，陈丽娜．中国市场一体化进程：趋势、成效与建议 [J]. 社会科学辑刊，2021（3）.

不断发展，经济体量的扩大和产业结构向服务业倾斜致使市场和资源两头在外的国际大循环动能明显减弱，国内经济循环的特征也将越发明显。

双循环新发展格局的提出，其本质是发挥国内超大规模市场的潜力和优势，立足于国内市场，畅通国内大循环来推动国内和国际的双循环（余淼杰，2020），所以，如何畅通国内大循环是整个双循环发展理念和战略的核心部分。然而，中国国内市场存在特有的分割现象，这是中国从计划经济向市场经济体制转轨的产物，源自地方政府和官员对自身利益的追求（徐保昌和谢建国，2016）。市场分割不仅会阻碍商品和要素在国内的自由流动，也会削弱市场机制对资源配置的优化效率（李善同等，2004），由此便会对双循环战略的推进产生挑战。因此，如何构建全国统一大市场将是畅通国内大循环的关键举措之一。

鉴于此，本文将聚焦于近些年中国国内市场的分割程度和一体化改革的成效，采用市场分割指数来衡量市场一体化程度，从不同市场种类和不同地区维度对国内市场分割的现状进行详细的描述和分析，以期发现当前中国市场一体化改革中的薄弱环节，并针对性地提出政策建议，为打通国内大循环，实现国内国际双循环发展理念和战略提供政策性参考。在具体的研究过程中，本文收集了 2004 年至 2018 年各类商品和要素的价格数据，采用相对价格法测算了 30 个省区市的商品市场、要素市场、资本品市场以及劳动力市场的分割指数，然后从全国层面、地区层面以及省级层面比较分析各类市场的分割程度和一体化改革成效，最后采用面板单位根和收敛分析方法对各地区市场分割指数进行平稳性检验，确保研究结论的可靠性。

第二节　文献综述

早期部分研究显示，中国国内不仅存在市场分割，而且市场分割的程度比较严重。沈立人（1999）在其研究地方政府的经济职能和经济行为中发现，中国地方分割的情况严重，并将中国的经济体系称为“诸侯经济”。Young（2000）通过测算和比较中国国内各区域的产出结构和商品价格，发现产出结构在改革开放期间趋于收敛，但区域商品价格在20世纪80年代出现偏离，之后呈波动状态，由此认为中国国内市场分割程度在加大。Poncet（2003a）首先基于1987年至1997年28个省区市中的170个城市的7类农产品价格计算中国国内市场分割程度，后又采用贸易流方法测算中国国内市场的边界效应，对比研究了1992—1997年中国各省区市国际、国内市场一体化的程度[Poncet（2003b）]，结论与Young（2000）一致，中国各省在1987年至1997年省际边界效应越来越显著，且市场分割在1992年至1997年具有加重的趋势。尽管张昊（2014）对当前采用价格指数“对数差分”的方法提出质疑，并从计算原理和数据来源进行改进，利用生产法和价格法测算了2001年至2012年的市场分割程度，结果同样发现2006年以后市场分割有重新加剧的趋势，并主要体现在华中、华北、西南三大地区。

尽管早期多数研究发现中国存在市场分割，且呈加剧的趋势，尤其是以Young（2000）的研究为代表，但随着市场化改革的逐步推进，已有研究显示国内市场分割呈减轻的趋势。Park & Du（2003）对Young（2000）的研究过程进行了重新审视，通过采用与Young（2000）一致的方法对中国地区专业化水平进行了重新估算，发现中国地区专业化水平其实在不断升高。此外，Park & Du（2003）、Holz（2009）分别指出Young（2000）研究过程中指标选取、函数设定以及逻辑关系上都存在问题，因而得出的中国国内市场分割程度加剧的结论是错误的。除了对Young（2000）的结论进行重新探讨外，也有部分学者采用其他方法测算中国国内市场分割程度。Xu（2002）利用商业周期模型分析了1991—1998年29个省区市的部门产出数据，发现虽然长期来看部门特征占据产出增长的主导地位，但短期内省份特征要素仍占实际产出增长的1/3，由此认为中国省际之间的市场分割仍然存在，但市场分割程度正逐步降低。Naughton（2003）通过比较 1987 年和 1992 年中国 25 个省区市产业内和产业间的工业产品省际贸易流量，发现两者均显著增加且制造业行业间贸易占据主导地位，由此认为中国国内市场分割呈下降趋势。李善同等（2004）通过问卷调查的方式，发现调查对象认为目前地方保护程度比 20 年前减轻很多，比 10 年前略有减轻；对中央政府和地方政府在消除地区间贸易壁垒方面所做的努力表示满意，但对中央政府的满意程度要高于地方政府。Bai 等（2004）基于 29 个省区市 32 个行业的产出数据测算了区域专业化程度指数，结果发现中国工业部门在改革以来的专业化分工是逐渐加强的，从而得出相同的结论。

除了以上采用的计算方式测算中国国内市场分割程度外，价格法是后续研究常用的测算方法，用以衡量中国国内市场分割，并且测算结果基本一致，即中国国内存在市场分割，但整体趋势在减轻。桂琦寒等（2006）、范爱军等（2007）、陈敏等（2008）利用国内商品零售价格指数测算了市场分割程度，测算结果均显示国内市场分割程度呈下降趋势，商品市场总体上处于趋向整合的状态。Fan & Wei（2006）通过对中国分商品类别的时间序列检验发现中国国内的市场价格有收敛的趋势，表明市场体制改革推进了市场的一体化进程。从地区角度来看，全国市场分割程度总体呈波动式减小，但市场分割程度呈现西高东低的趋势（王建康，2018）；从行业角度来看，不同行业的市场分割强度存在显著差异，相对于第二产业而言，第一产业和第三产业市场分割更为严重（黄赜琳和王敬云，2006）；从时间维度来看，在 2008—2009 年地级市层面市场分割程度略有上升，但在 2001—2013 年市场趋于整合（吕冰洋和贺颖，2019）。此外，还有部分研究针对特定市场测算分割程度，黄季焜等（2002）对中国农产品市场的分割程度进行了测算，赵奇伟和熊性美（2009）则把测算分割程度拓展到消费品市场、资本品市场和劳动力市场，最终结果均表明中国各地区各类市场的分割程度都呈现出稳定的收敛趋势。

基于现有的研究我们发现，众多学者就市场分割是否存在这一问题已经达成一致，但对于市场分割程度是在逐步加剧还是有所缓解仍然存在很大的分歧。本文尝试从不同市场种类和不同地区维度对国内市场分割的现状进行详细的描述和分析，从而清晰地展示不同地区维度上各类市场的分割程度和一体化改革成效，为打通国内经济循环堵点提供有益的参考。

第三节　市场分割指数测算

一、测算方法简介

根据已有关于市场分割的相关文献研究，目前对市场分割程度的主流测算方法共有五种，分别是相对价格法（徐保昌和谢建国，2016；桂琦寒等，2006；陈敏等，2008；赵奇伟和熊性美，2009；Parsley & Wei，1996，2001a，2001b；陆铭和陈钊，2009；刘瑞明，2012）、产业结构法（Young，2000；郑毓盛和李崇高，2003）、贸易流法（Poncet，2003a；Naughton，2003）、经济周期法（Xu，2002；Mody & Wang，1997）和问卷调查法（李善同等，2004）。针对以上五种测算方法，部分学者进行了详细的比较分析（余东华和刘运，2009），最终使用较多且认可度较高的测算方法为相对价格法，这是因为相对价格法具有一定的理论基础，同时测算过程相对客观，相较于其他几种测算方法具有一定的优势。鉴于此，本文将采用相对价格法测算中国国内市场分割指数，但对市场边界的界定上不同于已有文献。当前文献在测算中国国内市场分割程度时主要集中于消费品市场，而忽视资本品市场和劳动力市场，所以本文在测算全国整体市场分割程度时将消费品市场、资本品市场和劳动力市场进行整合，测算全国统一市场的分割指数。

Samuelson（1964）的“冰山”（iceberg）运输成本是相对价格法理论基础。该理论的核心思想就是以交易成本的存在解释两地间一价定律（Law of Onc Price）的失效，也就是说，由于商品交易成本的存在，两地商品的价格最终不可能完全相等，而会在一个区间上下浮动。“冰山”运输成本理论表明，当地区 i 售价为 P_i 的商品去地区 j 销售时，由于各种交易成本的存在将会导致商品损耗，损耗大小采用每单位价格的比重 c（$0<c<1$）来衡量，所以只有当 $P_i(1-c)>P_j$ 时，地区 i 的销售者才有利可图，两地区就会产生关于此种商品的贸易。由此导致两地区商品价格必然存在差异，相对价格之比就会在一定区间波动，而市场分割直接促使交易成本的增加，进而扩大相对价格的波动区间，因此，基于相对价格可以准确地衡量市场分割程度，具体测算过程如下。

第一步，分别计算各省区市各类商品的相对价格 $|\Delta Q_{ijt}^k|$。具体计算过程中采用一阶差分的形式，主要是考虑到现实统计过程中对商品零售价格的统计是一个环比指数，采用一阶差分就可以利用环比价格指数计算相对价格，具体转换公式如下：

$$|\Delta Q_{ijt}^k|=|\ln(P_{it}^k/P_{jt}^k)-\ln(P_{it-1}^k/P_{jt-1}^k)|=|\ln(P_{it}^k/P_{it-1}^k)-\ln(P_{jt}^k/P_{jt-1}^k)|$$

其中，k 表示产品种类，i 和 j 表示地区，t 表示年份，计算最后取绝对值主要是考虑到取对数形式后地区 i 和地区 j 价格的分子分母位置调换将引起相对价格 ΔQ_{ijt}^k 符号的变化，所以地区之间的先后顺序将影响 $Var(\Delta Q_{ijt}^k)$ 的大小，取绝对值可以回避该问题（桂琦寒等，2006）。

第二步，剔除产品种类效应。某种商品在两地的价格变动通常由两部分因素引起，其一是商品本身的特征，如粮食价格受到气候条件的影响导致波动较大，其二是和商品特征无关，而和地区的市场环境有关，如贸易壁垒等，所以在衡量市场分割程度时就需要剔除第一种因素的扰动，不然会导致结果的高估。为此，本文借鉴 Parsley & Wei（2001a，2001b）采用固定效应的做法，通过去除同年份该类商品均值的方式实现对第一种因素的剔除，计算后的实际相对价格变动 q_{ijt}^{k} 为：

$$q_{ijt}^{k}=|\Delta Q_{ijt}^{k}|-|(\overline{\Delta Q_{t}^{k}})|$$

其中，$|\overline{\Delta Q_{t}^{k}}|$ 表示给定时间 t 和商品种类 k，$|\Delta Q_{t}^{k}|$ 在两地区间的平均值。

第三步，计算地区 i 的市场分割程度 $sktin_{it}$。借鉴 Ke（2015）的方法，地区 i 的地方壁垒可以表示为地区 i 同所有其他地区相对价格方差的均值，即：

$$mseg_{it}=\frac{\sum_{i=1,i\neq j}^{N}var(q_{ijt})}{N-1}$$

其中，N 表示省区市的数量。根据已有文献的研究，通常对此步骤有两种处理方式，其一是正如本文采取的方式，用其余省区市求和取均值（范爱军等，2007），其二是采用相邻省区市求和取均值（桂琦寒等，2006；赵奇伟和熊性美，2007）。对比两种处理方式，本文认为第一种处理方式较为妥当，因为从地方保护的动机来看，即使是不相邻的省区市，只要资源禀赋相近也会产生地方保护，而且将测算范围缩小至相邻省区市就会导致部分信息丢失，进而产生估计误差（范爱军等，2007）。

最终，通过以上计算便得到了市场分割程度指数，且是无量纲的形式。

二、数据来源及说明

本文测算市场分割指数的相关价格数据均来自国家统计局的统计年鉴，考虑到数据的可获取性和统计口径的一致性，原始数据的时间维度设为 2004 年至 2018 年，省区市维度上剔除因数据缺失的西藏，最终是 30 个省区市 15 年的数据。为了测算国内整体市场的分割程度，本文分别选取粮食、蛋、水产品、菜、干鲜瓜果、饮料烟酒、服装鞋帽、纺织品、家用电器及音像器材、文化办公用品、日用品、体育娱乐用品、交通通信用品、家具、化妆品、金银珠宝、中西药品及医疗保健用品、书报杂志及电子出版物、燃料、建筑材料及五金电料、国有单位平均实际工资、城镇集体单位平均实际工资、其他单位平均实际工资、建筑安装工程、设备工器具购置、其他固定资产投资共26类环比价格指数数据。本文进一步将国内整体市场分成商品市场和要素市场，对已采用的26类商品根据属性进行分类，取粮食、蛋、水产品、菜、干鲜瓜果、饮料烟酒、服装鞋帽、纺织品、家用电器及音像器材、文化办公用品、日用品、体育娱乐用品、交通通信用品、家具、化妆品、金银珠宝、中西药品及医疗保健用品、书报杂志及电子出版物、燃料、建筑材料及五金电料作为测算商品市场分割指数的价格数据，国有单位平均实际工资、城镇集体单位平均实际工资、其他单位平均实际工资、建筑安装工程、设备工器具购置、其他固定资产投资作为测算要素市场分割指数的价格数据，因为要素市场主要包含资本和劳动。最后，本文又将要素市场细分成资本品市场和劳动力市场，并采用对应的价格数据进行测算。

第四节　市场分割指数测算结果分析

一、全国市场一体化情况分析

本文首先基于相对价格法测算了中国国内整体市场的分割指数，具体测算结果如图2-1所示。从图2-1中显示的结果来看，自2004年以来，中国国内整体市场分割程度呈现震荡下降的趋势，且波动幅度逐渐缩小，也就是说中国的市场分割程度整体上是逐渐减弱的，市场一体化的改革举措发挥了显著的效果。从整体趋势来看，国内市场分割出现了两次下降的走势，分别是金融危机前后，可以发现在2009年之后的下降趋势较为平缓，而2007年之前的下降趋势较为陡峭。这可能同经济的快速增长有关，2007年之前中国的GDP增速基本维持在10%左右，快速的经济发展削弱了地方政府的保护动机，但金融危机之后中国经济开始进入新常态，经济下行压力凸显，由此引发地方政府采取保护行为来维持本地区的经济增长。从具体数据来看，在 2004 年至 2018 年的 15 年间，国内整体市场分割指数从 0.0014 下降至 0.0006，累计下降了 60.78%，年均降幅 4.05%。

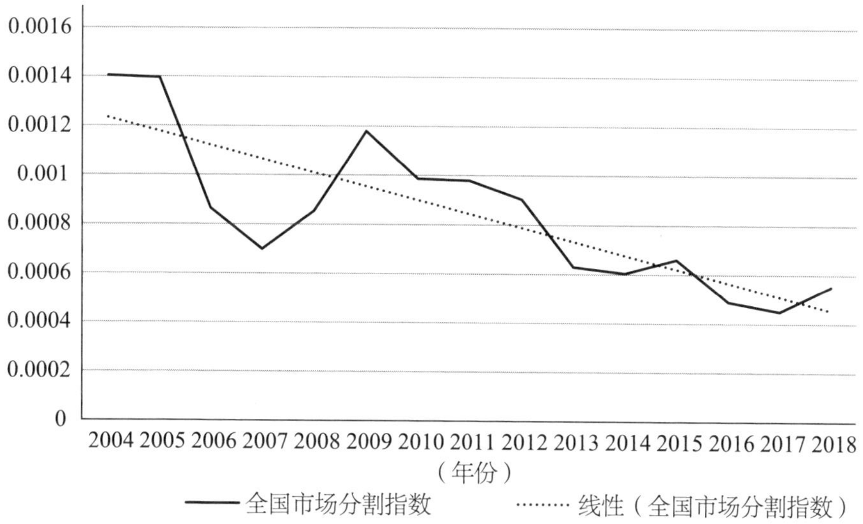

图 2-1　2004—2018 年全国综合市场分割指数

由于图 2-1 展示的是一个综合市场的分割指数，并未考虑市场的异质性特征，而市场的异质性特征可能会展现出不同的分割结果。于是本文依据市场异质性特征将综合市场分解为商品市场和要素市场，其中商品市场主要包括消费品和生产资料等，要素市场主要包括劳动力和资本品，具体的测算结果如图 2-2 所示。

从图 2-2 的结果可以发现，由于市场的异质性特征，两类市场的分割程度表现出显著的差异。2004 年至 2018 年，要素市场的分割指数始终高于商品市场的分割指数，平均高出 1.5 倍，也就是说中国国内商品市场一体化的进程快于要素市场。进一步比较商品市场和要素市场的分割指数走势，可以发现商品市场的分割指数总体上呈显著的下降趋势，而要素市场的分割指数主要呈震荡波动的走势，整体下降趋势并不显著。从具体数据来看，商品市场分割指数从 0.00094 下降到 0.0003，累计下降了 67.7%，年均下降 4.51%；

要素市场分割指数从 0.00139 下降到 0.00103，累计下降了 25.26%，年均下降 1.68%。可见，商品市场的分割程度显著快于要素市场，表明中国市场一体化的改革措施主要在商品市场发挥了作用，而在要素市场作用相对较弱。此外，从 2016 年以来，要素市场的分割程度反而出现了一定程度的加剧，分割指数累计上涨了 75.9%。

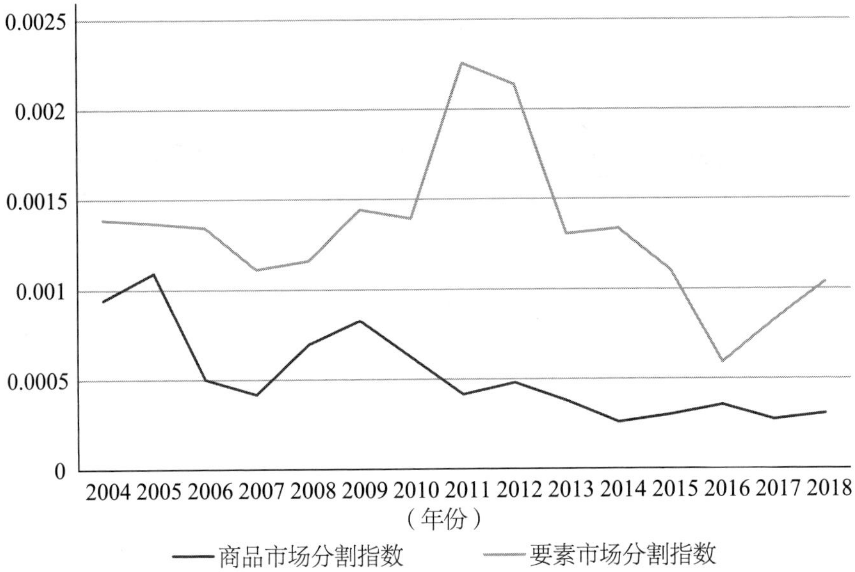

图 2-2　2004—2018 年商品市场和要素市场的分割指数

通常我们将资本品和劳动力作为主要的两大生产要素，那么总体上的要素市场分割程度是否同样因资本品和劳动力的异质性特征而具有差异性？于是，本文进一步将要素市场分解为资本品市场和劳动力市场，并分别测算这两大生产要素的市场分割指数，测算结果如图 2-3 所示。

从图 2-3 的结果可以发现，由于两大生产要素具有异质性特征，两种生产要素的市场分割情况存在显著的差异，主要表现在劳动力市场分割程度显著高于资本品市场，平均高出 11.86 倍，可见中国国内资本品市场一体化进程大幅领先于劳动力市场，也正因为是劳动力市场分割程度大幅高于资本品市场才主导了要素市场的整体分割走势。进一步比较两种要素市场分割指数的走势，可以发现资本品市场分割指数的波动幅度小于劳动力市场，这也间接体现了资本品市场化程度较高，同时资本品市场的分割指数仍在减小，而劳动力市场分割指数整体下降趋势并不明显，尤其是在2016年之后出现了反弹上涨的趋势。从具体测算数据来看，资本品市场分割指数从0.00017下降至0.00007，累计下降了59.53%，年均下降3.97%；劳动力市场分割指数从0.00255下降至0.00203，累计下降了20.38%，年均下降1.36%。可见，2004年至2018年，资本品市场分割指数的年均下降速度约是劳动力市场的3倍，资本品市场一体化进程显著快于劳动力市场。

图2-3　2004—2018年资本品市场和劳动力市场的分割指数

综合以上对国内整体市场、商品市场、要素市场、资本品市场以及劳动力市场的分割指数走势分析，可以发现各类市场的分割程度均呈现不同程度的下降趋势，意味着中国国内市场一体化进程在不同市场均得到有效的推进。从商品市场、资本品市场以及劳动力市场的一体化程度来看，资本品市场一体化程度领先于其他市场，然后是商品市场的一体化程度，劳动力市场的一体化程度最慢。从国内各类市场的分割指数变化过程来看，均表现出一个相同的特征，即在金融危机期间所有市场的分割程度均出现了上升的现象，尤其是商品市场的分割程度，由此表明金融危机的爆发促使地方政府采取保护性措施来维持本地区的经济增长，进而导致市场分割程度加深。此外，从要素市场的分割指数走势来看，尽管金融危机一定程度上导致市场分割程度的上升，但金融危机之后市场分割程度出现了进一步加剧的趋势，主要发生在2011 年和 2012 年，从要素市场的细分市场来看，主要是由劳动力市场分割程度引致的，而这正好印证了在 2011 年和 2012 年中国国内出现了“用工荒、招工难”的现象。

二、四大地区市场一体化情况分析

市场分割程度可能因地区特征的异质性而产生差异，故本文将样本省区市分成东部、中部、西部以及东北四个地区，进一步从区域层面分析国内不同类型市场的分割情况。

1. 综合市场分割情况

通过将 30 个省区市分成四大地区并取均值作为该地区的市场分割指数，最终结果如图 2-4 所示。从图 2-4 显示的结果来看，四大地区市场分

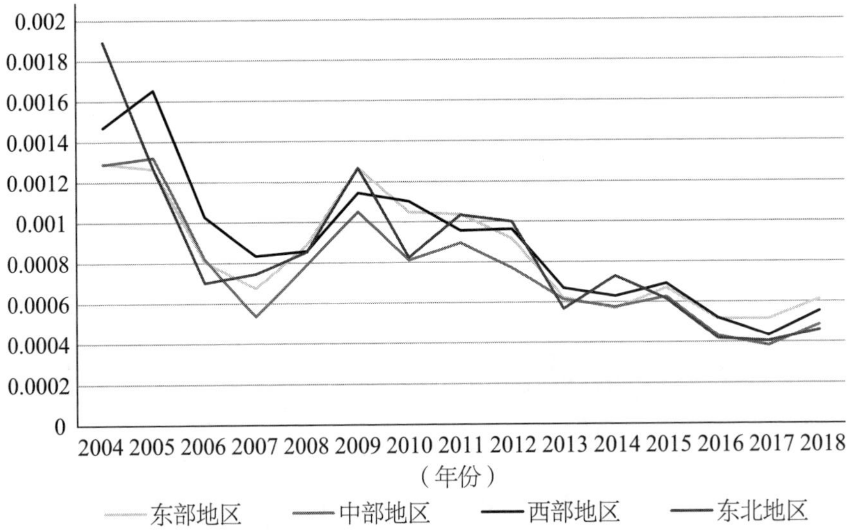

图 2-4 2004—2018 年四大地区综合市场分割指数

割指数的整体走势较为相似，均呈现出整体下降的趋势。对比四大地区的市场分割程度，东部、中部、西部以及东北地区的市场分割指数均值分别是0.000847、0.00076、0.0009、0.000851，可见中部地区的市场分割程度最小，然后是东部地区，之后是东北地区，最后则是西部地区。此外，从近些年市场化改革的成效来看，东部、中部、西部以及东北地区的市场分割指数分别累计下降52.55%、62.24%、62.25%、75.64%，可见东北地区在推进市场一体化改革的过程中成效最为显著，然后是西部地区，之后是中部地区，最后则是东部地区。

2. 商品市场和要素市场的分割情况

以上分析是对综合市场的考量，考虑到商品的异质性可能导致地区市场分割程度的差异，故进一步将综合市场分解为商品市场和要素市场，并分别从不同地区进行比较分析，最终结果如图 2-5 和图 2-6 所示。

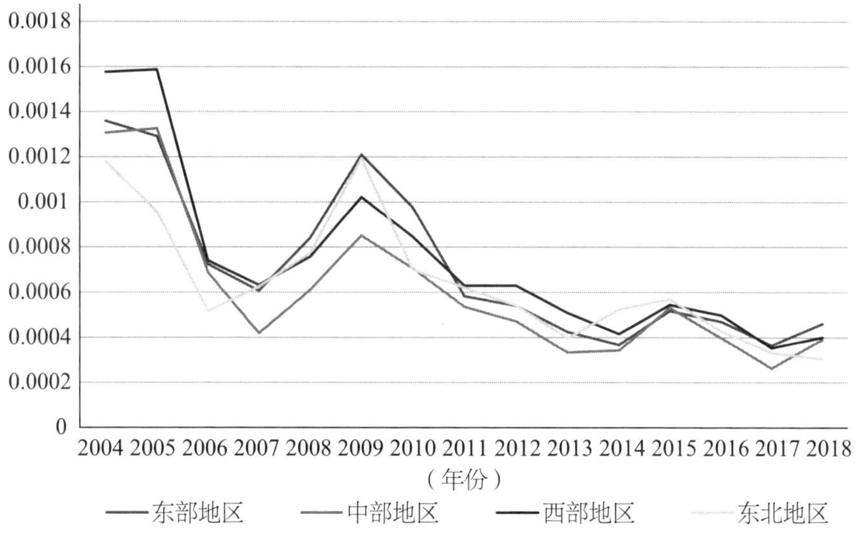

图 2-5　2004—2018 年四大地区商品市场分割指数

从图 2-5 的结果来看，四大地区的商品市场分割指数整体趋势较为相似，均呈现震荡波动的走势，而且相较于综合市场分割指数表现出较大的波动幅度。从具体测算数据显示，东部、中部、西部以及东北地区的商品市场分割指数均值分别是 0.000715、0.00061、0.000742、0.000644，可见四大地区的商品市场分割程度由小到大的排序为中部、东北、东部、西部，对比综合市场分割指数的排序可以发现，尽管东部地区的综合市场分割指数小于东北地区，但东部地区的商品市场分割指数大于东北地区。此外，从近些年各地区的商品市场一体化改革成效来看，东部、中部、西部以及东北地区的市场分割指数分别累计下降 66.06%、70.14%、74.63%、74.21%，可见改革成效最显著的地区是西部地区，其余依次是东北、中部和东部地区。

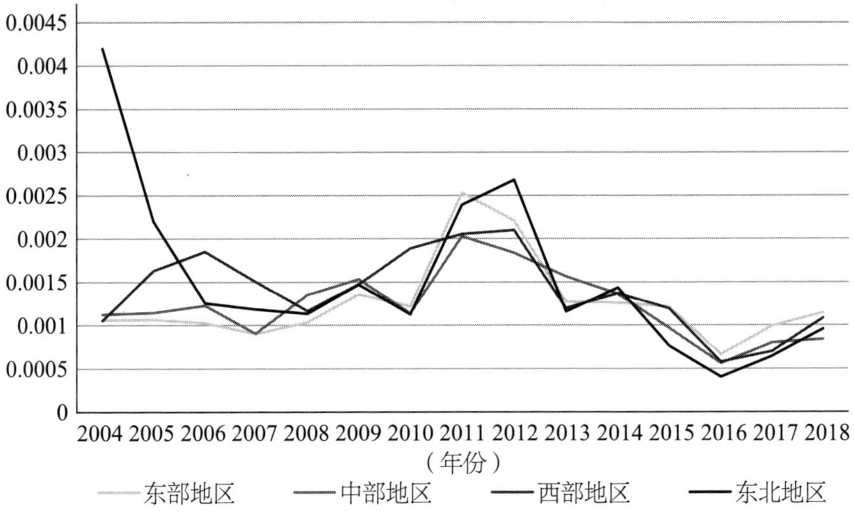

图 2-6　2004—2018 年四大地区要素市场分割指数

从图 2-6 显示的结果来看，要素市场分割指数在四大地区中存在一些差异，主要表现在东北地区的要素市场分割指数在初期显著高于其他地区，但随后呈现快速下降的趋势，这主要是由于 2003 年以来振兴东北老工业基地战略实施的结果，最终东北地区的市场分割指数走势和其他地区整体保持一致。对四大地区样本期内的要素市场分割指数取均值，东部、中部、西部以及东北地区的分割指数分别是 0.00126、0.00123、0.00139、0.00153，其中要素市场分割程度最大的是东北地区，最小的是中部地区。从要素市场一体化改革整体成效来看，东北地区要素市场分割指数累计下降 77.2%，是四大地区中成效最为显著的地区，然后是中部地区，累计下降 25.49%，而东部地区和西部地区在样本期内分别累计上涨 8.33% 和 2.57%，表明这两大地区的要素市场一体化进程并没有显著的变化。

对比商品市场和要素市场的分割情况可以发现，2004 年至 2018 年，四大地区在推进市场一体化进程中都主要作用于商品市场，而在要素市场的一体化改革中表现出一定的差异性，即东北地区和中部地区在要素市场一体化改革中取得了显著的成效，但东部地区和西部地区并没有取得显著的成效。此外，从两类市场的市场分割指数走势来看，商品市场受金融危机的影响表现出较强的波动性，而要素市场在中国采取应对金融危机措施后才表现出较强的波动性，可见引起两类市场较大幅度波动的根源不同。从当时的背景来看，要素市场分割程度的大幅提升可能是 4 万亿刺激政策下中国经济快速反弹进而引发对生产要素的大幅需求，如当时出现的“用工荒、招工难”现象，导致地方政府为维持本地经济发展的需要采取保护行为。

3. 资本品市场和劳动力市场的分割情况

要素市场是资本品市场和劳动力市场的综合，地区的异质性也可能对细分要素市场的分割程度造成差异性影响，具体结果如图 2-7 和图 2-8 所示。从图 2-7 显示的四大地区资本品市场的分割指数来看，资本品市场分割指数的走势在四大地区表现得较为相似，但就均值而言，东北地区的资本品市场分割指数最小，然后是中部地区和东部地区，分割程度最大的则是西部地区。若进一步考察四大地区在资本品市场的一体化改革成效，发现东北地区的资本品市场分割程度下降 66.96%，是四大地区中取得成效最大的，然后依次是西部地区、中部地区以及东部地区，而且四大地区平均降幅在 50% 以上。

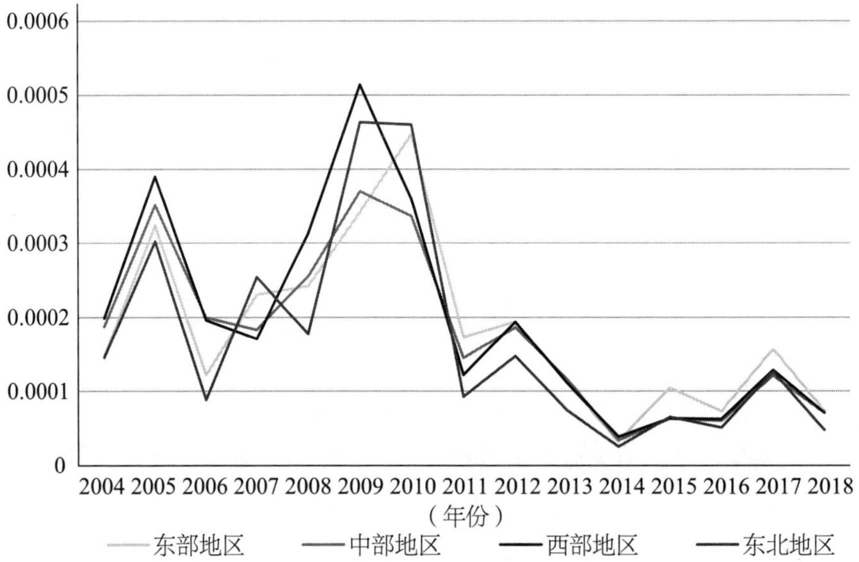

图 2-7　2004—2018 年四大地区资本品市场分割指数

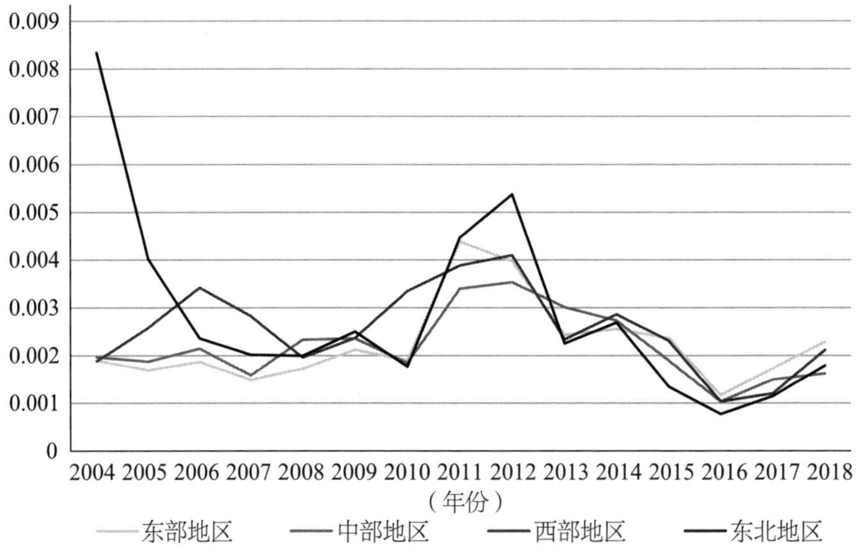

图 2-8　2004—2018 年四大地区劳动力市场分割指数

图 2-8 显示的是四大地区的劳动力市场分割指数，从指数的走势来看，除了东北地区，其余三大地区的走势较为相似。同时可以发现，东北地区的

劳动力市场分割指数主导了其要素市场的分割程度，也就是说东北地区的要素市场在期初具有较高的市场分割程度完全是由劳动力市场分割程度引起的。从各地区的均值来看，中部地区的劳动力市场分割指数为 0.00219，是四大地区分割程度最小的地区，然后依次是东部地区和西部地区，市场分割程度最大的是东北地区，分割指数为 0.00285。在劳动力市场一体化改革进程中，东北地区累计实现了 78.57% 的市场分割程度降幅，是四大地区中一体化成效最为显著的地区，然后是中部地区，市场分割指数累计降幅 17.5%，而东部地区和西部地区在样本期内劳动力市场分割指数有所上升，分别上涨了 20.88% 和 12.63%。

对比四大地区的资本品市场和劳动力市场的分割情况，在将要素市场进行细分后可以发现，四大地区的劳动力市场是主导其各自要素市场分割的主因，尤其是东北地区，要素市场和劳动力市场的分割指数在期初的走势极为相似。此外，中部地区不论是资本品市场分割程度还是劳动力市场分割程度均是四大地区中最小的，而东北地区不论是资本品市场分割程度还是劳动力市场分割程度均是四大地区中一体化改革最具成效的地区。

三、三大经济圈市场一体化情况分析

在推行双循环新发展格局的过程中，区域经济协同发展对国内大循环起到关键性的作用，于是本文进一步对京津冀地区、长三角地区、成渝地区三大地区的市场一体化进程进行测算。为此，本文依据京津冀地区、长三角地区和成渝地区涵盖的省区市以均值的方式采用对省区市的分割指数分别计算了上述三大地区的综合市场、商品市场、要素市场、资本品市场和劳动力市场的分割指数。

首先，全国及三大地区的综合市场一体化情况如图 2-9 所示，可以发现京津冀地区的市场分割情况明显高于全国水平，而长三角地区和成渝地区的市场分割情况低于全国水平。从样本期的平均值来看，京津冀地区的平均市场分割指数为 0.00091，高出全国平均水平 8.06%，而长三角地区和成渝地区分别低于全国平均水平 29.2% 和 28.27%。尽管京津冀地区的平均市场分割程度高于全国平均水平，但从 2018 年的情况来看，已经低于全国水平，并且从 2004 年至 2018 年的一体化进程中，京津冀地区的市场分割程度下降了 63.94%，降幅明显，位居三大地区第二，长三角地区和成渝地区的市场分割程度分别下降了 66.71% 和 47.23%。

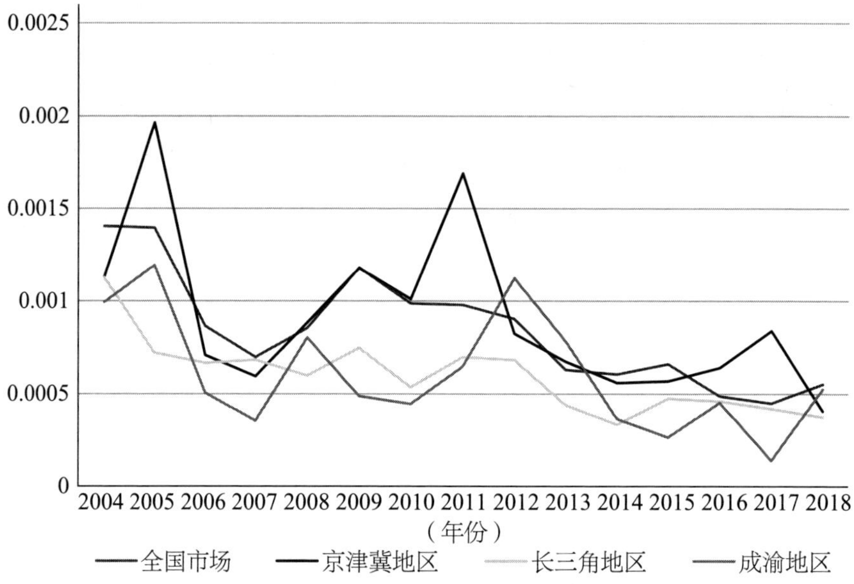

图 2-9　2004—2018 年全国及三大地区的综合市场分割指数

其次，从细分市场来看，全国及三大地区的商品市场分割情况如图 2-10 所示，要素市场分割情况如图 2-11 所示。从图 2-10 显示的情况来看，京津冀地区的商品市场分割程度是三大地区中最高的，同时也高于全国水平，平均高出全国 48.18%，而长三角地区和成渝地区同全国水平较为接近。尽管如此，京津冀地区从 2016 年开始商品市场分割程度下降显著，尤其是在 2018 年已经低于全国水平 30.28%，表明近些年京津冀地区在商品市场一体化进程中取得了显著成效。此外，从指数趋势来看，2014 年之前各地区的市场分割程度下降趋势明显，但 2014 年之后商品市场分割指数几乎处于平稳波动状态，下降趋势并不显著。

从图 2-11 显示的情况来看，三大地区的要素市场分割程度基本上均显著低于全国水平，具体数据显示，除京津冀地区高于全国 2.11%，长三角地区和成渝地区分别平均低于全国 42.86% 和 58.88%。由此表明，除京津冀地区处于全国水平外，长三角地区和成渝地区的经济协同发展在要素市场一体化进程中显著领先于全国水平，表明区域经济协同发展的政策成效率先体现在要素市场。但是，从纵向比较来看，三大地区中的京津冀和长三角地区的要素市场一体化进程仍显著高于商品市场一体化程度，分别高 73.59% 和 39.16%，但成渝地区在要素市场和商品市场的分割程度较为接近，要素市场分割程度比商品市场低 5.6%。以上结果表明，在全国要素市场分割程度较高的背景下，地区的经济协同发展战略促进了区域要素市场一体化的推进速度明显快于全国水平，但是纵向比较显示仍滞后于商品市场一体化进程。

图 2-10　2004—2018 年全国及三大地区的商品市场分割指数

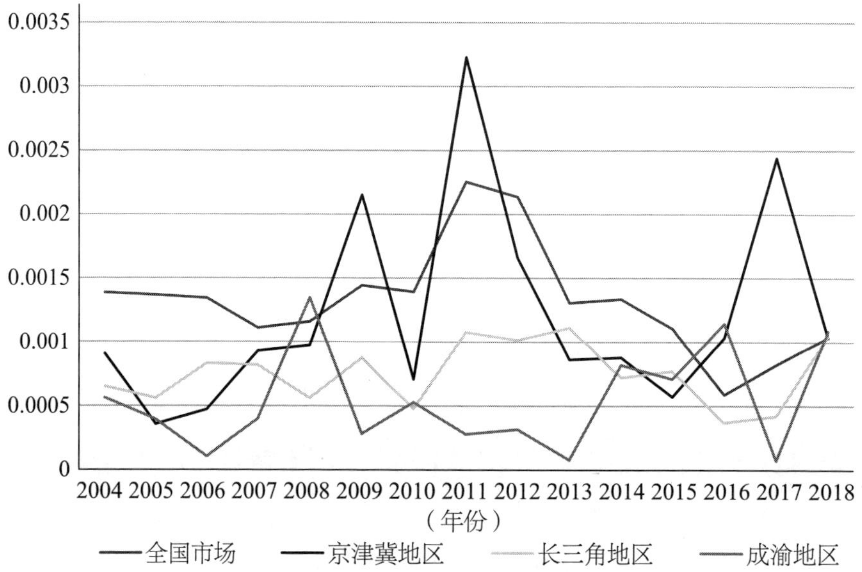

图 2-11　2004—2018 年全国及三大地区的要素市场分割指数

最后，进一步将要素市场细分为资本品市场和劳动力市场，具体的市场分割情况如图 2-12 和图 2-13 所示。从图 2-12 显示的情况来看，三大地区的资本品市场分割程度显著低于全国水平，具体数据显示京津冀地区、长三

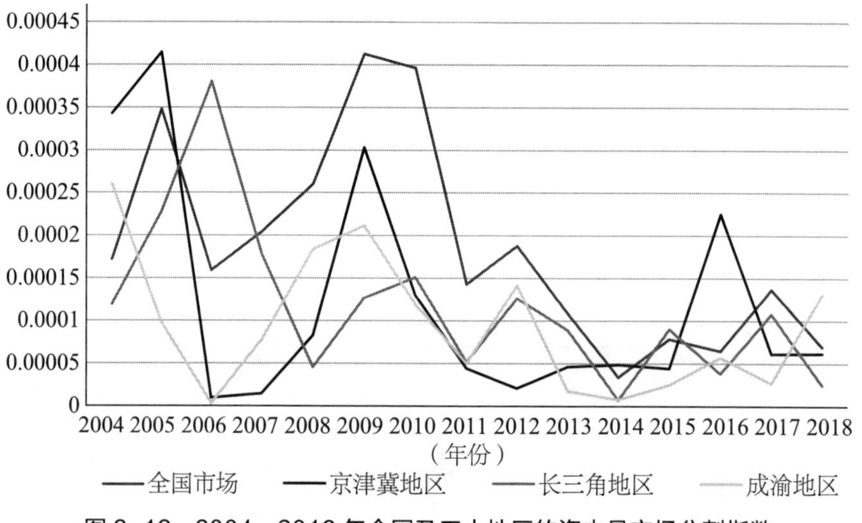

图 2-12　2004—2018 年全国及三大地区的资本品市场分割指数

角地区和成渝地区分别平均低于全国水平33.28%、36.42%和49.16%。从图2-13显示的情况来看，三大地区的劳动力市场分割程度同样低于全国水平，具体数据显示京津冀地区、长三角地区和成渝地区分别平均低于全国水平12.62%、48.42%和61.26%。由此表明三大地区要素市场一体化进程领先全国是由资本品市场和劳动力市场共同推动的。

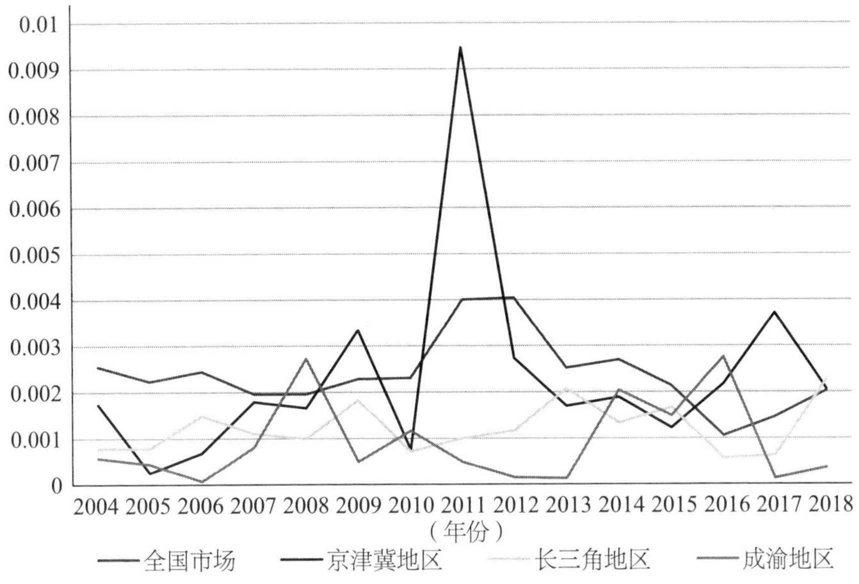

图2-13　2004—2018年全国及三大地区的劳动力市场分割指数

若纵向比较两类市场，则资本品市场的分割程度远低于劳动力市场，就2004年至2018年的均值显示，京津冀地区的劳动力市场分割程度是资本品市场的19倍，长三角地区的劳动力市场分割程度是资本品市场的10.43倍，成渝地区的劳动力市场分割程度是资本品市场的9.8倍。由此表明，尽管三大地区在经济协同发展战略下资本品市场和劳动力市场的一体化进程领先于全国，但劳动力市场的一体化进程仍显著滞后于资本品市场，而造成这一现象的主要原因可能是直辖市的户籍制度，限制了劳动力的自由流动。

综合以上对三大经济圈的分析发现，区域经济协同发展对市场一体化的推进在要素市场中发挥了明显作用，一体化进程显著领先于全国平均水平。尽管如此，京津冀和长三角地区的要素市场一体化进程仍落后于商品市场，前者大概落后于后者一半的水平。此外，相对于商品市场，三大地区的综合市场分割程度低于全国水平主要是由要素市场一体化领先于全国水平而导致的。

四、各省区市市场分割情况分析

市场分割指数因省区市的异质性同样会表现出一定的差异。本文将样本期内各省区市的市场分割指数时间序列求平均，用均值代表各省区市在各类市场上的分割情况，同时将样本期内市场分割指数的累计变化率作为该省区市各类市场的一体化改革成效，具体计算结果如表 2-1 所示。

根据表 2-1 显示的各省区市市场分割结果可以发现，综合而言浙江、山东、广东、江苏、河北是所有省区市中市场分割程度较低的 5 个地区，而天津、云南、海南、吉林、青海则是市场分割程度较高的 5 个地区。从这些省区市的地理分布表明国内市场分割程度较低的省区市主要集中在东部沿海，而市场分割程度较高的省区市主要由直辖市（上海市是第六大分割程度较高的地区）和西部省区市组成，这也就是东部地区的整体市场分割程度并不是最低的原因。至于直辖市市场分割程度普遍较高的原因，一方面可能是直辖市的地位比较特殊，通常会享受一些特殊的政策措施（赵奇伟和熊性美，2009）；另一方面也可能是直辖市面积较小，地方政府容易管控，可能具备更强的分割市场的能力（陈刚和李树，2013）。此外，从整体的市场一体化改革成效来看，吉林、重庆、云南、上海、陕西是所有省区市中一体化改革获得成效较大的 5 个地区，而海南、宁夏、河北、浙江、江西则是获得成效较小的 5 个地区，尽管成效较小，除海南外，最小也有 27.74% 的下降比例。海南是唯一一个市场一体化改革成效为正的地区，通过观察样本期内海南市场分割指数的走势可以发现，2017 年之后市场分割指数出现了大幅的反弹，主要原因可能就是海南开始部署自由贸易试验区和中国特色自由贸易港，专注于国外商品的引进，对国内商品提高了门槛。

从细分的商品市场和要素市场来看，浙江、湖北、内蒙古、河南、江苏是商品市场分割程度较低的地区，广东、山东、四川、辽宁、湖南是要素市场分割程度较低的地区，云南、天津、海南、上海、重庆是商品市场分割程度较高的地区，吉林、天津、青海、甘肃、宁夏是要素市场分割程度较高的地区。因此，对比综合市场的分割指数可以发现，浙江、江苏和海南的整体市场分割程度受商品市场主导，其中浙江和江苏的商品市场分割程度较低使得其整体市场分割程度较低，而海南则是因其商品市场分割程度较高致使其整体市场分割程度较高。此外，天津是一个较特殊的地区，其商品市场和要素市场的分割程度均较高。

进一步从商品市场和要素市场的一体化改革成效来看，除海南外所有省区市的商品市场一体化进程均取得了显著的成效，成效最低的河南也有49.13%的降幅，但要素市场的一体化改革成效并不乐观，共有12个省区市的要素市场一体化进程出现倒退，尤其是宁夏和河北倒退比例分别达到了93.77%和160.15%。尽管如此，部分省区市的要素市场一体化改革取得显著的成绩，如吉林、湖北、黑龙江、陕西、贵州是排名前5的地区，尤其是吉林，其要素市场一体化进程推进了87.04%。

尽管要素市场在部分省区市中的改革成效表现不佳，但从细分的资本品市场和劳动力市场来看，这种不佳主要体现在劳动力市场。根据劳动力市场一体化的改革成效数据显示，同样有12个省区市出现了正增长，表明劳动力市场分割程度在增长，也正是劳动力市场分割程度的增长最终导致了这些地区整体要素市场一体化进程的倒退，因为资本品市场除了海南和四川外均取得了一定程度的改革效果。

表 2-1　中国各省区市市场分割情况

地区	分割指数均值					一体化改革成效（%）				
	综合市场	商品市场	要素市场	资本品市场	劳动力市场	综合市场	商品市场	要素市场	资本品市场	劳动力市场
北京	0.00090	0.00068	0.00158	0.00016	0.00272	−52.58	−77.82	30.01	−77.47	52.25
天津	0.00125	0.00104	0.00193	0.00016	0.00346	−58.62	−69.66	2.81	−69.61	19.88
河北	0.00069	0.00058	0.00107	0.00013	0.00199	−37.55	−74.02	93.77	−54.69	149.72
山西	0.00079	0.00066	0.00122	0.00018	0.00220	−67.17	−72.64	−36.09	−50.73	−35.90
内蒙古	0.00071	0.00055	0.00125	0.00022	0.00219	−66.89	−77.41	−23.27	−61.80	−21.94
辽宁	0.00072	0.00064	0.00099	0.00014	0.00185	−67.99	−77.58	−18.78	−70.96	−12.79
吉林	0.00104	0.00064	0.00236	0.00015	0.00450	−83.05	−74.51	−87.04	−50.43	−88.18
黑龙江	0.00079	0.00065	0.00125	0.00021	0.00221	−64.47	−69.88	−51.02	−72.33	−53.53
上海	0.00098	0.00088	0.00127	0.00016	0.00232	−71.88	−79.43	−34.76	−68.07	−33.64
江苏	0.00069	0.00057	0.00108	0.00031	0.00165	−63.37	−73.43	−25.17	−37.86	−24.39
浙江	0.00064	0.00053	0.00104	0.00016	0.00179	−42.11	−68.41	36.86	−71.16	48.88
安徽	0.00077	0.00069	0.00102	0.00019	0.00174	−67.27	−80.03	6.68	−86.80	40.55
福建	0.00081	0.00066	0.00126	0.00019	0.00221	−68.54	−76.44	8.90	−68.29	21.14
江西	0.00078	0.00057	0.00142	0.00020	0.00259	−43.41	−53.35	9.72	−70.66	46.38
山东	0.00066	0.00058	0.00092	0.00013	0.00169	−63.59	−75.94	0.32	−42.27	22.27
河南	0.00072	0.00055	0.00123	0.00018	0.00226	−49.83	−49.13	−35.31	−54.35	−26.82

续表

地区	分割指数均值					一体化改革成效（%）				
	综合市场	商品市场	要素市场	资本品市场	劳动力市场	综合市场	商品市场	要素市场	资本品市场	劳动力市场
湖北	0.00077	0.00054	0.00145	0.00012	0.00261	−66.48	−69.44	−56.87	−47.03	−56.71
湖南	0.00079	0.00071	0.00099	0.00017	0.00171	−65.29	−73.86	−33.28	−28.72	−38.64
广东	0.00068	0.00061	0.00087	0.00015	0.00150	−68.85	−75.69	−40.61	−50.45	−40.40
广西	0.00095	0.00083	0.00129	0.00011	0.00240	−55.29	−64.96	−13.31	−45.11	−8.03
海南	0.00106	0.00091	0.00160	0.00039	0.00288	7.14	7.27	15.27	76.78	17.63
重庆	0.00093	0.00087	0.00107	0.00015	0.00199	−77.79	−83.84	−23.75	−70.14	−15.61
四川	0.00071	0.00064	0.00094	0.00019	0.00158	−43.76	−57.08	42.99	6.80	37.32
贵州	0.00077	0.00066	0.00112	0.00018	0.00201	−62.47	−68.22	−40.85	−77.80	−35.83
云南	0.00119	0.00114	0.00130	0.00020	0.00231	−75.03	−83.29	28.23	−69.62	75.71
陕西	0.00071	0.00060	0.00109	0.00019	0.00205	−71.25	−77.13	−44.96	−77.34	−43.81
甘肃	0.00091	0.00065	0.00174	0.00024	0.00310	−56.56	−69.78	−17.70	−86.77	−5.49
青海	0.00101	0.00075	0.00187	0.00019	0.00356	−65.72	−74.32	−29.38	−75.90	−19.98
宁夏	0.00092	0.00068	0.00172	0.00018	0.00321	−27.75	−70.93	160.15	−43.55	207.44
新疆	0.00093	0.00070	0.00167	0.00024	0.00310	−47.55	−61.33	−10.97	−72.20	−16.57

数据来源：作者计算

五、指数稳定性检验

以上基于相对价格法计算的市场分割指数本质是时间序列的数据形式，尽管各类市场分割指数的确是呈现日趋收敛的趋势，但这个趋势是有规律的收敛过程还是随机的变化过程就需要进行检验。这是因为如果各类市场分割指数是有规律的收敛过程则表明市场分割程度确实在日趋降低，若是随机变化过程则不能得出市场分割程度在日趋降低的结论。鉴于此，本文将对以上计算的各类市场分割指数进行面板单位根检验和收敛性分析，通过计量方式检验市场分割指数的收敛情况。

（一）单位根检验

本文采用常用的两种面板数据单位根检验方法，即相同根单位根检验 LLC 检验（Levin & Lin，1993）和不同根单位根检验 Fisher-ADF 检验（Maddala & Wu，1999），如果两种检验均拒绝存在单位根的原假设则表明数据是平稳的，反之则不平稳。具体检验结果如表 2-2 所示。

从表 2-2 显示的结果可以发现，全国各类市场的分割指数均通过了单位根检验，且显著性都低于 1% 的水平，由此表明全国各类市场的分割程度确实处于收敛趋势，国内市场一体化进程在有序推进。

表 2-2　全国各类市场分割指数平稳性检验结果

全国市场类别	LLC 检验			Fisher-ADF 检验	
	含趋势和截距项	不含趋势和截距项	不含趋势含截距项	含趋势	不含趋势
综合市场	−10.4934*	−15.0503*	−13.2314*	197.2305*	222.9629*
商品市场	−20.3637*	−25.0133*	−27.7229*	254.0457*	305.8925*
要素市场	−5.1446*	−8.7908*	−6.1947*	100.9725*	145.2327*
资本品市场	−11.4137*	−11.1038*	−10.0705*	182.1518*	208.7069*
劳动力市场	−4.925*	−8.9355*	−5.7589*	97.715*	145.7469*

注：* 表示在 1% 水平下显著；LLC 检验采用 Adjusted t 统计量；Fisher-ADF 检验采用 Inverse chi-squared 统计量。

数据来源：作者计算

除了对全国市场的分割指数进行单位根检验，本文也对四大地区和各省区市的不同市场进行相同的单位根检验，检验结果均表示拒绝单位根的存在，即所有市场分割指数都呈收敛的趋势，表明市场正有规律地日趋整合。

（二）收敛性分析

本文采用 beta 收敛方法，该方法最早由 Baumol（1986）提出，主要用于关注变量的增长率与变量初始值之间的负向关系。其中，本文采用绝对 beta 收敛方法进行分析，具体模型设定如下：

$$g_{it}=\alpha+\beta \ln mseg_{it}+\varepsilon_{it}$$

其中，g_{it} 表示 i 地区 t 时期跨度内市场分割指数的增长率，$\ln mseg_{it}$ 表示 i 地区 t 时期跨度的第一年的市场分割指数，ε_{it} 表示扰动项，而 β 是 beta 系数，若 β 小于零，则表明市场分割指数的增长率与初始期的市场分割呈负向关系，换言之，市场分割指数的趋势具有绝对 beta 收敛特征；若 β 大于零，则表明市场分割指数呈现发散的特征。

尽管面板数据能够解决遗漏个体异质性问题，但可能存在因遗漏变量导致的内生性，所以分别采用面板固定效应、面板随机效应以及工具变量法进行估计，其中两阶段最小二乘法的工具变量采用市场分割指数的滞后一阶，具体结果如表 2-3 所示。

表 2-3　全国综合市场分割指数绝对 beta 收敛回归结果

变量	固定效应模型	随机效应模型	2SLS
$\ln mseg_{it}$	-0.059^{***} （-3.54）	-0.053^{***} （-3.27）	-0.791^{***} （-3.34）
截距项	-0.433^{***} （-3.59）	-0.39^{***} （-3.31）	-5.582^{***} （-3.37）
地区固定效应	控制	控制	控制
年份固定效应	控制	控制	控制
样本量	420	420	390

注：*** 表示在 1% 水平下显著；括号中数值为 t 值。

数据来源：作者计算

从表 2-3 的结果可以发现，不论是采用面板固定效应模型，还是面板随机效应模型，抑或是引入工具变量进行回归，所有的 β 系数均小于零，且均在 1% 水平下显著，由此表明中国综合市场分割指数趋势呈现绝对 beta 收敛特征。此外，本文也进一步对商品市场、要素市场、资本品市场和劳动力市场均进行了绝对 beta 收敛分析，其结果均呈现收敛特征，表明市场正有规律地日趋整合。

第五节　研究结论与建议

在当前中国推动形成以国内大循环为主体、国内国际双循环相互促进的新发展格局背景下，本文从市场分割的角度探讨了中国市场一体化的改革进程，通过采用 2004 年至 2018 年的相关价格数据分别测算了中国国内综合市场、商品市场、要素市场、资本品市场以及劳动力市场的分割指数，并从全国层面、地区层面以及省级层面进行了详细的分析，最后采用单位根检验和收敛分析的方法对测算的所有市场分割指数进行检验，确保结论的可靠性。

通过上述对中国各类市场分割指数的走势分析，本文得出如下几点重要的结论：

第一，中国整体市场分割程度确实呈现下降收敛的趋势，市场一体化改革进程取得了积极的成效，但整体市场分割程度的下降主要由商品市场拉动，要素市场一体化改革进程相对落后。

第二，劳动力市场不管是在分割程度上还是在改革成效上均是拖累整体要素市场一体化进程的主导因素，而资本品市场不仅在一体化改革进程中取得了较好的成效，也是所有市场中分割程度最低的市场。

第三，东北地区和中部地区在商品市场和要素市场的一体化改革中均取得了显著的成效，但东部地区和西部地区仅在商品市场取得显著的成效。

第四，中部地区不管是资本品市场还是劳动力市场的分割程度均是四大地区中最小的，而东北地区不管是资本品市场还是劳动力市场的分割程度均是四大地区中一体化改革最具成效的地区。

第五，三大经济圈地区中，长三角地区是综合市场和商品市场分割程度最低的地区，成渝地区是要素市场分割程度最低的地区，京津冀地区的市场一体化相对落后，但仍领先于全国。

第六，区域经济协同发展对地区市场一体化的推进在要素市场中发挥了明显作用，包括资本品市场和劳动力市场的共同作用，一体化进程显著领先于全国平均水平。

第七，市场一体化改革进程和成效在省区市间具有显著的差异，其中整体市场分割程度较低的省份主要集中在东部沿海地区，而整体市场分割程度较高的省份主要集中在直辖市和西部地区。

第八，大部分省区市在商品市场一体化改革中取得了显著的成效，但超过三分之一的省区市并未在要素市场一体化改革中取得成效，其中劳动力市场一体化进程的停滞是主要因素，资本品市场一体化改革仍取得一定程度的进展。

综合以上研究结论，在当前推动形成以国内大循环为主体、国内国际双循环相互促进的新发展格局背景下，本文认为可以从以下几个方面来进一步完善全国统一大市场的构建，为构建双循环新发展格局提供重要支撑。

第一，进一步降低商品市场分割程度，深化商品市场一体化改革。

首先，发展完善交通物流、公共设施、商务平台等基础设施。大力发展智能交通，建立现代化综合交通体系，加强交通基础设施与重要港口、航空运输的有效衔接，加快各地区之间交通互联互通，为市场流通打好基础。通过开放地区市场，降低各类流通环节收费，组建大型物流集团，对接各地商品流通政策，建设区域性公共物流信息服务平台等措施，提高商品流通效率，降低消费品的流通成本。其次，深化流通体制改革，加强全链条标准体系建设，发展“互联网 + 流通”，降低全社会物流成本。鼓励流通企业发挥线下实体店特有的服务、体验等优势，逐步构建出线上与线下资源相融合的新型经营模式。充分利用电子商务交流平台，推进各地区电子商务创新发展，如建立电子商务产业基金，打造各地电子商务全产业链发展。最后，强化消费者权益保护。推行企业产品质量承诺制度，针对对消费者健康有重大影响的食品、药品等商品，建立来源可追、去向可查、责任可究的全程追溯体系，强化流通领域市场监管。探索建立集体诉讼制度，平衡冲突双方的诉讼能力，在保障诉讼权利平等的同时最小化消费者的维权成本。

第二，大力推进要素市场一体化，尤其是劳动力市场一体化。

首先，发挥市场在资源配置中的决定性作用，疏通要素流通的阻滞因素。对垄断部门进行改革。如推进油气管网对市场主体公平开放，适时放开天然气气源和销售价格，健全竞争性油气流通市场。深化铁路行业改革，促进铁路运输业务市场主体多元化和适度竞争。建立制度化的区域合作机制，以规避政府对地方要素市场的不当干预。如将一些地区的行政管辖权和经济开发权适当分离，从根本上打破行政垄断型资源配置的束缚，促进区域间经济合作。建立超省级都市联盟或者城市联合体等跨行政区域的政府合作组织来处理地区之间的关系，着重打造经济协作、技术、人才合作的多平台政府合作载体。制定并出台区域经济合作相关的法律法规，建立一系列由各个地方政府共同执行的政府行为准则和市场规则，使地方政府合作出现利益冲突时能有法可依，对妨碍产品和生产要素自由流动的市场分割行为做到执法必严。

其次，建立健全统一开放的要素市场，具体包括：深化户籍制度改革、促进劳动力有序流动。推动城乡土地制度改革，建立和健全统一的土地管理制度。加强资本市场建设，完善强制退市和主动退市制度，提高上市公司质量等措施。在户籍制度改革方面，构建全国统一的户籍登记制度，促进劳动力在区域间自由流动。建立健全统一的社会保障制度和公共服务，打破户籍与各种社会福利之间的必然联系，使劳动力平等地享有基本医疗保险、养老保险、社会救助等社会保障制度以及医疗、教育等基本公共服务。建立健全统一的就业管理制度，消除农民工在城市就业受到的限制和不平等待遇。建立相互衔接的劳动用工政策和人才政策，促进人力资源在地区间合理流动。在土地制度改革方面，健全土地统一登记和城乡建设用地制度，规范集体经营性建设用地流转。建立城乡统一的土地市场和土地交易平台，规范交易程序。规范和完善城乡建设用地增减挂钩的土地政策。促进土地制度与户籍制度联动改革，允许进城务工的农村户籍人口用其宅基地对应的建设用地指标换取就业所在地的户籍、社会保障和公共服务，实现劳动力和土地指标同方向流动。在资本市场建设方面，逐步完善退市制度和淘汰机制，利用市场机制实现优胜劣汰，防止垃圾股借壳炒作，避免资源配置扭曲。改革发行上市制度，努力增强制度的包容性和适应性，避免由于资金流动受阻而造成市场分割。加大对资本市场的开放程度，取消地方不合理的资本管制，降低资本的准入壁垒，合理利用外资以及民间资本。

最后，在关注资本、劳动力等传统要素的基础上，同时挖掘和完善数据等新兴要素的市场机制，实现多种要素协同发展。随着信息技术和人们生产活动的关系日益密切，数据的价值正在逐步提升，只有盘活这些新兴要素，才能在做好中国经济内循环的道路上事半功倍。具体措施包括：系统打造区域一体化发展感知服务网络，促进基于数据的跨区域、分布式生产和运营。鼓励提供基于物联网、大数据、人工智能的专业化服务，推动区域政务数据开放共享，深化重点领域大数据应用，如社会保障领域信息一体化建设、加强环境治理数据信息共享等。

第三，重点推进东部地区和西部地区要素市场的一体化改革。

在以中性竞争原则推进要素市场化的同时，也应关注区域的差异性。中国东部、西部、中部和东北部四大区域在经济发展阶段和资源禀赋上存在明显的差异。东部地区由于经济发展起步较早，一直以来劳动力不断由中西部涌入，表面上似乎早已是劳动力过剩，实际上由于劳动力流入带来的经济效益并没有消失，而东部地区要素市场一体化改革相较于其他地区仍存在较大的提升空间，因此东部地区更应该遵循市场化原则，降低对劳动力流入的限制，合理有效地配置资源以实现经济效益最大化。另外，西部地区由于历史性的资本匮乏导致资本的边际收益较高，资本的流入对西部地区经济发展的贡献更大，政府通过制定一些优惠政策吸引外来资金流入反而会促进西部地区的经济发展，从而打通国内大循环，促进各地区经济协同发展。

第三章 区域协同发展的国际经验借鉴

“他山之石，可以攻玉”，全球发达经济体的区域协同发展经验，能够为我国粤港澳大湾区发展提供多方面启示。本文梳理了美国东西城市群、日本东京都市圈、法国巴黎都市圈、英国伦敦都市圈、以色列特拉维夫及城市群的发展经验及主要启示与借鉴。

第一节　美国东西城市群的协同发展经验借鉴

一、美国东北部大西洋沿岸城市群发展的经验与启示

美国东北部大西洋沿岸城市群是世界六大城市群之一，被公认是综合实力最强的城市群。它以纽约为中心，包含波士顿、费城、巴尔的摩和华盛顿等主要城市，北起缅因州，南至弗吉尼亚州。纽约距城市群北端的波士顿约350 公里，距城市群南端的华盛顿约 370 公里。城市群占地面积 13.8 万平方千米，占美国总面积的 1.5%。2015 年，城市群总人口达到 5345 万，占美国总人口的 17%，预计 2025 年人口将达到 5840 万，2050 年人口达到 7080 万（比 2010 年增加 35.2%）。该城市群 GDP 占全美国 GDP 的比例多年来均超过20%。

（一）人口发展格局呈现多级态势

美国东北部大西洋沿岸城市群的城镇体系呈金字塔结构，城市群的增长由纽约、波士顿、费城、巴尔的摩、华盛顿等中心城市逐步向外辐射和扩展，出现纽瓦克、卡姆登、安纳波利斯等次级中心城市，各等级城市相互交织构成该城市群的城市网络。美国东北部大西洋沿岸城市群中人口大于 100 万的城市有 9 个，人口介于 50 万~100 万的城市有 29 个，这两类城市集聚了区域内 65% 的人口；人口介于 20 万~50 万的城市有 34 个；人口小于 20 万的城市有 116 个，这类城市的平均规模只有 6.4 万人。

（二）产业层级结构较为完善

美国东北部大西洋沿岸城市群拥有完善的产业层级结构，并在各层级城市间形成了完善的产业分工格局，几大中心城市的功能定位也各具特点，实现了错位而不同质的发展。纽约作为城市群中最核心的城市，处于产业层级结构的顶层，同时位于城市群地理位置的核心，能够充分发挥辐射和带动作用。纽约是美国人口密度最高的大城市，是一座具有世界影响力的城市，是全球金融中心，在商业、文化、娱乐、科技、教育、研究等领域也具有举足轻重的全球地位。纽约集中了众多全球性跨国公司的总部，是联合国等重要国际组织所在地，也由此聚集了各类专业管理机构和服务部门，形成了强大的全球服务、管理控制中心。

（三）城市群发达的立体交通网络

发达的交通网络是城市群的骨架，是形成城市群的重要条件。美国东北部大西洋沿岸城市群中，高速公路、铁路、机场、港口等多种交通基础设施共同组成了城市群多层次的网络化交通系统。这为城市群的协同发展创造了便利的沟通渠道，最大限度地密切了城市之间的联系，不仅改变了城市的外部形态，而且使其空间扩展更具指向性。

（四）多主体联动的区域协调机制

美国东北部大西洋沿岸城市群内，区域之间的协调是基于“政府—非政府—市场”的多重作用，形成了政府制度引导、行业专业指导和市场竞争驱动的多主体协同机制。政府层面，联邦政府会就环境等敏感问题在全国层面出台法案，并安排相应的基础设施建设，各地方政府在交通、环境保护、社会服务等领域也会进行合作。非政府组织层面，民间组织在区域管治中发挥了重要作用。1922 年成立的纽约区域规划协会，是一个独立的非营利性的地方规划组织，它基于民间团体的规划模式在美国东北部纽约州、新泽西州和康涅狄格州的规划中一直发挥着重要作用。

二、美国西部太平洋沿岸地区

美国第三大城市群位于西部太平洋沿岸地区，包括南加州、北加州两大城市群，分别以洛杉矶、旧金山为中心，辐射整个加利福尼亚州，区域总面积约 40.4 万平方千米，占美国总面积的 4.2%；有 3925 万人，占美国总人口的 12.1%；GDP 约占全美国 GDP 的 15%。

以旧金山湾区为例。旧金山湾区泛指加利福尼亚州北部旧金山及圣巴勃罗河口人口稠密的海湾地区，其中旧金山、奥克兰和圣何塞为湾区三座核心城。狭义上，包括阿拉米达、康特拉科斯塔、马林、索诺玛、纳帕、索拉诺、圣克拉拉、圣马特奥和旧金山共九个县市，占地面积约 17811 平方千米。广义上，把圣华金、圣克鲁兹以及圣贝尼托三个县市也一并纳入统筹范围，管辖面积约 26250 平方千米。旧金山湾区九个县市总人口将近 768.4 万，联合统计区总人口由于统计区域的扩大，顺理成章地增加至 875.1 万人。圣克拉拉县的人口最多，阿拉米达县的增速最快，旧金山市的集聚效应最强。

旧金山湾联合统计区的 GDP 约占全美国 GDP 的 5%。旧金山—奥克兰—海沃德和圣何塞—森尼维尔—圣克拉拉两大都会区约占湾区 GDP 总量的 87.9%。泛金融业（金融、保险、房地产、租金与租赁）、专业及商业服务和制造业是湾区经济的三大支柱。

旧金山湾区的港口中奥克兰港集装箱吞吐量最大，里士满港的汽车和液体散货吞吐量排在湾内头名，红木城港是南湾唯一的深水港，旧金山港口功能逐渐弱化。湾区由几个交通系统提供服务，包括三大国际机场（旧金山、圣何塞、奥克兰），六个主要公交中转机构和其他小的服务系统。往返旧金山市的人口最多，交通也最为便利。圣克拉拉县因硅谷的存在，通勤净流量排在湾内次席。北湾地区由于缺乏与湾区其余地区通勤的公共交通，因而更多人选择在本区域内生活和工作。

旧金山湾区人口受教育程度接近国家总体的最高水平，根据 2015 年美国人口普查局统计，约有 41.73% 的 25 岁以上的居民具有本科及以上学历，其中拥有硕士及以上学历的约 98.9 万人。来自美国其他州和海外国家 25 岁以上的外来居民获得本科及以上学历比例更是分别达到 67.37% 和 62.82%。旧金山湾区汇聚众多世界一流大学和学院，同时拥有以硅谷为代表的风险投资和高科技产业聚集地，使得教育与企业资源无缝对接并长期保持创新活力，得以涌现出如谷歌、苹果、思科、甲骨文、Facebook、Intel 以及特斯拉汽车等世界知名企业。

总结美国西海岸城市群发展经验：

一是创新引领产业发展。从产业结构上看，西海岸大都市城市群的产业互动体系表现出典型的创新引领和高科技特征。1960 年以来，高科技产业的发展加快了连绵区内城市的经济结构转变，洛杉矶、圣迭戈进一步巩固其领先地位，旧金山湾区的圣何塞异军突起，与旧金山形成双子星城市竞争态势，圣克拉拉高科技产业蓬勃发展。高科技产业在诸多城市的全面发展，形成了以中心城市为核心的高科技产业带，对地区经济结构完善起着重要作用。

二是三大中心城市多中心互动。以洛杉矶、旧金山、圣迭戈为中心的三大都市区形成相互竞合的多中心网络结构。三大都市区组成了有机的产业联系和经济网络，洛杉矶大都市区的经济结构呈现复合化形态，具备综合经济优势，且具备高等级的海港和空港。旧金山大都市区在连绵区内更多承担研发、金融等服务功能。圣迭戈依托自身的良港和军事地位，主要承担交通枢纽、贸易节点、海洋装备、旅游等特色产业的职能。

三是技术创新资源网络化分布。西海岸城市群的科技研发资源具有规模大、集聚度高、网络化分布的特点。城市群所处的加利福尼亚州被称为“科学州”，拥有规模庞大的科技研发集群。航空航天工业集聚于洛杉矶地区，旧金山大都市区的电子工业水平在全美处于绝对领先水平。呈网络状分布的众多高校和高等级科研机构成为区域重要的创新资源，区域内的著名大学大都分布在沿海区域的多中心城市网络中，帕萨迪纳的喷气动力实验室、圣克莱门特的火箭发动机制造基地等诸多高等级科研机构网络化分布在加利福尼亚州沿海的带状区域，为大都市城市群贡献强大的研发能力。

第二节 日本东京都市圈发展模式的启示与经验借鉴

东京狭义上是指东京都，严格意义而言不是一个市，而是日本的一级行政区，辖区包含东京都区部（东京 23 区）、多摩地域（26 市和西多摩郡 3 町 1 村）以及东京都岛屿部（三岛・三宅・八丈・小笠原）的 4 个支厅（2 町 7 村）。从江户时代起 400 余年来，东京都一直是日本最大的都市，虽然未被设为法定首都，但东京着实通过跨行政区域整合人口、经济、金融、信息等资源，实现了综合性首都功能，因此又被称为“日本的心脏”。东京都总人口约 1392 万，占全国 10% 以上，面积为 2155 平方千米。

一、东京都市圈概况

东京还可泛指广义的东京都市圈，也称“首都圈”，是指以东京都为中心、由半径范围 100 公里、20 余个规模大小不等的城市组成的环状大城市带，包括一都七县——东京都、神奈川县、茨城县、栃木县、群马县、埼玉县、千叶县及山梨县（据《首都圈整备法》一都三县——东京都、神奈川县、埼玉县、千叶县扩展而来）在内的巨型都市圈。该圈为日本三大都市圈之一，依托东京湾发展起来，总面积为 36884 平方千米，虽仅占日本国土的 9.8%，但总人口约达 4300 万，占全国 32.6%，人口密度约为 1179 人 / 平方千米，全区生产总值占全国 2/3，工业产值占 3/4，是牵引日本经济的“火车头”。

二、东京都市圈功能及层级人口变迁

东京都市圈聚集了日本政治、行政、经济等中枢功能，分为东京都 23 区、东京城市圈 / 一都三县和东京都市圈 / 一都七县三个层级。从内部空间结构变迁看，内层的东京都经历了“人口流失—人口回归”历程（1990 年经济危机期间，东京高昂的生活消费导致部分居民向城市外围迁居；2000 年后随着日本从“失去的十年”中走出，人口自近郊区三县迁回市区，东京都重新形成“都心回归”现象），中层三县经历“暴增—和缓增长”变化（经济危机期，地价相对便宜、住宅大量建设，东京都和外围四县人口涌入），而外层四县长期处于人口流失状态。

三、东京都市圈“多中心”模式

（一）东京都市圈“多中心”模式溯源

东京都市圈“多中心”或“多中心城市”模式是从 19 世纪 70 年代初逐渐发展而来的，其框架既包括山手线副中心、多摩、大宫、浦和、川崎、横滨等业务核心城市，也包括各种新城和已存在的主要城市，其中重点在于业务核心城市建设。据当时首都圈基本计划，主要是通过建设东京周边地区次中心城市，形成“多极结构的广区域城市复合”，以控制首都圈扩张发展。东京“多中心城市”模式彻底改变以往对东京都过分依赖的单一中心型、放射状格局，将都市圈变为以业务核心城市为多中心的自立型都市圈。

（二）东京都市圈“多中心”城市功能

东京都定位为政治、经济、文化的中心，主要在于充实其国际金融中心、高层次公司总部等能够引领经济社会发展的功能。神奈川县、埼玉县等东京都近郊地区主要承接东京都居住功能，同时开发商业、教育、文化等设施，是东京都环保、废物循环利用、防灾据点。群马县等北部地区依靠自然资源为首都圈供应水和电，也作为林业和畜牧业基地提供相应产品。千叶县、茨城县等东部地区发挥机场、港口及研发集中优势，强化首都圈国际交流和工业功能（东京成田机场设在千叶县，千叶幕张的国际会议城是全国进行国际交流和商品展示的场所）。山梨县等内陆西部地区注重加强和名古屋等中部地区的联系，同时推进富士山等世界自然遗产及环境保护事业发展。南部岛屿地区则依托天然景色成为首都圈的度假娱乐后花园。

总体而言，核心城市分担东京都的部分功能，成为分散在圈内各区域的大都市功能区。此外，这些城市还设有与生活服务相关的各种设施，如中央图书馆、大剧院、文化中心、活动比赛场所等，同时还创造了象征性景观。

四、东京都市圈“多中心”模式特点

（一）通过立法和首都圈规划进行顶层设计

作为亚洲最早发展都市圈的国家，日本自 1956 年就正式实施《首都圈整备法》，并按该法制定首都圈规划、指导和促进首都圈协同发展。至今 60 余年间，日本经济经历了从高速增长、稳定发展到泡沫经济、经济衰退等半世纪发展，基于此法的首都圈基本计划也进行了六次重大调整。值得一提的是 1986 年第四次、1999 年第五次和 2016 年第六次规划。这几次规划均针对人口、产业等要素过度向“东京一极集中”、城市体系格局“东京突出”问题，提出通过均衡国土综合开发以及合理城市功能布局，实现经济全面发展的思路：

1986 年起编制第四次首都圈规划，要求构筑形成“多核多圈型”的区域结构。第四次规划是在全球化、老龄化、信息化时代背景下出台的，具体规划将横滨、川崎、浦和、大宫、八王子、立川、千叶等城市定位为业务核心城市（至 2000 年的计划期间内，业务核心城市建设正式进入实施），推进横滨港未来地区、千叶幕张新都心地区、埼玉新都心地区建设，同时推动部分政府机构、行政机关从东京市中心搬迁出去（进一步强化中心区的国际金融职能和高层次中枢管理职能）。该规划契合 1985 年日本国土厅制定的迈向 2025 年的超长期规划——《首都改造计划》以及 1987 年第四次全国综合开发计划（确定“形成多极分散型国土结构”目标）。

1999 年制定第五次首都圈规划，力求形成“分散型都市圈网络”。泡沫经济破灭、首都圈经济遭受较大冲击后，第五次首都圈规划在 1998 年第五次全国综合开发计划（又称“21 世纪国土宏伟蓝图”，提出利用“四个国土轴”以达到分散东京功能和国土均衡发展的目标）基础上制定出台。该规划未涉及区域划分，主要为解决首都圈中心空心化问题、防止东京退出世界城市之列，因此重新召集人口回到中心，并提出 2015 年前在东京圈建立环状据点城市群的“分散型都市圈网络”（中心城市周边的核心城市、多中心规划向相互进行职能分担和合作交流的网络化、分散化方向发展）。

现行 2016 年第六次首都圈规划，提出保持东京竞争优势，构筑“对流型首都圈”。2015 年全国国土计划提出要形成国内与国外、城市与农村等“对流促进型国土结构”（“对流”是指具有多样性的地域间在相互合作过程中出现的人、物、资金、信息等资源双向流动），以此来改变“东京一极集中”局面。相应地，第六次首都圈规划于 2016 年制定，目标时限约 10 年。该计划提出要建设“既保持东京竞争优势，又要减轻一极集中弊端”的“首都圈广区域”，具体是设定“轴、圈域、区域群、对流据点”四种合作集群，最大限度利用交通网络和“北关东新产业轴”等合作集群，提升东京国际竞争力，同时创造出具有魅力与活力的地方地域，实现城市与农村相互贡献和共生，通过“对流型首都圈”取代过去的“一极集中型首都圈”。

（二）各中心城市形成特色产业集聚

由于日本各级政府不考核 GDP，因此，企业往往根据成本收益自行进行区位选择。随着经济发展，首都圈不同区位聚集了不同产业：

总体看，东京都市圈表现为服务主导型经济，东京都承担大型企业的总部功能，立川、多摩、大宫、浦和等核心城市分别以金融保险、教育、批发零售、信息通信业等为引领，第三产业占比超过 80%，而第一产业占比接近零。

此外，虽然第三产业迅速发展，但东京都市圈在日本工业领域仍发挥举足轻重的作用，如东京都第二产业聚焦出版、印刷业以及通信行业等高技术产业。南面神奈川县横滨市发展造船与钢铁工业、汽车制造业和石化产业，并在东京湾沿岸大规模填海置地，带动电子机械等相关产业发展。川崎市以建筑业为特点。上述三地建立起长达 60 千米、日本最大的京滨工业带。此外，东京西面的八王子市是机械产业集聚地，而东面千叶市钢铁、机械工业发达。

从临港经济角度看，东京湾港口群（包含东京港、横滨港、千叶港、川崎港、木更津港和横须贺港六个港口）同样各司其职、各具特色，形成功能互补而非相互竞争关系。其中，东京港为输入型港口，横滨港为国际贸易港口，千叶港为能源输入港，川崎港为原料进口与成品输出港，木更津港为地方商港和旅游港，横须贺港为军港兼商港。这些港口群曾在“二战”后日本经济发展中扮演了重要角色，如今其临港经济也依然是东京首都圈的重要经济增长点。

（三）建成高效发达的环状公共交通网络体系

不同于美国大都市依靠汽车交通的发展模式，东京都市圈发展主要以发达的公共大交通为基础。日本政府认为，以东京为中心的放射状交通网络及国际机场、港口等门户在东京的集中是导致"东京一极集中"问题的主因。因此，日本首都圈将环状网络建设作为重点，努力推进铁路网从"放射"向"放射+环状"转变、实现高速路网络"三环九射"。尤其，其轨道交通在20世纪初就已形成基本完善的交通网络。

目前，由新干线、轻轨和地铁（地铁站多以公共交通为导向的模式TOD进行规划建设）构成的区域轨道交通网络承担了都市圈内旅客运输量的86.5%，使东京成为世界上典型的以轨道交通为主导的大都市，且内环、外环和中央联络公路三条高级别环线公路也在愈加完善，建设率已达79%，以东京外环为起点六条放射状高速公路已对外建成。

总体而言，发达便利的"放射+环状"交通网络设施使得通勤时长大大缩短、物资运输效率性和便利性快速提高，且将集中于东京的旅游需求向首都圈其他地区分散。在首都圈内，铁路交通山手线上的新宿和上野等城市也因成为交通枢纽而得到快速发展。此外，高效发达的公共交通网络还确保了东京都市圈内及与其他地区间的要素流动，东京圈内以及与全国经济联系愈加紧密，其经济中心地位进一步得到加强。

五、经验启示

东京这一特大城市在形成过程中，曾面临与北京、上海等正快速扩张城市一样的矛盾和问题，在解决交通拥堵、资源紧张、环境恶化等"大城市病"上，东京通过立法规划，逐渐形成了独特的"多中心"模式，有效地化解了这些问题。从成功经验来看，东京都市圈转型发展的成功主要归因于日本高度重视都市圈规划，设立《首都圈整备法》并按此制定长期发展计划和定量事后评估标准，主要有三点值得借鉴：

一是跳出东京去解决"东京一极集中"问题，通过制订全国国土综合开发计划以实现对国土的均衡开发，且采取重点发展地方工业城市、科技城市等方式以缩小落后地区与东京圈等大城市圈的差距，此外，还通过强化交通网络尤其是机场、港湾及环状广域交通基础设施，以提升全体物资、人、情报等流动效率。

二是对东京圈内部区域进行科学规划以及合理布局，通过在立法基础上制订首都圈基本计划对东京圈内部人口、城市功能进行合理布局和综合整备，使业务核心城市分担业务、居住、产业、物流、防灾、文化等功能，以缓解东京市区压力，同时加强广域合作，发挥东京都市圈一体化功能。这些政策和措施的实施不仅促进了日本区域经济的发展，也对日本医疗、教育等公共服务实现城乡均等化、不同区域均等化发展起到了推动作用。

三是设置定量化评估与监测标准，通过对规划实施与效果制定考察标准和定量指标，实现了精细化决策模式，如为提高都市圈活动效率，围绕都市功能与居住功能平衡、就近就业、实现步行生活等建立考核指标，考察通勤时间在 60 分钟以上的人口减少、老年人能获通勤 30 分钟内的工作机会等。

第三节　法国巴黎都市圈发展模式的启示与经验借鉴

一、巴黎及巴黎大区都市圈概况

（一）巴黎概况

巴黎位于法国北部巴黎盆地的中央，横跨塞纳河两岸，是法国集政治、经济、文化、国家交往等多功能于一身的单城复合型首都，也是法国最大的城市，世界五个国际大都市之一。市区面积 105 平方千米，人口 224 万。至今，巴黎建都已有 1400 多年历史，它也是西欧的政治、经济和文化中心。

（二）巴黎大区都市圈概况

巴黎大区都市圈以巴黎为中心，由其及埃松、上塞纳、塞纳－马恩、塞纳－圣德尼、瓦尔德马恩、瓦尔德兹、伊夫林 7 个省组成，也被称为巴黎大区或大巴黎，与行政上的“法兰西岛”高度重合，是全国 22 个大区之一，面积为 12072 平方千米，占法国国土 2.18%，人口 1200 万，占全国人口 18.8%、就业人口 21.6%。同时，巴黎大区都市圈聚集了法国 30% 以上的国内生产总值，以及 25% 以上的对外贸易额。

（三）巴黎大区都市圈层级

2004 年《巴黎大区规划》明确巴黎大区包含巴黎市区、近郊区和远郊区三层范围。其中，瓦尔德马恩、上塞纳、塞纳－圣德尼为近郊三省，表现为城镇化进程较为成熟、人口密度较大、农业用地少且农业属性弱，而塞纳－马恩、埃松、瓦尔德兹、伊夫林为远郊四省。

二、巴黎大区都市圈“卫星城”模式

（一）巴黎大区都市圈溯源

巴黎大区都市圈的由来要追溯至 1932 年，当时在工业加速发展背景下，工业企业在近郊自发聚集，城市建设规模日益扩展，由此引发了交通拥堵、公共设施严重不足等城市问题。为实行统一有效的规划管理，法国以法律形式提出打破行政区域壁垒，根据区域开发需要规划巴黎地区。1934 年，以巴黎圣母院为中心，半径约 35 公里之内的地区得到了整体规划布局。

（二）巴黎大区都市圈“卫星城”模式演变

与东京都市圈类似，巴黎大区都市圈也经历了由单中心空间结构向多中心、一体化区域空间格局发展转变的过程。

通过建设副中心和“卫星城”，巴黎市区的人口和产业实现了有效疏散，解决了由于过度集聚所产生的“大城市病”问题。目前，巴黎大区都市圈中“卫星城”与巴黎市区构成统一城市体系，达到了重新布局巴黎大区产业和人口、保持巴黎国际竞争力的目的。

三、巴黎大区都市圈“卫星城”模式特点

（一）城市与区域规划驱动巴黎大区都市圈形成多个“卫星城”

巴黎大区都市圈区域空间结构的调整主要通过城市与区域规划进行，在1956年《巴黎地区国土开发计划》、1965年《巴黎大区总体规划》等指导性框架和巴黎“工业分散”政策引导下，巴黎市中心发展规模得到控制、产业和人口向城郊扩散（出台了对市内企业开征“拥挤税”等政策，同期政策还起到了强化旧城保护的功能）、政府部门外迁，由此巴黎城市结构一改此前同心圆模式，开始向多中心结构转变。

（二）巴黎市区和近郊集中发展第三产业

从都市圈产业分布来看，巴黎市第三产业在经济中占比高达85%，远高于发达国家平均70%的水平。在其服务业中，公共服务、金融、房地产及商务服务占据主要份额。值得一提的是，第三产业不仅是巴黎市区经济的主体，其在郊区特别是近郊也相当发达（金融保险业、商业性服务业和运输业等）。且随高科技产业发展，科技、教育也相应壮大，南部郊区的高新技术开发中心拥有众多高等院校和研究机构。此外，相较于市区和近郊大力发展第三产业，远郊则成为巴黎工业的集聚区，还形成了明显的专业分工，如西郊汽车工业、南郊航空、电子工业等。

（三）合理利用轨道交通搭建网络化空间联系

巴黎十分重视轨道交通的发展，从20世纪60年代起，巴黎规划者们就认识到，主要交通线路的布局决定城市化地区的发展形态，并将这种认识自觉地融入地区规划之中，通过交通基础设施建设引导城市发展，通过构筑区域交通网络来调控区域空间布局。在此后的数十年里，交通设施建设始终是巴黎大区都市圈建设的重点。

四、经验启示

从经验来看，巴黎大区都市圈转型发展的成功主要归因于制定长远发展规划，设立开放型、多中心的城市与产业空间结构以强化巴黎国际化竞争力。主要有三点值得借鉴：

一是巴黎大区都市圈的规划是通过议会以立法形式颁布的，在法律基础上制定和实施都市圈规划，不仅确保了其权威性和严肃性，而且增强了其规划实施过程中的强制性。

二是突破旧城区空间约束，在更大范围内建设副中心和“卫星城”，由此吸引了市中心人口和产业向外迁移，并通过保护和改造旧城，推动城市向更大地域空间均衡发展。

三是在发展初期协同第二、三产业，巴黎大区都市圈曾将第二产业作为发展的原动力，在 20 世纪 60 年代转型初期注重工业和服务业在城市中的布局，推进制造业生产环节外移，形成了从巴黎西郊到西部的现代化制造业带，有力促进了近郊新城和远郊区工业发展。

此外，巴黎在治理环境污染、解决雾霾、发展绿色经济上的思路也同样值得学习：首先，巴黎通过长期科技研究探索出一套较完善的空气监测、预报及污染溯源系统；其次，巴黎大力发展清洁公共交通，增加有轨电车和电动巴士，开辟自行车道，采取严禁污染最严重的汽车驶入“低排放区”等措施；再次，巴黎通过绿色外交争当全球绿色先锋，主动承办 2015 年世界气候会议；最后，巴黎出台新版《建筑节能法规》，通过发展低能耗建筑控制污染。

第四节　英国伦敦都市圈发展模式的启示与经验借鉴

一、伦敦及伦敦都市圈概况

（一）伦敦概况

伦敦是大不列颠及北爱尔兰联合王国首都，是英国的政治、经济、文化、金融中心，也是欧洲最大的城市。该市面积 1577 平方千米，人口 890 万，为服务经济主导城市，其中金融业是支柱（早在 18 世纪 60 年代初，伦敦市第三产业就业人口占比就高达 61%，远超世界同等规模地区水平），并仍持续向服务高端化转型。值得一提的是，在“一平方英里”伦敦城（伦敦城并非指伦敦市，而是指伦敦大都市下的一个区，即伦敦古城，占地面积为 1 平方英里，位于泰晤士河北岸、介于黑衣修士桥和塔桥之间，伦敦城享有高度自治权，其主要使命是维持和提升英国金融业的国际竞争地位）中聚集了银行、保险、证券等金融机构，100 多个欧洲五百强企业和超过一半的英国百强公司在此设立总部，其作为全球领先的世界级城市、金融中心的地位一直较稳固。

（二）伦敦都市圈与英伦城市群概况

伦敦都市圈位于英国东南部，其雏形最早起源于“巴罗委员会”规划的四个同心圈设计（委员会为解决伦敦人口过密问题专门提出《巴罗报告》，要求疏散伦敦中心地区工业和人口），发展大致经历了内强、外延、布局、整合等阶段。伦敦都市圈再往外延伸，则形成了以伦敦—利物浦为轴线的英伦城市群，包括伦敦、伯明翰、谢菲尔德、曼彻斯特和利物浦等大城市和众多周边中小城市，是英国最重要的政治、经济和文化核心。面积约 4.5 万平方千米，占英国 18.4%，人口为 3650 万，经济总量达到英国的 80% 左右，是世界六大城市群之一，也是世界著名的经济、金融、贸易、高新科技、国际文化艺术交流和国际信息传播中心。圈内城市主要通过资源扩散、产业关联等途径，建立起生命科学产业集群、数字经济产业集群等，由此实现共同发展。

二、伦敦都市圈“圈层”模式

（一）伦敦都市圈空间结构

伦敦都市圈由内向外分为四个圈层：中心圈为内伦敦，包括金融城和内城的 12 个区；第二个圈层是伦敦市区，含内、外伦敦所属的 20 个市辖区；第三个圈层是伦敦大都市区，包括伦敦市及其临近的 11 个郡；第四个圈层则是伦敦都市圈，是包括相邻大都市在内的大都市圈。此外，根据大伦敦 2036 规划内容还设有五级中心，即服务全球的国际中心、服务大伦敦内外一定区域的大都市区中心、服务外伦敦一定地区的主要中心、服务于地区的地区中心和最小一级的邻里中心，不同圈层、级别中心将制定不同政策。

（二）伦敦都市圈分工布局

根据大伦敦 2036 规划内容，中心圈内伦敦主要目的在于建设高端服务业复合的中央活动区，因此要控制工业、改造旧街坊、降低人口密度等；第二个圈层除内伦敦外的伦敦市区则保持人口规模，但要进行重新组织，布置工业，仓储、物流、废物管理以及部分研发部门（进行分类战略工业选址，其中，首选工业位置特别适用于一般工业、轻工业、公用事业等有关活动；工业商业园区特别适用于研发、高价值一般工业等），以提供舒适环境；第三个圈层目的是在整个建成绿带以阻止伦敦扩展；第四个圈层用于集中建设一系列“卫星城”，接收内伦敦疏散出来的大部分人口。

（三）伦敦都市圈城市产业布局

除伦敦以金融业为主体外，伦敦都市圈其他城市产业分工同样特色突出。英国现第二大城市曼彻斯特主要发展新兴工业，以电子、化工和印刷业为中心，此外还集金融、教育、旅游、商业于一体，对英国经济有着极强的影响力。伯明翰作为曾经的第二大城市承接了大批伦敦及其他城市转移的工业产业，发展起电子工程和汽车制造业等，并由传统工业向现代制造业持续转型，如今，是英国主要的制造业中心之一。利物浦以商业和旅游业作为其重要经济支柱，此外船舶制造业不断迅猛发展。谢菲尔德市原属钢铁制造工业城市，从 1950 年开始向特色服务业发展，目前拥有较完整的体育产业链，同时也是世界著名的创意产业城市。

三、伦敦都市圈“圈层”模式特点

（一）根据不同阶段需求合理规划布局

伦敦都市圈发展和英国城市化一样，都呈现出由封闭到放射、“以城带乡”的发展之路，最后圈域型城市群结构的形成离不开政府科学、合理、渐进地制定规划。

早在 20 世纪五六十年代的发展初期，英国政府为解决人口密集、交通堵塞、住房困难等突出矛盾，以实现经济、人口和城市的合理均衡发展，就已开始在离伦敦市中心 50 公里的半径内建设首批 8 座新城（“卫星城”，分别为斯蒂文乃奇、克罗利、汉默·汉普斯泰德、哈罗、海特菲尔德、韦林田园城市、贝丝尔登和布莱克奈尔，后增建 1 座米尔顿凯恩斯）。而后，以提高核心城市综合实力和辐射带动周边为出发点，主要完善了新城基础设施，开始配建基本生活服务设施，并为迁移居民提供各种工作岗位（在众多新城发展实践中，米尔顿凯恩斯堪称典范，其堪比伦敦、曼彻斯特等大城市，以零售、信息、咨询、保险、科研和教育培训等服务业为支撑，构建起具有吸引力的现代化城镇）。

待都市圈基本建成后，伦敦开始大力规划发展产业布局，尤其注重圈内产业分工和协调一体化发展。在都市圈发展成熟后，大伦敦当局（GLA）分别于 2004 年、2008 年和 2011 年编制第一次、第二次和第三次伦敦规划，从经济、社会、环境等方面探索持续发展的长久路径。其中，第一次规划设定建设经济、环境、社会平衡且协调发展的可持续世界城市目标；第二次规划要求提升国际竞争力以适应国际经济格局；第三次规划强调实现可持续、包容增长。

（二）推进产业结构调整以适应城市经济转型

伦敦曾一度被称为“雾都”，20 世纪 50 年代起，为治理“伦敦雾”，伦敦制定了《清洁空气法案》《控制公害法案》等系列法案，力促工业改造和外迁，同时大力发展金融、贸易等第三产业，到 80 年代初成功实现了从“工业中心”向“全球金融中心”的演变。20 世纪 90 年代起，随着金融产业饱和，伦敦开始培育文化产业、发展新兴产业，进行产业更新，使城市拥有新的发展动力。

1990 年，英国政府推动“创造性”成为英国新文化政策的核心。1997 年起，伦敦重点发展文化创意产业，并于 2003 年公布《伦敦：文化资本——市长文化战略草案》，提出要把伦敦建设成为世界级的文化中心的愿景，同时，伦敦大力支持、鼓励中小企业创新活动、培养公民创意生活环境，并积极探索国际合作与交流。当前，通过实施“创意伦敦”的概念运作，伦敦已成为“全球创意和设计之都”及“全球最酷城市”。近年来，伦敦也在加快建设欧洲创新中心，大力推动知识园区（Knowledge Quarter）、生物医药科研城（Med City）及东伦敦科技城（Tech City）等创新引擎建设。

随着城市转型，伦敦制造业与分销、运输等业态的占比持续下降，金融保险、商业服务、通信业和创意产业等服务业比重不断上升，房地产业稳定长足发展，产业结构的持续调整进一步巩固和提升了伦敦世界城市地位。与此同时，在伦敦从工业发展到金融业、文化创意产业的过程中，也带动了周边大中小城市的产业分工与升级。如以钢铁产业、现代制造业为主的伯明翰；以船舶制造业和旅游业为主的利物浦；以金融业、电子、化工等新兴工业为主的曼彻斯特等。

此外，伦敦都市圈还积极发展绿色经济。为进一步加强对大伦敦地区的城市环境保护，政府还继续在净化空气质量、处理废弃物、控制交通和环境噪声以及治理水污染等方面提出了更高、更细的要求。低碳、可再生能源和环保产业得到大力发展，其中碳金融、地热、风能和建筑技术份额最高，碳金融、光伏能源、风能和潮汐能增长速度则最快，成为该圈的新经济增长点。

四、经验启示

英国作为世界第一个城市化国家，其伦敦都市圈发展积累了宝贵的成功经验——主要归因于科学规划以引导区域空间结构调整，推动经济增长模式有序转变。主要有两点值得借鉴：

一是采取科学合理的规划设计。伦敦在最早遭遇“城市病”困扰时就认识到，由工业化带来的城市化发展并不能任其自由发展，必须进行科学规划、合理引导，因此伦敦一直秉持建设与保护并重、职住平衡和产业结构均衡等理念，有序推动经济增长模式转变。如 1944 年《大伦敦规划》就划定了伦敦都市圈“四个同心圈”的增长边界，奠定了伦敦都市圈的发展基础，使都市圈有层次，多中心，有分工地发展，避免了人口和产业过度集中。2016 年，伦敦发布新版《大伦敦规划》，确定了大伦敦未来 20 年的发展目标，权威性地对城市空间综合发展进行规划，对社会、经济、环境、交通等重大问题提出有效应对策略。

二是高效立法与灵活经营机制保障。英国政府立法迅速高效，且能根据形势变化对法律做出及时修改，同时政府执法公正严明，保证了新城规划的有效实施。如 1951 年到 1977 年，英国先后 8 次颁布新《城乡规划法》，平均两三年制定一部新法，体现出较高的立法和执法效率。此外，伦敦新城具有较为灵活的经营机制，如韦林田园城市尝试土地所有权与使用权分离制度，现代化治理制度的建立对推动市场发展、激发城市活力起到了重要作用。

第五节　以色列特拉维夫及城市群发展模式的启示与经验借鉴

一、特拉维夫及城市群概况

（一）特拉维夫概况

特拉维夫通常是特拉维夫－雅法的简称（1950 年特拉维夫和雅法两市合并成立特拉维夫－雅法市），位于以色列西海岸，在 1948 年时为临时首都，目前是该国第二大城市、经济和科技中心，因此也被认为是以色列的经济首都。特拉维夫建于 1909 年，是一座沙漠之中的犹太、年轻移民城市，人口大约为 40 万，不及全国总人口 1/20，面积 51.76 平方千米。特拉维夫凭借着其“永不停歇的创新创业精神”，发展成为东半球的“硅谷”“地中海酷都”，其与纽约、伦敦、香港等城市同属于世界较具竞争力城市，是世界上创业公司和相关人才企业分布密度最高的地区（特拉维夫被誉为“永不停息的创新创业之城”）。

（二）特拉维夫城市群概况

以特拉维夫为中心的城市群（Gush Dan）有雄莱锡安、拉马特甘、巴特亚姆等周边独立卫星市以及沙仑的赫兹利亚、拉马特－沙龙，该城市群是以色列最大的都会区、经济枢纽，由于该都会区高技术企业产值占全以色列的三分之二以上，是以色列科技创新的龙头，因此被誉为“硅溪”（Silicon Wadi）。总人口约 300 万，占全国将近一半，但土地占比仅 8%，人口稠密度在该国最高。与此同时，该城市群是该国最为国际化的地带，也是中东最发达和物价最高的地区。除 IBM、英特尔、微软等发达国家企业外，近年我国 BAT“独角兽”也在该地区驻扎。

二、特拉维夫“科技金融中心”模式

（一）特拉维夫“科技金融中心”创新模式

特拉维夫城市群是全球负有盛名的创新区域，该区创新种子公司占以色列科技创新种子公司总数的60%以上，由此被誉为“仅次于硅谷的创业圣地”。实际上，在2010年时，特拉维夫就确定其成为全球城市的发展目标，只是最初定位于“艺术之都”。但在投入大量资源兴建美术馆、博物馆等设施，却收效甚微后，特拉维夫市政府重新审视自身优势与特点，决定从头建立属于自己的企业（实现全球城市目标的前提是成为商业中心，而商业中心需要大量企业支撑），从而使特拉维夫走上了构建创新创业之城的快车道。

（二）特拉维夫“科技金融中心”发展模式

特拉维夫“科技金融中心”的发展模式是由政府主导的，因为其在科技金融发展的每个环节上均带有浓厚的政府色彩，创投基金、世界一流研发中心、特拉维夫大学以及众多初创企业孵化器、加速器共同构成了特拉维夫卓越的创业生态环境，使其在业绩指标、人才指标、全球市场联通、资金指标以及创业经验等多方面均处于全球顶尖行列。

三、特拉维夫“科技金融中心”模式特点

（一）创新资源和生态系统完善

特拉维夫形成了政府引导、高校助推、社会参与的交互式都市创业网络：政府引导方面，特拉维夫搭建“路演场”推介以色列科技，同时政府发起设立创业投资引导基金，吸引各类社会资本，以杠杆放大效应推动创新系统的运作；高校资源方面，特拉维夫拥有以色列规模最大的大学——特拉维夫大学，同时，巴伊兰大学是以色列最大的学术机构；资金资源方面，特拉维夫拥有以色列唯一的证券交易所——特拉维夫证券交易所（TASE），同时，聚

集了许多风险资本公司的国际总部，庞大的风险资本与创投基金使得特拉维夫成为全球创业风险投资密度最高的区域；人才资源方面，特拉维夫着眼从全球引进人才，通过高额奖学金制度和创业签证制度，大力引进留学人员和创新创业人才。

（二）形成无界限的城市合作

往往，城市都有各自独立的市级政府管理部门，这成为一个无形界限，导致各城市都想在发展竞争中拔得头筹。而在特拉维夫城市群中，城市之间就没有界限，大家一起紧密合作，抱团发展。例如，特拉维夫城市群实现了公交一卡通，即同一张公交卡，可在各个城市间通用。由此，许多高速公路在此地区交会。此外，以色列铁路也为该区发展提供重要运力支持，该城市集群内还有两个机场，其中本－古里安国际机场连通世界各地。

（三）营造良好的创业环境基础

由于受土地、水等自然条件限制，一直以来，以色列高度重视科技投入，其研发投入强度位居世界前列。特拉维夫政府通过推出众多直接投资计划、设立科技孵化器、提供免费创业咨询服务、基础培训、举行创新节和创新会议等，自上而下营造出创业创新氛围。除此之外，特拉维夫鼓励年轻人参与创新创业，例如，政府制定孵化时间期限为 2 年，政府资助部分作为补助金，计划成功后企业须返还政府。若企业创业失败，则政府会宣布计划破产并解散企业，企业无须偿还任何费用。针对创业失败经历，政府也会辅助进行深入评估，以便更好促进初创企业发展。

四、经验借鉴

特拉维夫创新中心位置的确立有其成功经验——主要归因于政府定位于服务型机构，鼓励支持大量中小企业和初创企业开展市场竞争。主要有两点值得借鉴：

一是政府将自己定位为服务型政府，特拉维夫作为一个现代城市，打破了耶路撒冷的保守文化（当地人用“上”与“下”分别作为去往耶路撒冷和特拉维夫的动词，不仅因为地理上两城分别位于高耸之山巅、低矮之海滨，而且还代表了“上帝之城”和“尘世之城”的差别），以更开放的姿态迎接世界，为激发创新企业的产生，政府花钱花精力赞助创业竞赛，并建设共享创业办公空间以低价租赁给企业，这种高效性、集聚性极大促进了特拉维夫创业队伍的增长。

二是鼓励创新创业且宽容失败，特拉维夫市政府为创业团队提供了近乎免费的基础创业咨询服务和相关信息咨询培训，使得创新想法更有可能实现，同时本地风险投资和孵化器在评估新创意项目策划过程中不排斥失败案例，反而针对失败进行评估和挖掘原因，使得这些企业更快成长，变得更富有弹性。

第四章 中国经济发展方式转型效果评估

——基于 EBM-Luenberger 模型①

第一节　引言

1994 年中央经济工作会议上首次提出，将经济增长方式，从主要依靠增加投入、铺新摊子、追求数量，转到主要依靠科技进步和提高劳动者素质上来，转到以经济效益为中心的轨道上来。2007 年党的十七大提出“转变经济发展方式”，赋予其更加丰富的内涵。党的十九大首次提出中国经济由高速增长阶段转向高质量发展阶段。“十四五”规划指出，构建新发展格局，切实转变发展方式，推动质量变革、效率变革、动力变革，实现更高质量、更有效率、更加公平、更可持续、更为安全地发展，这是构建高质量发展新格局的行动指南。转变经济发展方式不仅要转变发展理念和践行科学发展观，也要通过科学研究为发展转型提供决策支撑和靶向支持，基于此，本文以识别经济发展动因为起点，构建基于 EBM-Luenberger 模型的非参数生产前沿分析框架，从国家、地区、省级三个层面剖析经济发展的质量贡献及其变化趋势，进而分析、评估、比较经济发展方式转型的效果，在此基础上为探索一条符合中国实际的经济转型道路提供政策建议。

① 李政大，袁晓玲，苏玉波．中国经济发展方式转型效果评估——基于 EBM-Luenberger 模型 [J]. 财贸经济，2017（1）.

第二节 文献综述

转变经济发展方式，首先在微观上需要推动投入要素配置方式的转变，提高全要素生产率（刘伟，2010），由全要素生产率对产出贡献所度量的发展质量已经成为判断经济可持续发展的主要标准（陈诗一，2012）。基于全要素生产率（TFP）的经济增长分解方法可归纳为三种：生产函数法、因素解析法和生产分析法。

生产函数法又称索罗余值法，其基本思路是将产出增长率扣除各投入要素增长率后的残差视为全要素生产率增长，生产函数法计算简单、易懂，能够直观反映经济增长各要素对总产出的贡献水平，可对每个要素的贡献分别进行核算，是相对完全的分解，有利于判断不同因素的驱动作用，因此被广泛应用（樊纲，2011；江飞涛，2014；Torre，2015）。但是生产函数法一是需要事先设定生产函数的具体形式，并对扰动项设定前提，容易导致计算结果差异较大（王美今，2012）；二是产出弹性是使用样本的平均数据，无法反映不同决策单元（DMU）的差异对总产出的影响；三是“索罗剩余”是由微积分方程推导出的增长速度方程，放弃了一些不能合象的经济变量，而这些经济变量对经济增长有可能是重要的（王清杨，1992）；四是无法对TFP进行更深入的分解。

因素解析法可分为结构分解方法（SDA）（袁小慧，2011；宋瑞礼，2012）和指数分解法（IDA），指数分解法中对数平均迪氏指数方法（LMDI）使用较多（路正南，2012；王建军，2013）。因素解析法能够将所分析对象分解为若干因素，从而清晰地追溯到分析对象变动的根源，并能测算各基本因素对分析对象变动的影响程度，揭示经济系统各部门之间的内在联系。但由于缺乏规范统一的分解形式，不同的影响因子得到的分解结果也不同。此外，分解往往需要借助中间变量，增加了研究的复杂性。

生产分析法可分为参数法和非参数法。参数法以 SFA（随机前沿分析方法）为代表，能够考察不同因素对效率的影响，从而消除了两阶段假设矛盾（余泳泽，2015；Mastromarco，2015），但参数方法需要设定生产函数模型，并需要对随机误差项预先设定某些假定前提，故其应用受到限制。以数据包络分析（Data Envelopment Analysis，DEA）为代表的非参数方法，无须对生产函数的形式进行先验设定，避免函数形式误设所带来的偏差（任保全，2016），可以进行多投入、多产出的核算，得到众多学者的青睐。DEA 方法又可按照分解的精确性分为完全分解和非完全分解：非完全分解将 TFP 之外的贡献全部归结为其他因素（王恕立，2012），分解较为粗略，TFP 也缺乏与总产出之间的有效联系。完全分解方法能够描述 TFP 变动与经济发展的关系，可识别经济增长的不同要素的驱动效果，董敏杰（2013）基于产出无效率理论的增长分解方法，实现了完全分解，并保证各贡献值总和为 100%，但在松弛变量为零或者不存在松弛变量时，研究结果易出现偏差。刘瑞翔（2013）的研究弥补了董敏杰（2013）的缺点，但他将环境污染作为投入要素，无法反映生产过程的实质。

本文借鉴董敏杰（2013）、刘瑞翔（2013）的研究思路，在以下方面尝试拓展：一是构建 EBM-Luenberger 非参数生产前沿分解框架，实现经济发展的精确化分解，保证所有贡献值之和为 100%，能更为全面地洞察经济发展的全貌；EBM-Luenberger 模型吸收非径向和径向效率计算方法的优点，既解决了松弛变量的设置问题，又避免了效率前沿投影值的原始比例失真的现象，此外，Luenberger 是基于差值的、可加结构的测度方法，不需要对测量角度进行选择，不需要进行等比例变动，克服了评价单元集间存在异质性的问题。二是引入强可持续理论，2012 年 6 月联合国“里约 +20”全球可持续发展大会上，强可持续被正式确认为新的绿色发展范式，与弱可持续理论相比，它认为自然资本是基本不能和其他形式的资本相互替代的，因而是不可替代的范式（Eric Neumayer，2002），具有对传统的褐色经济进行范式更替的革命意义（诸大建，2012），本文基于强可持续理论的环境总量非减性发展诉求，将环境污染区分为环境损害和环境建设两个维度，将能源投入区分为清洁能源和非清洁能源，同时纳入非参数生产前沿分解框架，展示环境约束下经济发展的双向作用机理。三是将期望产出和非期望产出同时引入生产函数，较合理地拟合了环境因素在生产过程中的制约作用，并使得捕捉环境规制的真实经济效应成为可能。鉴于发达国家上百年工业化过程中分阶段出现的环境问题在我国却是集中涌现，呈现出结构型、复合型、压缩型的特点（周生贤，2012），用某单一污染物指标已经无法全面反映环境约束机制，本文从空气、水、废弃物、土壤、噪声、地下水、森林等七个方面构建环境综合评价体系，并同时将生产污染、生活污染和自然损害纳入统一体系，以表征环境规制的综合作用。

第三节　研究设计

一、研究方法

根据 Färe（2007）定义的环境生产技术，本文建立了一个包括投入、期望产出（“好”产出）与非期望产出（“坏”产出）的生产可能性集。本文将强可持续理论引入环境生产技术，Pearce（1989）将可持续发展区分为弱可持续性和强可持续性，前者强调经济、社会、环境三个要素总和的进步，认为只要经济发展能抵消环境损失，就是可持续的，而后者强调资源、环境等关键自然资本的非减化，即在经济发展的同时，资源和环境的各自福利也不能下降，否则，即使经济实现增长，也不是可持续的。强可持续于 2012 年 6 月，被联合国“里约 +20”全球可持续发展大会正式确认为新的绿色经济范式，要求人类经济社会发展必须尊重地球边界和自然极限。按照强可持续对环境非减性的发展诉求，在经济发展的过程中，一是植树造林，增加环境的自净能力（此因素已在非合意产出测算中进行处理）；二是改善能源结构，增加清洁能源的消费。故本文将能源消费区分为清洁能源和非清洁能源，即每一个决策单元（DUM）的产出为两种："好"产出 y、"坏"产出 b。投入为四要素：人力资本 l、资本存量 k、清洁能源 r、非清洁能源 z，分解框架原理见图 4-1。在每个研究周期 $t(t=1,2,\cdots,T,T=20)$ 内，第 $i(i=1,2,\cdots,I,I=30)$①个 DUM 的产出为 $(l_i,k_i,r_i,z_i,y_i,-b_i)$，在 t 期生产前沿面为图 4-1 中的 $OEGKN$，其与 x 轴之间的区域为 t 期生产可能集：

$$P^t=\{(l_i^t,k_i^t,r_i^t,z_i^t,y_i^t,-b_i^t):(l_i^t,k_i^t,r_i^t,z_i^t)\}\text{ 能够生产 }(y_i^{OEGK},-b_i^t)$$

在 $t+1$ 期的生产前沿面为 $OABCKN$，其与 x 轴之间的区域为 $t+1$ 期生产可能集：

$$P^{t+1}=\{(l_i^{t+1},k_i^{t+1},r_i^{t+1},z_i^{t+1},y_i^{t+1},-b_i^{t+1}):(l_i^{t+1},k_i^{t+1},r_i^{t+1},z_i^{t+1})\}\text{ 能够生产 }(y_i^{OABC},-b_i^{t+1})$$

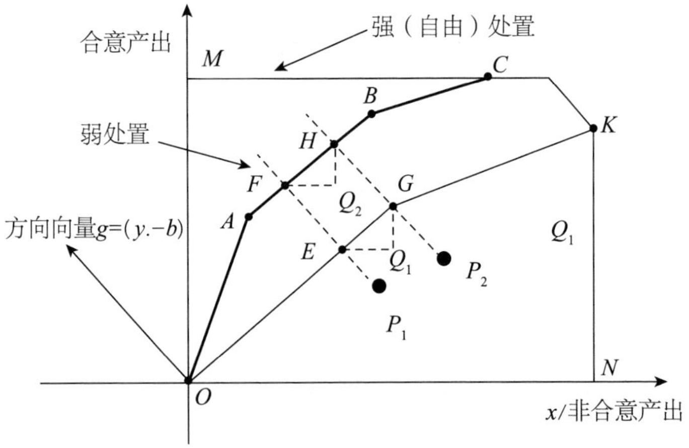

图 4-1 Luenberger 非参数生产前沿分析框架

图 4-1 中 P_1 为 t 期的实际生产点，处于 t 期生产可能集之内，而 P_2 为 $t+1$ 期的实际生产点，处于 $t+1$ 期生产可能集之内，本文定义：

① 本文的研究周期为 1995—2017 年，因此 T=20；研究对象为除西藏之外的 30 个省、自治区、直辖市，因此 I=30。

$F_i^t=OEGK$，为 t 期的最佳生产前沿面；$F_i^{t+1}=OABC$，为 $t+1$ 期的最佳生产前沿面；$E=Y_i^t(l_i^t,k_i^t,r_i^t,z_i^t)$，为 t 期的投入 $(l_i^t,k_i^t,r_i^t,z_i^t)$ 使用 t 期的生产技术对应的最佳产出；$F=Y_i^{t+1}(l_i^t,k_i^t,r_i^t,z_i^t)$，为 t 期的投入 $(l_i^t,k_i^t,r_i^t,z_i^t)$ 使用 $t+1$ 期的生产技术对应的最佳产出；$G=Y_i^t(l_i^{t+1},k_i^{t+1},r_i^{t+1},z_i^{t+1})$，为 $t+1$ 期的投入 $(l_i^{t+1},k_i^{t+1},r_i^{t+1},z_i^{t+1})$ 使用 t 期生产技术对应的最佳产出；$H=Y_i^{t+1}(l_i^{t+1},k_i^{t+1},r_i^{t+1},z_i^{t+1})$，为 $t+1$ 期的投入 $(l_i^{t+1},k_i^{t+1},r_i^{t+1},z_i^{t+1})$ 使用 $t+1$ 期生产技术对应的最佳产出。按照距离函数和 Luenberger 生产率指数的原理，可以将 $t+1$ 期与 t 期实际产出的增量分解为（分解过程详见本文附录）

$$\Delta y_t^{t+1}=LPTC_t^{t+1}+LPEP_t^{t+1}+LSEC_t^{t+1}+LEPSC_t^{t+1}+L_t^{t+1}+K_t^{t+1}+R_t^{t+1}+Z_t^{t+1} \quad (4\text{-}1)$$

$\Delta y_t^{t+1}=y_i^{t+1}(l_i^{t+1},k_i^{t+1},r_i^{t+1},z_i^{t+1})-y_i^t(l_i^t,k_i^t,r_i^t,z_i^t)$，为产出增长量的绝对值。等式右边 1~4 项为 Luenberger 生产率指数对产出增长量的影响，分别为纯效率变化（LPTC）、纯技术进步（LPEP）、规模效率变化（LSEC）和技术规模变化（LEPSC）对产出变动的影响（计算方法详见附录）。5~8 项为人力资本 l、资本存量 k、清洁能源 r、非清洁能源 z 对总产出变动的影响。当左右两边都除以 y_i^t，则公式（4-1）为

$$\frac{\Delta y_t^{t+1}}{y_i^t}=\frac{LPTC_t^{t+1}}{y_i^t}+\frac{LPEP_t^{t+1}}{y_i^t}+\frac{LSEC_t^{t+1}}{y_i^t}+\frac{LEPSC_t^{t+1}}{y_i^t}+\frac{L_i^{t+1}}{y_i^t}+\frac{K_i^{t+1}}{y_i^t}+\frac{R_i^{t+1}}{y_i^t}+\frac{Z_i^{t+1}}{y_i^t} \quad (4\text{-}2)$$

公式（4-2）等式左边为产出的增长率，右边各项为各分解项所拉动的增长率，将公式（4-2）右边各项同时除以等式左边项，得到各分解项的贡献份额，其加总为 100%。本文采用 GDP（基期 =1990）加权法测算全国和不同地区的经济发展分解贡献份额，则公式（4-2）可写为

$$\begin{aligned}\frac{\Delta y_t^{t+1}}{y_i^t}=&\sum_i^m\left(\frac{y_i^t}{toal}\right)\frac{LPTC_t^{t+1}}{y_i^t}+\sum_i^m\left(\frac{y_i^t}{toal}\right)\frac{LPEP_t^{t+1}}{y_i^t}+\sum_i^m\left(\frac{y_i^t}{toal}\right)\frac{LSEC_t^{t+1}}{y_i^t}+\\&\sum_i^m\left(\frac{y_i^t}{toal}\right)\frac{LEPSC_t^{t+1}}{y_i^t}+\sum_i^m\left(\frac{y_i^t}{toal}\right)\frac{L_i^{t+1}}{y_i^t}+\sum_i^m\left(\frac{y_i^t}{toal}\right)\frac{K_i^{t+1}}{y_i^t}+\\&\sum_i^m\left(\frac{y_i^t}{toal}\right)\frac{R_i^{t+1}}{y_i^t}+\sum_i^m\left(\frac{y_i^t}{toal}\right)\frac{Z_i^{t+1}}{y_i^t}\end{aligned} \quad (4\text{-}3)$$

其中 m 为各地区内的省份数量，当计算全国水平时，m 为所有省份数量。$\left(\frac{y_i^t}{toal}\right)$为不同地区内 t 期 i 省份的产出 y 占本地区总产出 $toal$ 的比重，即加权系数。

Luenberger 生产率指数（LTFP）各分解项中，LPTC>0 即纯效率提高，LPEP>0 即出现了技术进步，LSEC>0 即规模效率提高，LEPSC>0 即技术偏离规模报酬不变（CRS），反之，则分别说明纯效率下降、技术退步、规模效率降低和技术向规模报酬不变（CRS）渐进。纯效率变动反映各决策单元（DUM）实际生产前沿与最佳生产前沿面之间距离的变化情况，表示每一个决策单元向生产可能性边界的追赶（Catching-up）程度，是生产技能提高、生产经验积累、管理机制和体制创新等带来的产出增加，也可以理解为在生产技术、投入组合不变的情况下，由于资源使用效率提高而带来的额外产出，是全要素生产率最核心的内容。规模效率变动反映了经济规模的变化和组织调整所带来的规模经济、范围经济对产出的影响，用以衡量在现有投入条件下，生产规模是否达到最优水平，即是否有效利用了现有生产能力，从某种意义上也反映了生产组织能力、宏观经济调控能力，纯效率变动和规模效率变动共同反映了资源配置能力。技术进步反映了由于引入新的生产技术推动生产前沿面移动的情况，是技术进步的红利。技术规模变动只是代表了技术生产曲线偏离或靠近规模报酬不变（CRS）的速度，是技术性余额（李玲，2012），并无实质意义。

计算每一时期的 Luenberger 生产率指数，需要在 CRS & VRS 两种假设下分别计算出八个距离函数，计算方法可分为径向和非径向，径向计算方法是通过测量实际生产点到最佳生产前沿的缩减或扩张程度，以此来衡量生产技术的有效性，它在评价效率时要求投入或产出要素同比例变动，这与现实条件明显相悖，径向的计算方法还需要选择是基于投入导向还是基于产出导向来计算效率值，它不能同时考虑投入、产出两个方面，这将导致效率值的失真，当存在投入或产出的松弛变量时，径向评价方法会高估效率值，误导决策单元的效率评价；非径向计算方法把松弛变量直接放入目标函数中，解决了投入产出松弛性的问题，避免了要素投入同比例缩减和扩张的假设条件，但是这样的优化忽略了效率前沿投入值的原始比例信息，此外，由于线性规划方法自身的原因，松弛变量为零值临界点时，虽然松弛变量变化细微，但非径向计算结果差异却非常大。Tone（2010）提出了一种新的混合模型 Epsilon-based-measure（EBM），将非径向和径向特点纳入统一框架，弥补了两者的不足：

$$\gamma^{*}=\min_{\theta,\lambda,s^{-}}\theta-\varepsilon_{x}\sum_{i=1}^{m}\frac{w_{i}^{-}s_{i}^{-}}{x_{i0}}$$

$$\text{s.t.}\ \theta_{x0}-X\lambda-s^{-}=0$$

$$\mathrm{Y}\lambda\geqslant \mathrm{y}_{0}$$

$$\lambda\geqslant 0,s^{-}\geqslant 0 \qquad (4-4)$$

其中 γ^{*} 是最优效率值，θ 是径向模型计算的效率值，s^{-}_{i} 是第 i 个要素投入的投入松弛向量。w^{-}_{i} 是第 i 个要素投入的权重，$w^{-}=(w^{-}_{1},\cdots,w^{-}_{m})$，并且满足 $\sum_{i=1}^{m}=1(w^{-}_{i}\geqslant 0,\forall i)$，$\varepsilon_{x}$ 是一个重要的参数，它包含了径向变动比例 θ 和非径向的松弛向量，且 w^{-}_{i} 和 ε_{x} 需要事先确定。从公式（4-4）中 $\frac{w^{-}_{i}s^{-}_{i}}{x_{i0}}$ 项可以看出 $\frac{s^{-}_{i}}{x_{i0}}$ 为单位不变，所以 w^{-}_{i} 应被视为单位不变数值，反映了投入资源 i 的相对重要性。

二、指标选取和数据来源

（一）投入指标

1. 资本存量：本文参照张军（2004）的方法，将 1995—2012 年各年的固定资本形成总额平均为以 1952 年为基期的不变价格。计算过程中的折旧率按照 9.6% 处理，数据来源于各年《中国统计年鉴》《中国固定资产投资统计年鉴》。

2. 人力资本：

人力资本存量 = 从业人员数量 × 平均受教育年限

平均受教育年限 = 大专以上文化程度人口比重 ×15.5 年 + 高中文化程度人口比重 ×12 年 + 初中文化程度人口比重 ×9 年 + 小学文化程度人口比重 ×6 年

以上数据来源于各年《中国统计年鉴》《中国人口统计年鉴》。

3. 清洁能源消耗量：清洁能源是对环境相对友好的能源，排放少，污染程度小，包括太阳能、水力、风力、生物质能、波浪能、潮汐能、海洋温差能、电力、燃气等能源。数据来源于各年《中国能源统计年鉴》《中国电力统计年鉴》。

4. 非清洁能源消耗量：非清洁能源包括原煤、洗精煤、其他洗煤、型煤、焦炭、其他焦化产品、原油、汽油、煤油、柴油、燃料油、石脑油、润滑油、石蜡、溶剂油、石油沥青、石油焦、其他石油制品。数据来源于各年《中国统计年鉴》《中国能源统计年鉴》。

（二）“好”产出指标（合意产出指标）

本文将 GDP 指标作为“好”产出指标。GDP 总值采用以 1990 年为基期的不变价格计算。数据来源于各年《中国统计年鉴》。

为保持数据稳定，本文将 GDP 数据与上文的资本存量、人力资本、清洁能源、非清洁能源数据进行对数处理。

（三）“坏”产出指标（非合意产出指标）

为全面衡量环境污染水平，构建环境污染综合指数作为“坏”产出。基于强可持续发展理论环境福利的非减性发展诉求，在损害生态环境的同时要不断提高环境的吸收（自净）能力，环境吸收（自净）能力是指生态环境受到破坏后，通过自然界的物理、化学和生物作用逐步吸收、消除生态损害的能力，它主要依靠加强生态环境建设，因此本文从环境建设和环境污染两个维度综合评价环境现状。生态环境建设维度包括耕地、水资源量、可用林地资源、绿地面积、水土流失治理面积、工业废水达标排放率、消烟除尘率、工业固体废弃物处置率、湿地面积、森林覆盖率等 10 个指标。环境损害维度包括工业废水排放总量、生活废水排放量、废水排放总量、工业废气排放量、二氧化硫排放量、烟尘排放量、粉尘排放量、烟（粉）尘排放总量、工业固体废弃物产生量、二氧化碳排放总量、生活垃圾清运量、生活废水排放总量、化肥施用量、农药施用量、噪声等 15 个指标。各项数据来源于《中国环境统计资料》《中国统计年鉴》《新中国 55 年统计资料汇编》《中国区域经济统计年鉴》《中国林业统计年鉴》以及各省水资源统计公报、林业统计公报、各省统计年鉴，若年鉴前后数据有差异，则以新版数据为准。二氧化碳排放量指标由于中国并没有正式的官方统计数据，本文的估算方法是基于 IPCC《国家温室气体排放清单指南》2006 版，利用能源消费量来计算二氧化碳排放量的，计算公式如下：

$$C_{it}=\sum E_{ijt}\times\eta_j \tag{4-5}$$

C_{it} 为 i 省第 t 年的二氧化碳排放总量；E_{ijt} 为 i 省第 t 年第 j 种终端能源消费量；η_j 为第 j 种能源的排放系数。根据《中国能源统计年鉴》口径。

环境污染综合指数的计算方法采用纵横向拉开档次方法（郭亚军，2007），该方法使赋权的信息直接来源于被评价对象的各项原始数据，完全属于客观评价，避免了评价人的主观偏好对评价结果的影响，尤其适用于面板数据，其计算方法详见参考文献[①]。

① 袁晓玲，李政大．中国生态环境动态变化、区域差异和影响机制 [J]. 经济科学 .2013（6）.

第四节 研究结果

鉴于西藏历史资料的不完整，本文的研究对象不包括西藏。为了提高研究的意义，本文对重庆和四川 1995—1996 年各项指标数据进行了分解，没有直接来源的数据，按照 1997 年的两省市比例线性分解。研究周期为 1995—2017 年，计算增长率时需将第一年视为基期（基期 =1995 年），故可分解的时间周期为 1996—2017 年。数据整理如表 4-1 所示。

表 4-1 1996—2017 年中国经济发展驱动因素分解（基期 =1995 年）

时间（年）	项目	合计（%）	效率改善					要素投入（%）
			小计（%）	纯效率变动（%）	规模效率变动（%）	技术进步（%）	技术规模变动（%）	
1996—2001	增长	10.10	2.89	0.27	0.10	2.27	0.24	7.21
	贡献	100	28.00	2.43	0.74	22.18	2.65	72.00
2002—2007	增长	13.09	2.35	0.26	0.04	1.69	0.36	10.73
	贡献	100	17.48	2.04	0.30	12.43	2.71	82.52
2008—2017	增长	10.04	3.41	0.11	0.12	3.00	0.28	6.63
	贡献	100	33.96	1.10	1.20	29.88	2.79	66.04
平均	增长	11.08	2.88	0.21	0.09	2.32	0.29	8.19
	贡献	100	26.03	1.93	0.78	20.94	2.65	73.94

说明：由于本文 GDP 为各省加权平均值，与全国 GDP 数据略有出入。研究周期全国 GDP 平均增长率为各年平均值。

一、国家层面

1996—2017 年中国经济年均增长 11.08%，其中效率改善拉动的增长为 2.88%，贡献份额为 26.03%；要素投入拉动的增长为 8.19%，贡献份额为 73.94%。全要素生产率对经济的贡献，是判断发展方式从粗放型向质量型转变时态的重要依据，杨洁（2015）依据全要素生产率对经济的贡献将发展方式划分为 4 个类型：贡献低于 30% 时，发展方式属于粗放型；贡献在 30%~50% 时，发展方式处于过渡期；当贡献超过 50% 时，开始转变为质量型；贡献高于 70% 时，经济发展方式为高质量型。虽然要素投入仍是近二十年中国经济发展的主要动因，但是效率改善对经济发展的贡献在不断提高，对经济发展的贡献从 1996 年的 22.1% 提高到 2017 年的 44.6%，从 2012 年起，中国已经进入从粗放型发展向质量型发展转变的过渡期，且呈现加速的趋势。

有别于董敏杰（2013）、刘瑞翔（2013）的研究结果①，本文的研究结果显示效率改善对中国经济增长贡献份额的整体呈 U 型变动趋势，大致可分为三个阶段：第一阶段，1996—2001 年效率改善平均贡献份额为 28%；第二阶段，2002—2007 年平均贡献份额为 17.48%；第三阶段，2008—2017 年平均贡献份额为 33.96%，尤其是从 2012 年后，效率改善快速提高。1995 年 5 月，中央提出实施科教兴国战略，把科技和教育摆在经济、社会发展的重要位置，增强国家的科技实力和科学技术向现实生产力转化的能力，提高科技对经济的贡献率，提高全民族的科技文化素质。同年 10 月党的十四届五中全会，明确提出经济增长方式从粗放型向集约型转变，有力地引导和推动了经济发展方式的转型。此外，受亚洲金融危机的影响，1998—2001 年经济增长率仅为 8.64%，降低了效率贡献的“分母”。2002—2007 年平均贡献份额下降的主要原因是中国步入工业化加速期，根据霍夫曼定理，随着工业化进程的加快，重工业比重将逐步提高并成为主导。2007 年中国第二产业比重为 47.3%，较 2001 年的 45.2% 提高 2.1 个百分点，2007 年重工业比重为 70.5%，较 2001 年提高约 10 个百分点，重工业比重的提高带动了能源消耗的增加，2002—2007 年中国能源消耗量平均每年增长 12.9%，而前、后阶段能耗增长率分别为 2.34% 和 6.8%。重工业比重提高也加大了环境压力，

① 董敏杰（2013）的研究结果显示从 2001 年以后，中国效率改善对经济发展的贡献呈不断下降趋势，2007 年甚至为负值；刘瑞翔（2013）也认为从 2002—2010 年全要素生产率的贡献不断下降。

2007 年中国工业废水排放 246 亿吨，工业废气排放总量 388 亿立方米，分别是 2001 年的 1.3 倍和 2.4 倍，污染指数从 2001 年的 0.48 上升到 2007 年的 0.52。此外，随着人们生活水平的提高，2002—2007 年汽车和家用电器普及率大幅提高，2007 年城镇家庭每百户拥有汽车 24.8 辆，空调 95.08 台，分别是 2001 年的 20 倍和 3 倍[①]，也带动了能源消耗和污染排放的增加。在以上因素的综合作用下，2002—2007 年中国经济发展效率下降，贡献减少，发展方式的转变出现倒退。2007 年党的十七大将科学发展观写入党章，提出建设环境友好型、资源节约型社会，有力地促进了发展方式的转变，受 2008 年全球金融危机影响，以及中国推出的“4 万亿刺激计划”带动固定资产投资大幅增加，效率贡献出现小幅波动。2012 年党的十八大将生态文明纳入中国特色社会主义事业“五位一体”总体布局并写入党章，作为行动纲领，并相继提出加快建立系统完整的生态文明制度体系，用严格的法律制度保护生态环境，使得效率贡献迅速提高。

对效率改善进行深入分析可发现，1996—2017 年，纯效率变动、规模效率变动、技术进步、技术规模变动对经济增长的平均贡献份额分别为 1.93%、0.78%、20.94%、2.65%。显然，技术进步是效率改善的主要动因，说明中国经济发展方式转型主要得益于科学技术发展推动生产前沿面移动，进而带动生产效率的提高。纯效率变动对经济增长贡献明显处于低位，说明剔除技术进步因素，资源利用能力、生产管理能力并没有得到实质性提高。规模效率对经济增长的贡献也较低，反映出现有生产投入条件下，远未实现规模经济，说明产能过剩现象较为严重：以煤炭业为例，2005—2012 年全国煤炭业固定资产投资完成 2.25 万亿元，累计新增煤炭产能约 20 亿吨，2012 年底煤矿总产能约 39.6 亿吨，产能建设超前 3 亿吨左右[②]。从动态角度来看，效率改善贡

① 2007 年各项数据来源于《中国统计年鉴》(2008)；2001 年各项数据来源于《中国统计年鉴》(2002)。

② 数据来源于中国煤炭工业协会会长王显政于 2013 年 10 月 21 日在 2013 国际煤炭峰会上的主旨演讲。

献份额的提高主要受技术规模变动贡献份额提高的影响，技术规模变动只是技术性余额，可视为纯效率、技术进步、技术规模共同作用的结果。

二、区域层面

从表 4-2 中可以看出，1996—2017 年，东北、东部、中部、西部地区效率改善对经济发展的平均贡献份额分别为 25.3%、32.18%、22.9%、18.6%。总体而言，东部地区效率改善总体处于较高水平，说明东部地区经济发展方式转型效果相对较好，特别是 2017 年东部地区效率改善接近 50%，即将实现向质量型的根本性转变。主要原因：一是东部地区经济发达，科技水平高，对外开放程度高，便于引进国外新技术、新工艺、新材料提高技术进步和创新能力，2017 年东部 10 省份三种专利申请和授权数量占全国的比例高达 67.7% 和 71.5%，创新能力可见一斑，创新能力可显著提高效率水平。二是东部地区相对较早地遭遇资源环境的制约，东部发达地区更加重视经济发展与资源环境的协调，较早调整和优化产业结构，提高发展质量，2001 年之后东部地区逐步淘汰高耗能、高污染行业或向中西部产业梯度转移，东部地区造纸、石油加工和炼焦、化学制品、非金属矿物质、黑色金属冶炼五个行业的工业总产值占全国的比重逐年下降，从 2001 年的 61.3% 下降到 2017 年的 45%，产业结构的优化提高了经济发展效率。

表 4-2　1996—2017 年中国不同区域经济发展贡献变动情况（基期 =1995 年）

年份	效率改善（%）				要素投入（%）			
	东北	东部	中部	西部	东北	东部	中部	西部
1996	12.0	29.8	27.7	-1.7	88.0	70.2	72.3	101.7
1997	37.7	43.9	34.7	25.1	62.3	56.1	65.3	74.9
1998	33.1	53.1	31.0	25.4	66.9	46.9	69.0	74.6
1999	2.9	30.9	11.6	10.9	97.1	69.1	88.4	89.1
2000	32.7	5.5	20.9	8.6	67.3	94.5	79.1	91.4
2001	48.2	33.3	29.7	30.7	51.8	66.7	70.3	69.3

续表

年份	效率改善（%）				要素投入（%）			
	东北	东部	中部	西部	东北	东部	中部	西部
2002	42.6	16.5	19.1	7.5	57.4	83.5	80.9	92.5
2003	18.3	16.5	−5.6	4.9	81.7	83.5	105.6	95.1
2004	35.0	21.5	16.9	12.9	65.0	78.5	83.1	87.1
2005	27.2	13.2	−9.0	22.0	72.8	86.8	109.0	78.0
2006	19.9	15.0	20.5	13.0	80.1	85.0	79.5	87.0
2007	42.2	36.5	10.1	18.2	57.8	63.5	89.9	81.8
2008	13.7	32.3	20.8	26.4	86.3	67.7	79.2	73.6
2009	41.5	27.4	19.7	13.8	58.5	72.6	80.3	86.2
2010	30.8	35.6	10.5	13.3	69.2	64.4	89.5	86.7
2011	22.4	25.3	14.1	2.7	77.6	74.7	85.9	97.3
2012	17.9	40.7	33.3	38.6	82.1	59.3	66.7	61.4
2013	15.7	42.8	36.5	39.9	84.3	57.2	63.5	60.1
2014	14.6	46.6	40.7	41.4	85.4	53.4	59.3	58.6
2015	16.20	46.80	38.90	39.60	83.80	53.20	61.10	60.40
2016	15.80	47.20	40.20	40.50	84.20	52.80	59.80	59.50
2017	16.30	47.50	41.60	40.80	83.70	52.50	58.40	59.20
平均	25.30	32.18	22.90	18.6	74.70	67.82	77.10	78.43

1996—2001 年、2002—2007 年两个阶段较高的效率改善值拉高了研究周期内东北地区的整体转型水平，但 2008 年后东北地区效率改善呈明显下降趋势，尤其是 2012 年后发展方式转型更是呈现倒退趋势，这是由于东北地区从 2008 年后经济结构调整缓慢，2007 年东北地区第二产业占比 51.4%，高出全国平均水平 2.8 个百分点，第三产业占比 36.4%，低于全国 3.7 个百分点，而到了 2012 年东北地区第二产业占比 50.8%，高出全国近 5 个百分点，第三产业比重为 37.9%，低于全国近 5 个百分点，经济发展对工业的依赖性使得资源投入保持高位、污染排放也不断增加，拖累了效率改善，再加上未能出现新的增长点加大了经济下行压力。2012 年以后东北三省 GDP 集

体滑落，2015 年黑龙江、吉林和辽宁的名义 GDP 增长率分别为 -0.29%、3.41% 和 0.26%，辽宁省从 2014 年经济第七大省，滑落至 2015 年的排名第十位。

中部和西部地区效率改善对经济发展的贡献相对较低，特别是 2002—2010 年，这两个地区经济发展方式转型效果较差。中部地区主要原因是经济结构不合理，第二产业占 GDP 的比重从 2001 年的 44.9% 上升到 2010 年的 52.5%，持续提高。2002—2010 年中部地区造纸、石油加工和炼焦、化学制品、非金属矿物质、黑色金属冶炼等五大高耗能产业的生产总值平均比重为 30.2%，明显高于其他地区。经济结构、工业结构的不合理，造成中部地区能源消耗高、环境污染严重，这一期间中部地区能源消耗占全国的 24.2%，但 GDP 仅占全国的 19%，污染指数平均为 0.56，明显高于其他地区，再加上人口禀赋影响，中部地区投入的人力资本占全国的 28.6%，都对中部地区效率改善产生影响。但是从 2011 年后，中部地区的效率贡献明显改善，已经进入从粗放型向质量型的过渡期，主要原因：一是中部地区经济发展相对较快，2011—2017 年中部地区经济平均增长率为 10.32%，高出全国平均增长率近 1.2 个百分点，带动经济产出提高。二是经济结构有较大改善，第二产业占 GDP 的比重从 2010 年的 52.5% 下降到 2017 年的 47.4%。三是中部地区环境建设明显加快，环境对效率改善的约束作用下降。西部地区与中部地区有些相似，受产业转移影响，西部地区第二产业比重持续提高，从 2001 年的 46.4% 提高到 2010 年的 50.2%，且西部地区接收的产业转移多为高耗能行业，2012 年西部地区的造纸、石油加工和炼焦、化学制品、非金属矿物质、黑色金属冶炼等五大高耗能产业生产总值占工业生产总值的比重为 29.2%，比 1995 年提高 8 个百分点，受其影响，2008—2010 年西部地区能源消耗平均每年增长 9.1%，是四个区域中最高的。此外，西部地区科技水平、创新能力相对较弱，投入转化率较低，2017 年西部 12 省份国内三种专利申请授权数量占全国的比例仅为 9.05%，这些都可以解释为什么西部地区消耗了全国

25% 的能源，却仅贡献了 17% 的产出。从变化趋势看，西部地区效率改善贡献提升最快，特别是从 2011 年后，也进入发展方式转型的过渡期，原因与中部相似，也说明西部地区经济基础薄弱，经济增长速度快于能源、人力资本、资本存量的增长速度，转型的“杠杆撬动”作用明显。

三、省际层面

研究周期内上海、北京、广东、江苏、重庆五省区市的效率改善贡献相对较高，说明这些省区市的经济发展方式转型效果较好，经济发展质量较好；而青海、宁夏、贵州、海南相对较低，说明这些省区经济发展方式转型效果较差，经济发展质量较低。效率改善贡献大，经济发展方式转型效果较好的省（区、市）是由于其科技水平、创新能力相对较强，能够有效提高生产效率，以上海市为例，2017 年国内三种专利申请授权数量几乎是青海、宁夏、海南、贵州的 98 倍、62 倍、48 倍和 10 倍。

上海、北京、广东、江苏、重庆、浙江 6 省区市 2017 年效率对经济发展的贡献已经超过 50%，实现了从粗放型向质量型的转变，而大部分的省区市效率贡献为 30%~50%，属于粗放型向质量型的过渡期，黑龙江、吉林、辽宁、河南、山西、青海、宁夏、贵州 8 省区的效率对经济发展的贡献低于 30%，仍属于粗放型发展。如表 4-3 所示。

表 4-3　2017 年各省（区、市）分属阶段

发展方式	质量型	过渡期间	粗放型
省（区、市）	上海、北京、广东、江苏、重庆、浙江	安徽、江西、湖南、湖北、山东、海南、福建、天津、内蒙古、广西、陕西、四川、甘肃、云南、河北	黑龙江、吉林、辽宁、河南、山西、青海、宁夏、贵州

第五节　研究结论与政策启示

一、研究结论

本文基于 EBM-Luenberger 生产行为模型，构建一种新的非参数生产前沿，将经济增长分解为效率改善和要素投入共同作用的结果，研究发现：

1996—2017 年中国经济来自效率改善的平均贡献份额明显低于要素投入的贡献份额。虽然中国经济发展方式尚未出现根本性转变，但呈现出加快改善的趋势，特别是 2012 年已经进入粗放型向质量型过渡的阶段。效率改善的提高主要源于技术进步，证明中国经济发展方式转型主要是由科学技术发展而推动的。东部地区经济发展方式转型效果相对较好，特别是 2017 年东部地区效率改善接近 50%，即将实现质量型发展。2017 年上海、北京、广东、江苏、浙江、重庆 6 省区市效率对经济发展的贡献已经超过 50%。

二、政策启示

（一）切勿以转变发展方式为借口降低对经济发展的要求

以环境污染约束下的全要素生产率的变动对经济发展的贡献作为衡量发展转型效果，已得到越来越多学者的认同。其结果可通过以下三种方式改善：一是经济增长不变，提高全要素生产率增长率；二是经济增长下降，但全要素生产率增长率不变或缓慢下降；三是经济增长加快，全要素生产率增长更快。可以看出，第三种途径是“上策”，第二种途径是“下策”。当前，中国经济进入新常态，外部环境的不确定性增加，经济发展的难度也前所未有，有学者认为经济减速能够为加快经济转型创造条件，也有一些地方政府以转型为借口，降低了应有的发展目标，削弱了固有的发展动力，更有甚者任由经济下滑，静等经济自然好转。本文并不赞同此观点，习近平总书记于 2016

年 1 月 18 日在省部级主要领导干部学习贯彻党的十八届五中全会精神专题研讨班上强调："新常态不是不干事，不是不要发展"，"实践发展永无止境，改革开放也永无止境，停顿和倒退没有出路"。中国面临"中等国家收入陷阱"威胁，保持必要的、合理的经济增长不仅是应对多重矛盾和风险挑战的必然要求，也是实现"两个一百年"奋斗目标的前提。GDP 的考核标准已经为大家所诟病，各界均在呼吁建立新的评价制度，本文认为新的评价指标不仅要衡量经济转型的效果，也要对转型的过程有所约束，引导各级政府正确处理好经济增长质量和速度之间的辩证关系。

（二）不断增强效率改善的核心动力

本文的研究显示，全要素生产率贡献中技术进步的贡献最高，说明推动经济发展方式转型的主要动力是引进外部技术，也说明改革开放以来，中国利用 FDI 等方式引进先进的设备和技术，不但缩小了与发达国家的技术差距，也促进了经济发展方式的转型。然而，全要素生产率中纯效率对效率改善的贡献却微不足道，反映出我们在提高全要素生产率的核心动力上的不足。纯效率是在生产技术、投入要素不变的情况下，通过生产技能提高、管理机制和体制创新等带来的综合性产出增加，是全要素生产率的本质动力。当前芯片等核心技术的"卡脖子"现象足以说明纯效率的重要性。增强效率改善的核心动力，一是要在技术引进的同时，注重对于先进技术的消化吸收和再开发、再转化，将其从外生动力转化为内生动力，实现引进大于生产的效果。二是要提高中国企业的自主创新能力，依靠 R&D 研制出更多具有自主知识产权的新产品和新技术。三是继续加强全面深化改革，释放出更多的经济红利，特别是政府部门通过对市场经济机制体制优化，挖掘市场潜能，激发民间活力，提高全社会要素配置效率。

第五章

人口老龄化对经济增长有何影响
——基于总供给与总需求的分析视角①

第一节　引言和文献综述

一、引言

联合国《2019 世界人口展望》指出，在预期寿命增加和生育率降低等多重因素影响下，全球人口老龄化问题将持续加剧，预计到 2050 年，全球 65 岁以上老年人口占比将从如今的 11% 上升到 16%，未来十年全球范围内人口增长将呈现总体减缓趋势，而中国也将不再是世界人口第一大国。中国的人口老龄化问题同样严峻，已经将应对人口老龄化问题上升到了国家战略，“十四五”规划和 2035 年远景目标纲要明确指出，实施积极应对人口老龄化国家战略。2019 年 11 月，中共中央、国务院印发《国家积极应对人口老龄化中长期规划》强调，积极应对人口老龄化，坚持以供给侧结构性改革为主线，走出一条中国特色应对人口老龄化道路。可见，中国的人口老龄化已经是迫在眉睫需要积极面对和努力解决的问题了。

改革开放以来，中国经济实现了高速增长，人口作为重要的因素对经济

① 苏剑 . 人口老龄化对经济增长有何影响——基于总供给与总需求的分析视角 [J]. 北京工商大学学报（社会科学版），2021（5）.

增长起到了至关重要的作用，充足的劳动力为中国的经济发展提供了强大的动力。随着人口年龄结构不断变化，中国的少子老龄化问题越来越凸显，而依靠劳动力为主要动力源泉的发展模式已经不可持续。人口老龄化对供给侧与需求侧都将产生不小的影响，因此，本文以人口老龄化作为出发点，分别从人口老龄化对供给侧和需求侧的影响视角进行分析，进而就人口老龄化对宏观经济运行的影响进行分析讨论。

二、文献综述

（一）人口老龄化对总需求的影响综述

人口老龄化从需求的角度对宏观经济产生的影响可以从三个层面来分析，即总消费、总投资以及净出口①。本文将从总投资、净出口以及总消费这三个方面来总结已有关于人口老龄化如何影响总需求的相关研究。

对于老龄化如何影响总投资的相关研究方面，老年抚养比上升会导致处于劳动阶段的人数减少，劳动力减少在一定程度上会导致国民总收入降低，居民的储蓄能力随之下降，储蓄的降低直接导致了总投资的减少。根据Modigliani & Brumberg、Modigliani 以及 Modigliani & Cao 的生命周期理论，处于工作状态的劳动者具有较强的储蓄动机，劳动力人口比重的上升会增加储蓄率。Leff 基于跨国面板数据发现老年抚养比以及总抚养比的提高会降低储蓄率。Serres & Pelgrin 基于 OECD 国家的数据也发现人口老龄化会对储蓄率产生负面影响。李扬和殷剑峰、李扬等的研究发现，老年抚养比提高将会减少劳动力数量，劳动力数量的减少会降低总收入进而导致储蓄率减少。Kim & Lee 的研究指出抚养比尤其是老年抚养比的提高会显著降低一国的储蓄率，进而不利于该国增加总投资。

① 根据中国国家统计局对于支出法核算 GDP 的定义，支出法是从生产活动成果最终使用的方式来进行核算的，其中政府的支出部分被归入总消费及总投资中，所以，本文将从总消费、总投资以及净出口这三个方面来分析社会总需求。

对于老龄化如何影响净出口的相关研究方面，诸多文献研究发现某一国家或地区老年抚养比的上升会降低该国家或地区的净出口 。根据朱庆、王仁言的研究，老年抚养比上升会降低劳动力供给，而劳动力数量减少会弱化中国的劳动力成本优势以及出口产品的竞争力，从而降低净出口。祝丹涛的研究指出老年抚养比较低时期表现出的高贸易顺差实际上是居民为“养老”而存储在海外的积蓄，随着老年抚养比提高，贸易顺差将会减少，该结论与Higgins的研究结论类似。

对于老龄化如何影响总消费的相关研究方面，已有研究发现老年抚养比的上升会降低储蓄率。老年抚养比的上升会直接导致劳动人口占比降低，这会直接对社会总产出造成负面影响，进而对整个社会的消费能力以及消费水平造成负面影响。即使老年抚养比的增加会在某些情况下提高消费率，即提高总消费占总产出的比例，但考虑到老年人口消费能力的减弱，社会总消费也倾向于降低，此外，老年抚养比提高以后，一国用于医疗等非生产性的消费增加，而生产部门可投资的资金较少，这会导致社会总产出减少，进而抑制一国的总消费水平。

（二）人口老龄化对总供给的影响综述

由于人口老龄化对劳动供给会有负面影响，这已经成为学者们的共识，因此，本文将从人口老龄化对资本存量与技术进步的影响这两方面来总结已有研究关于人口老龄化对总供给的影响。

对于老龄化如何影响资本存量的相关研究方面，根据资本增速与储蓄之间的关系可知，在储蓄没有漏出，即储蓄全部转化为投资的情况下，资本增加量等于储蓄减去折旧，一国的储蓄会直接转化为投资，进而决定该国家的资本总量，根据前文关于老龄化如何影响储蓄的研究发现，一个国家或地区老年抚养比的上升会降低一个国家或一个地区的储蓄，因此，一个国家或一个地区老年抚养比的上升将会降低该国家或地区的资本存量水平，进而不利于一国总供给的增加。

对于老龄化如何影响技术进步的相关研究方面，老年抚养比提高，即老年人口占比增加会通过降低创新投入的劳动力数量、降低创新动力、降低企业家精神等方面抑制技术进步。Michael 的研究发现老年抚养比提高会降低经济生产中可投入研发的人数，从而不利于社会整体的技术水平提高。Feyrer 的研究发现，相比于 40~49 岁的劳动者，老年人群的创新能力明显下降，因此，老年抚养比的提高会降低整个社会的创新能力。此外，也有研究指出老年抚养比的提高会使整个社会的企业家精神降低，从而不利于整个社会的技术进步。

相较于已有研究，本文从供给与需求两个方面综合讨论了人口老龄化对总供给与总需求的影响，并在此基础上探究人口老龄化将如何影响一个国家的经济增长率。本文在理论分析以及已有文献的总结的基础上，基于跨国面板数据，使用固定效应模型、2SLS 方法以及系统 GMM 方法对人口老龄化如何影响经济增长率进行了实证分析，在此基础上，结合联合国有关中国人口结构的预测数据，从人口结构变化的视角来分析中国中长期经济增长率的变化趋势。

第二节　人口老龄化对总需求与总供给的影响机制分析

一、人口老龄化对总需求的影响分析

人口老龄化对宏观经济总需求的影响可以从三个层面来分析，即总消费、净出口以及总投资。首先，人口老龄化导致收入下滑，消费意愿下降；其次，人口老龄化会抑制净出口；最后，人口老龄化同样会导致投资减少。因此，总需求增速随着人口老龄化的深入也在不断下滑。

（一）人口老龄化对总消费的影响

老年人消费意愿下降的最直接原因是收入降低带来的购买能力下降，以及受传统思想影响习惯于为子女付出而忽略了自己的消费感受。与此同时，相比年轻时期，老年人自身的消费结构也会发生较大的转变，一方面，老年人口在衣食住行方面的消费总量会有所下降；另一方面，由于身体的自然机理演变，老年人对于医疗保健、生活起居照料以及护理方面的支出会有所增加。因此，一个国家的老年抚养比提高以后，不仅会对消费总量产生较大的影响，而且会影响该国对于不同产品的消费比例，从而影响该国的消费结构。

（二）人口老龄化对净出口的影响

根据国民账户恒等式，在其他条件不变的情况下，一国的储蓄增加、投资减少会使得该国家的净出口增加，而一国的储蓄减少、投资增加则会使得该国家的净出口减少。由抚养负担假说可以推断，当老年抚养比与少年抚养比提高以后，整个社会中提供生产的人口占比降低，即总产出降低，消费之后可用于储蓄的产出也会降低。根据上文的分析，当一个国家的老年抚养比、少年抚养比提高以后，该国倾向于降低投资水平，虽然老龄化提高对于一国的净出口总额所产生的影响存在不确定性，其大小取决于老龄化对于储蓄和投资影响程度，但诸多关于老龄化与净出口的相关研究都认为一国老年抚养比的上升将会降低该国的净出口总额。

（三）人口老龄化对总投资的影响

根据索洛增长模型的分析，当经济生产处于均衡的稳态水平时，人均资本存量的数值由人均新增投资量去除人均资本折旧来决定，当某一国家的劳动力数量增长时，为了保持人均资本存量稳定需要增加投资来达到稳态，因此，老年抚养比、少年抚养比的增加会降低一国的劳动力数量，进而会对一国的投资产生负面影响。老年抚养比、少年抚养比的增加在降低社会总投资额的同时，还会通过影响物质资本的投资方向来影响经济增长。例如，少年抚养比的提高会增加一国在基础教育设施方面的投资，这在一定程度上会挤占部分生产性投资，从而不利于经济增长，而老年人口的增多需要社会提供更多的医疗设施，这也会在一定程度上挤占部分生产性投资。因此，人口老龄化对于投资总量尤其是能够对总产出产生较大拉动作用的投资产生较大的负面影响。

二、人口老龄化对总供给的影响分析

人口老龄化对宏观经济总供给的影响主要来自三个维度，即劳动供给、技术进步、资本存量。首先，人口老龄化会直接导致劳动力增速下滑；其次，人口老龄化会导致具有创新活力的年轻人占比减少，技术进步率也将随之下降；最后，人口老龄化通过降低储蓄率进而影响资本增速。因此，总供给增速随着人口老龄化的深入也在不断下滑。

（一）人口老龄化对劳动供给的影响

人口老龄化会使劳动力占总人口的比重降低，进而直接导致劳动力增速下滑，这已经是诸多学者的共识，在此我们不再赘述。

（二）人口老龄化对技术进步的影响

人口老龄化会抑制技术进步。在任何经济中，创新活力最强的人都是年轻人。同时，老龄化也会导致资源被更多用于养老，从而挤压可用于创新的资源。相关理论模型和实证研究也都证实了这一点。

（三）人口老龄化对资本增速的影响

人口老龄化会通过降低储蓄率进而降低资本增速。Modigliani 提出的生命周期理论认为人的一生都在权衡消费与储蓄之间的关系，以期实现效用最大化。从生命周期理论的视角来看，个体在幼年时期不从事工作，只有消费行为，没有储蓄；个体在青年时期从事工作，承担赡养老人和抚育子女的义务，通常情况下，储蓄大于个人消费；个体在老年时期逐渐趋于不工作，又回到了只有消费行为，没有新增储蓄的状态。因此，从生命周期理论的角度来看，人口年龄结构变化与储蓄之间有着极为密切的关系，尤其是人口老龄化对储蓄的抑制作用更值得关注。由生命周期理论可知，人口老龄化会导致储蓄率下滑，根据宏观经济恒等式投资由储蓄率决定，储蓄率降低会拉低物质资本增速，因此，人口老龄化导致资本增速下降。综上分析，人口老龄化从三个层面抑制中国的潜在经济增长率。

第三节 中国人口与劳动力现状分析

为了更清晰地展示人口老龄化对于中国劳动力现状的影响，接下来，本文将分别对“中国劳动力数量以及劳动力占比”“中国少儿抚养比、老年抚养比以及总抚养比”的现状进行分析。

一、中国劳动力数量以及劳动力占比

第七次全国人口普查公报显示，近十年，中国总人口数量的增长速度延续放缓势头，育龄女性规模减小、人口年龄结构呈现了老龄化的趋势，出生人口数量降低的走势不会发生根本改变，这些都将深刻影响高质量发展中的劳动力供给量、消费者需求量。劳动力作为生产的核心投入要素之一，劳动力数量的持续减少必将对中国经济增长产生至关重要的影响。中国自 2000 年步入人口老龄化阶段以来，劳动力数量以及劳动力占比的具体数值以及走势如图 5-1 所示，总体上呈现先上升后下降的趋势。中国的劳动力（15~64 岁人口）数量在 2013 年达到峰值后开始下降，劳动力占总人口比重在 2010 年达到峰值后开始下降。2013 年以来，中国劳动力数量开始持续减少，伴随着劳动力数量的减少，中国经济的增长速度也开始大幅下滑。

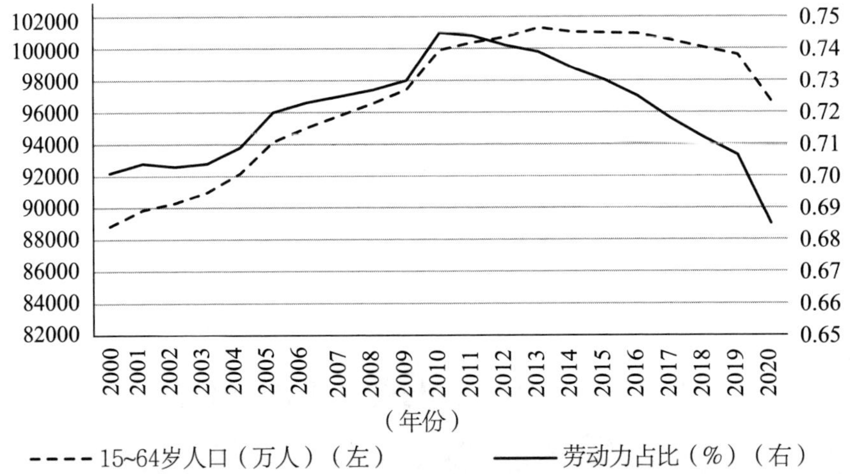

图 5-1　2000—2020 年中国劳动力数量以及劳动力占比走势

数据来源：国家统计局官方网站

二、中国少儿抚养比、老年抚养比以及总抚养比

中国少儿抚养比、老年抚养比以及总抚养比的具体数值以及走势如图 5-2 所示。从图 5-2 中可以看出，中国自 2000 年以来，老年抚养比持续上升，总抚养比由于少儿抚养比的下降在 2010 年之前一直呈下降趋势，而从 2010 年开始也呈现出了显著上升的态势。中国自 2000 年步入老龄化社会至今，人口老龄化程度进一步加深，未来很长一段时间中国将面临人口年龄结构失衡的局面，这将给中国的养老体系以及经济发展产生巨大的负担。

人口老龄化对中国中长期经济的影响可以从总需求与总供给两个角度来分析。假定其他因素保持不变，从需求侧来看，人口老龄化导致消费、投资以及净出口减少也就是总需求规模减少①。从供给侧来看，劳动力达到峰值以后开始减少，意味着中国的潜在经济增长率开始下降，也即供给开始萎缩。

① 诸多已有关于老龄化与净出口的相关研究都认为一国老年抚养比的上升将会降低该国的净出口总额。对于净出口的分析，本文暂且假定：总体而言，人口老龄化程度的增加将会降低净出口。在实际经济运行中，即使在某些情况下，人口老龄化程度的增加会增加净出口总量，也不会影响本文的已有分析框架与相关主要结论。

最终将导致中国的宏观经济呈现供给和需求双萎缩的局面。

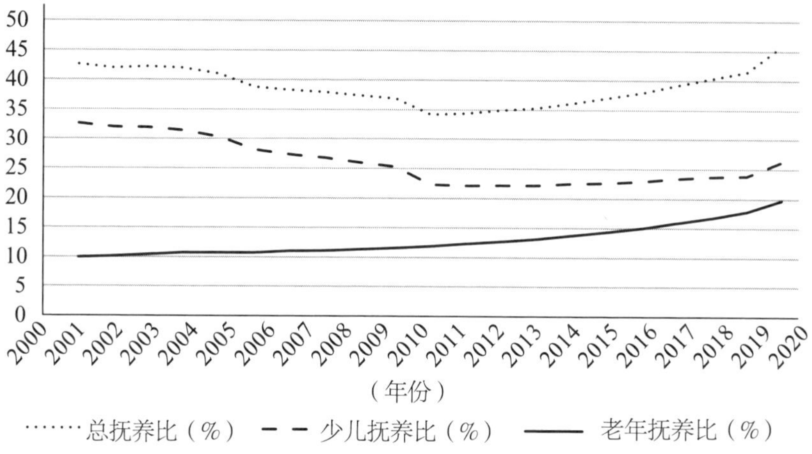

图 5-2　2000—2020 年中国少儿抚养比、老年抚养比以及总抚养比走势

数据来源：国家统计局

第四节　研究设计

一、实证分析中的变量与计量模型选择

以上分析说明了人口老龄化将从供需两端对经济增长产生负面影响，为了从宏观层面探究人口老龄化将会对经济增长产生多大程度的负面影响，接下来本文将通过实证分析考察人口年龄结构改变对于经济增长的影响。结合本文的理论模型分析以及已有相关研究的分析，本文在进行实证分析时，以老年抚养比作为核心解释变量，以少年抚养比、资本存量、劳动力数量与人力资本水平的乘积（附加人力资本的劳动力水平）、全要素生产率水平以及死亡率作为控制变量。本文结合已有研究以及本文理论模型的分析，预计老年抚养比、少年抚养比增加将会对经济增长率产生负面影响。

在实证分析时，本文主要通过固定效应模型进行回归分析，并通过引入工具变量与系统 GMM 方法进行稳健性检验。固定效应模型既可以通过控制国家层面的固定效应来控制国家地理位置、气候、文化等随每个国家变化但不随时间变化的遗漏变量，也可以通过控制时间层面的固定效应来控制世界范围内经济周期等随时间变化但不随国家而变化的遗漏变量，能在一定程度上解决遗漏变量产生的内生性问题。为了消除变量之间由于单位不同所产生的影响，本文通过对数值型变量进行对数化处理。本文的计量分析模型设置如下：

$$\ln GDP_{it}=\beta_0+\beta_1 old_{it}+\beta_2 young_{it}+\beta_3\ln K_{it}+\beta_4\ln(hc\times L)_{it}+\beta_5\ln TFP_{it}+\beta_6 death_{it}+a_i+a_t+u_{it} \quad (5-1)$$

其中，$\ln GDP_{it}$ 表示国家 i 在时间 t 的 GDP 对数值；old_{it} 表示国家 i 在时间 t 的老年抚养比，使用 65 岁及以上年龄人口的总数量与劳动年龄人口总数量之间的比值表示；$young_{it}$ 表示国家 i 在时间 t 的少年抚养比，使用 0~14 岁人口总数量与劳动年龄人口总数量之间的比值表示，老年抚养比和少年抚养比的数据源自世界银行；$\ln K_{it}$ 表示国家 i 在时间 t 的资本存量水平对数值，该变量源于 PWT（Penn World Table），PWT 基于永续存盘法对各国的资本存量水平进行了估算；$\ln(hc\times L)_{it}$ 表示国家 i 在时间 t 的人力水平与劳动力数量乘积的对数值，即附加人力资本的劳动力水平（人力水平的计算方式是 PWT 数据库以各国的教育年限和教育回报为基础，计算出的跨国可比的人力资本水平指数），该变量源于 PWT；$\ln TFP_{it}$ 表示国家 i 在时间 t 的全要素生产率对数值，该变量也源于 PWT；$death_{it}$ 表示国家 i 在时间 t 的人口死亡率，以每千人口中死亡的人数表示，该变量源自世界银行；a_i 表示国家层面的个体固定效应；a_t 代表国家层面的时间固定效应；u_{it} 表示残差项。

二、数据来源

本文实证研究中所使用的数据源自世界银行（World Bank）与 PWT。

变量中的 GDP 水平、资本存量水平、劳动力数量、人力资本水平以及全要素生产率水平源自 PWT，老年抚养比、少年抚养比以及死亡率的数据源自世界银行。本文实证分析基于 1950—2017 年的 PWT 数据和 1960—2018 年的世界银行数据，将这两个数据库匹配之后，得到 1960—2017 年的跨国面板数据。

第五节　实证分析

一、变量描述性统计

本文基于世界银行与 PWT 匹配后的数据，删除缺失值后，得到用于本文实证分析的各变量数据，各解释变量的描述性统计如表 5-1 所示，样本数量为 5162 个，样本中 ln*GDP* 的均值为 11.37 百万美元（以本国 2011 年不变价计算的实际 GDP 水平），ln*GDP* 的中位数为 11.33 百万美元，即总样本中有 50% 以上的样本 ln*GDP* 总量大于等于 11.33 百万美元，各国 GDP 水平差异较大，说明各国的经济水平差异较大；样本中各国的老年抚养比均值为 11.97%，老年抚养比的中位数为 8.61%，即总样本中有 50% 以上的样本老年抚养比大于等于 8.61%；样本中各国的少年抚养比均值为 55.41%，少年抚养比的中位数为 50.94%，即总样本中有 50% 以上的样本少年抚养比大于等于 50.94%，从数据可以看出各国老年抚养比和少年抚养比的差异较大，各国之间的人口结构存在明显的差别；ln（劳动力数量 × 人力资本水平）的均值为 2.07，ln（劳动力数量 × 人力资本水平）的中位数为 2.02，即总样本中有 50% 以上的样本 ln（劳动力数量 × 人力资本水平）大于等于 2.02；ln 资本存量的均值为 12.63 百万美元（以本国 2011 年不变价计算的实际资本存量水平），ln 资本存量的中位数为 12.60 百万美元，即总样本中有 50% 以上的样本 ln 资本存量大于等于 12.60 百万美元；ln 全要素生产率的均值为 -0.03，ln 全要素生产率的中位数为 -0.01，即总样本中有 50% 以上的样本 ln 全要素生产率大于等于 -0.01；死亡率的均值为 9.84 人 / 千人，死亡率的中位数为 9.20 人 / 千人，即总样本中有 50% 以上的样本死亡率大于等于 9.20 人 / 千人，样本的死亡率差异较大很可能是由于各国医疗卫生水平差异较大所导致的。

表 5-1 主要变量的描述性统计

变量	均值	中位数	标准差	最小值	最大值
ln*GDP*/ 百万美元	11.37	11.33	1.90	6.59	16.76
老年抚养比 /%	11.97	8.61	7.14	1.20	45.03
少年抚养比 /%	55.41	50.94	24.71	14.90	106.71
ln（劳动力数量 × 人力资本水平）	2.07	2.02	1.73	-2.21	7.62
ln 资本存量 / 百万美元	12.63	12.60	1.98	7.37	18.37
ln 全要素生产率	-0.03	-0.01	0.26	-1.24	1.96
死亡率 / 千人 $^{-1}$	9.84	9.20	4.45	1.49	38.49

二、人口老龄化对经济增长影响的回归结果分析

本文的分析重点是在理论层面厘清人口老龄化对总供给与总需求的影响，进而预测人口老龄化将会对一国的经济增长产生怎样的影响。若分别实证分析人口老龄化对总供给（劳动供给、技术进步、资本存量）与总需求（总消费、总投资、净出口）的影响，则需要涉及六个实证分析，考虑到篇幅原因以及本文分析的重点，本文的实证分析将从总体层面来检验人口老龄化将会对经济增长产生多大程度的影响。

基于本文对于计量分析模型的设置，固定效应模型的实证结果见表 5-2。表 5-2 第（3）列的回归结果显示：老年抚养比的系数在 1% 水平下显著为负，老年抚养比提高 1 个百分点，会使 GDP 显著降低 0.226%，这与本文的理论分析一致，即人口老龄化增加会通过降低劳动力供给、降低技术进步

率以及降低资本存量的增长率对经济增长产生负面影响；少年抚养比的系数在 1% 水平下显著为负，少年抚养比提高 1 个百分点，会使 GDP 显著降低 0.127%，此结论也与本文的理论分析一致；附加人力资本的劳动力水平系数显著为正，附加人力资本的劳动力水平增加 1%，会使 GDP 显著增加 0.474%，该结论与理论模型预测一致，即经济生产中投入的有效劳动力越多，经济总产出将会越高；资本存量的系数显著为正，资本存量水平增加 1%，会使 GDP 显著增加 0.496%，该结论与理论模型预测一致，即经济生产中投入的物质资本越多，经济总产出将会越高；全要素生产率的系数显著为正，全要素生产率水平增加 1%，会使 GDP 显著增加 0.810%，该结论与理论模型预测一致，即经济生产中全要素生产率越高，生产效率会越高，经济总产出将会越高；死亡率提高 1‰，会使 GDP 显著降低 0.318%，很可能是因为死亡率提高不仅会影响劳动者的工作效率与工作积极性，也会降低劳动者的供给量，从而对经济增长率产生负面影响。

表 5-2　人口老龄化对经济增长影响的固定效应回归结果

	(1)	(2)	(3)
老年抚养比	−0.00863***	−0.000717	−0.00226***
	(−7.19)	(−1.31)	(−3.30)
少年抚养比	−0.00514***	−0.00155***	−0.00127***
	(−12.46)	(−8.53)	(−6.99)
ln 附加人力资本的劳动力水平	0.313***	0.486***	0.474***
	(49.12)	(85.14)	(70.88)
ln 资本存量	0.680***	0.491***	0.496***
	(112.56)	(129.67)	(124.48)
ln 全要素生产率	0.848***	0.828***	0.810***
	(34.09)	(135.06)	(128.57)
死亡率	−0.0141***	−0.00379***	−0.00318***
	(−9.46)	(−6.26)	(−5.15)

续表

	(1)	(2)	(3)
常数项	2.686***	4.327***	4.260***
	(36.12)	(89.10)	(82.68)
个体固定效应	否	是	是
时间固定效应	否	否	是
样本量	5612	5612	5612
调整后 R^2	0.9684	0.9535	0.9532

注：*** 表示在 1% 水平下显著；括号内为 t 值。

三、稳健性检验

为了进一步检验本文实证结果的稳健性，本文使用 2SLS 方法进行实证分析。本文参考陈强的研究，由于自变量的一阶滞后项属于已经发生的变量，与当期扰动项的相关性较小，并且变量自身的滞后项与该变量之间的相关性较强，所以本文选择老年抚养比的一阶滞后项作为老年抚养比的工具变量，所得回归结果见表 5-3。在使用工具变量进行回归时，本文参照 Staiger 等的检验方法对工具变量的有效性进行检验，回归结果显示第一阶段得到的 F 统计量都在 1% 水平上显著，表明本文所选老年抚养比的工具变量与老年抚养比之间具有较强的相关性。表 5-3 的回归结果显示各个自变量的正负号均未发生变化，表明本文的实证结果较稳健。

表 5-3　2SLS 模型实证结果

	(1)	(2)	(3)
老年抚养比	−0.00821***	−0.000640	−0.00223***
	(−7.16)	(−1.16)	(−3.23)
少年抚养比	−0.00503***	−0.00159***	−0.00129***
	(−14.04)	(−8.66)	(−7.06)
ln 附加人力资本的劳动力水平	0.313***	0.485***	0.473***
	(52.75)	(84.29)	(70.21)

续表

	(1)	(2)	(3)
ln 资本存量	0.680***	0.490***	0.495***
	(114.42)	(128.61)	(123.63)
ln 全要素生产率	0.852***	0.830***	0.812***
	(46.17)	(134.18)	(127.89)
死亡率	-0.0146***	-0.00365***	-0.00303***
	(-11.08)	(-5.97)	(-4.84)
常数项	2.679***	4.332***	4.267***
	(36.11)	(88.60)	(82.41)
第一阶段 F 统计量	2.4e+06	200330.84	22932.63
	[0.0000]	[0.0000]	[0.0000]
个体固定效应	否	是	是
时间固定效应	否	否	是
样本量	5554	5554	5554
调整后 R^2	0.9685	0.9536	0.9532

注：*** 表示在 1% 水平下显著；括号内为 t 值。

考虑到 GDP 水平可能存在动态影响，为了将 GDP 水平的动态影响考虑到实证模型中，本文进一步以系统 GMM 方法来检验实证结果的稳健性。本文基于系统 GMM 方法得到的实证结果见表 5-4。在使用系统 GMM 方法进行分析时，根据过度识别约束检验（Sargan 检验）与自相关检验发现，过度识别约束检验符合要求、扰动项的差分不存在二阶自相关，说明模型设置合理。表 5-4 的回归结果显示各个自变量的正负号均未发生变化，表明本文的实证结果较稳健。

表 5-4　系统 GMM 模型实证结果

	(1)	(2)	(3)
滞后一期 lnGDP	1.003***	0.788***	0.786***
	(1656.58)	(91.19)	(91.60)

续表

	(1)	(2)	(3)
老年抚养比	−0.00523***	−0.00570***	−0.00502***
	(−31.18)	(−17.07)	(−12.35)
少年抚养比		−0.000687***	−0.000638***
		(−7.71)	(−5.87)
ln 附加人力资本的劳动力水平		0.109***	0.110***
		(21.17)	(16.93)
ln 资本存量		0.0991***	0.0953***
		(15.31)	(14.85)
ln 全要素生产率		0.308***	0.304***
		(33.47)	(32.17)
死亡率			−0.00218***
			(−6.15)
常数项	0.0615***	1.077***	1.160***
	(12.74)	(38.21)	(34.04)
AR(2)	114.748	112.8335	112.5728
Sargan	1.0000	1.0000	1.0000
样本量	5496	5496	5496

注：*** 表示在 1% 水平下显著；括号内为 t 值。

第六节　对中国经济未来增速的展望：基于人口因素

接下来本文从人口结构变化的视角，基于以上实证结果分析老年抚养比、少年抚养比的变化对于中国中长期经济增长的影响。本文基于固定效应模型的实证结果显示老年抚养比提高 1 个百分点使 GDP 显著降低 0.226%，少年抚养比提高 1 个百分点使 GDP 显著降低 0.127%。在进行预测分析时，本文使用联合国的人口数据进行预测。

本文在使用联合国的抚养比数据进行预测时，首先使用内插法计算出缺失年份的数据，其次结合以上实证结果来分析：某一年份与 2018 年、某一年份与上年相比，少年抚养比、老年抚养比的变化将会致使中国经济增长率发生怎样的变化，基于以上思路计算出 2020—2050 年经济增长率变化的预测结果见表 5-5。

通过表 5-5 可以看出：相比 2018 年，2030 年由于少年抚养比、老年抚养比的变化将导致中国中长期经济增长率降低 1.9%；相比 2018 年，2040 年由于少年抚养比、老年抚养比的变化将导致中国中长期经济增长率降低 4.9%；相比 2018 年，2050 年由于少年抚养比、老年抚养比的变化将导致中国中长期经济增长率降低 6.2%。

当然，影响中国经济长期增长率的因素很多，此处估算的仅仅是人口因素的影响。其他因素，尤其是宏观经济政策可以起到提高经济增长率的作用。

表 5-5　2020—2050 年基于人口因素对经济增长率变化的预测

年份	少年抚养比（%）	老年抚养比（%）	相比于 2018 年人口结构变化导致的经济增长率变化（%）	相比于上一年人口结构变化导致的经济增长率变化（%）
2020	25.2	17.0	−0.3	—
2021	25.1	17.7	−0.5	−0.1
2022	24.9	18.3	−0.6	−0.1
2023	24.7	18.9	−0.7	−0.1
2024	24.6	19.6	−0.8	−0.1
2025	24.4	20.2	−1.0	−0.1
2026	24.3	21.3	−1.2	−0.2
2027	24.1	22.2	−1.4	−0.2
2028	23.8	23.2	−1.6	−0.2
2029	23.6	24.1	−1.7	−0.2

续表

年份	少年抚养比（%）	老年抚养比（%）	相比于2018年人口结构变化导致的经济增长率变化（%）	相比于上一年人口结构变化导致的经济增长率变化（%）
2030	23.4	25.0	−1.9	−0.2
2031	23.3	26.4	−2.2	−0.3
2032	23.2	27.8	−2.5	−0.3
2033	23.1	29.2	−2.8	−0.3
2034	23.0	30.6	−3.1	−0.3
2035	22.9	32.0	−3.4	−0.3
2036	22.9	33.3	−3.7	−0.3
2037	22.9	34.5	−4.0	−0.3
2038	23.0	35.8	−4.3	−0.3
2039	23.0	37.0	−4.6	−0.3
2040	23.0	38.3	−4.9	−0.3
2041	23.1	38.8	−5.0	−0.1
2042	23.1	39.3	−5.1	−0.1
2043	23.2	39.8	−5.2	−0.1
2044	23.2	40.3	−5.4	−0.1
2045	23.2	40.9	−5.5	−0.1
2046	23.3	41.4	−5.6	−0.1
2047	23.4	42.0	−5.8	−0.1
2048	23.5	42.5	−5.9	−0.1
2049	23.6	43.1	−6.0	−0.1
2050	23.7	43.6	−6.2	−0.1

第七节　研究结论与政策建议

一、研究结论

综上所述，人口老龄化从需求侧和供给侧同时抑制中国的经济增速。从总需求的角度看：人口老龄化使收入下滑的同时会导致消费意愿下降，还会抑制净出口、导致投资减少；从总供给的角度看：人口老龄化不仅直接导致劳动力增速下滑，还会因具有创新活力的年轻人占比减少导致技术进步率也随之下降，并且通过降低储蓄率对资本增速产生负面影响。通过实证研究发现，老年抚养比提高 1 个百分点使 GDP 显著降低 0.226%，少年抚养比提高 1 个百分点使 GDP 显著降低 0.127%，基于该实证结果，并结合联合国关于老年抚养比与少年抚养比的数据分析得出，未来随着中国老龄化程度逐渐提高，中国将面临需求、供给双萎缩的局面以及更为严峻的挑战。人口老龄化已经是不争的事实，未来的劳动力形势也将越来越严峻，比之更严重的是育龄女性急剧减少，生育意愿不断下降。为了应对人口老龄化以及中国经济实现持续健康发展，应该采取积极的改革措施，通过供给、需求双扩张的方式来促进经济发展。

二、政策建议

（一）提高劳动力供给的政策建议

制定配套政策鼓励生育。为了积极应对人口老龄化，国家出台三孩政策，但是相关的配套政策比三孩政策本身更值得关注，随着育龄女性人数减少以及生育意愿不断下降，激发生育意愿对鼓励生育来说才是至关重要的问题，劳动力作为生产的核心要素，劳动力数量的增加对于提高中国经济总产出具有重要影响，因此，政府部门应该通过全面放开生育政策、为女性提供良好的生育政策（包括制定低收入家庭的孕妇生活补贴、适当延长产假的同时为企业提供补贴等配套政策措施）、降低孩子的医疗教育成本等措施来提高生育率。

延迟退休年龄。劳动力数量持续减少已经是不争的事实，通过延迟退休来缓解劳动力数量减少的现状是立竿见影的措施。应该积极探索延迟退休的政策，分批次、分行业逐步开展延迟退休的试点工作，根据试点实施情况逐渐扩大试点范围并调整相关政策，积极发挥老年人口的生产潜力。

（二）提高潜在增长率的其他政策建议

激励创新提高全要素生产率。政府部门应通过政策鼓励来促进企业与科研工作者的创新能力。一方面，政府部门应出台相应的政策法规鼓励企业与科研工作者积极开展创新活动，尽可能地放宽企业与科研工作者的准入领域，同时，提高知识产权的审批效率、加大对知识产权的保护力度，激励企业与科研工作者积极开展创新活动。另一方面，政府应加大科研奖励与补贴力度，尤其应加大基础研究的补贴力度，因为这些基础研究具有较强的外部性，但难以直接转化为具有商业价值的产品，需要政府积极发挥引导作用，激励相关人员加大基础领域的研究工作。激励创新能力将提高全要素生产率从而提高潜在经济增长率。

优化资源配置提高生产效率。产能过剩和需求萎缩的双重挤压导致诸多行业产能严重过剩。在此背景下，需要给中国产品寻找新的市场，需要政府通过市场创新优化资源配置，这将在一定程度上缓解需求萎缩，国家提出的“一带一路”倡议正是为中国产品寻找新市场的有效途径，因此，在继续推进“一带一路”建设的同时也应继续加强同其他国家的经贸往来，扩大出口，通过优化资源配置来提高生产效率，从而提高潜在增长率。此外，2021 年，碳达峰和碳中和首次被写入《政府工作报告》，生态与资源的承载力目前已经是我们面对环境危机必须要考虑的问题，“绿色发展”成为迫在眉睫的发展方向。借助绿色发展同样会给中国经济提供新的发展机遇，因此，政府在促进资源优化配置的过程中，需要考虑碳达峰和碳中和战略的顺利实施，从而提高经济增长质量。

全面深化改革提高供给质量。全面深化改革，推进国家治理体系和治理能力的现代化，推进文化体制改革，强化道德体系建设。中国经济持续健康发展亟须产业结构升级，中国消费升级的一个重要的方向是高端服务业。因此，应该大力发展高端服务业，建立健全纠纷解决机制，有效应对可能出现的服务质量纠纷、知识产权纠纷以及医疗纠纷等问题，在提高总供给数量的同时，有助于供给质量的提升，从而提高潜在增长率。

扩大产权制度改革促进投资增长。政府应该界定产权和保护产权，从而刺激投资。产权制度的有效设立能够从制度层面给予投资者财产或知识产权的保护，能够有效激发投资者的投资热情，激励投资者将闲置资金投入经济生产中，提高经济资源的利用效率，将更多资源引导至能够实现资产增值的领域进行投资，而非因为产权制度的不完善，导致投资者投资意愿降低，从而不利于经济可持续发展。

第六章 只有大力度的体制改革才能支撑住经济增长速度

由于前20年人口增长速度放缓波及后20年经济增长，加上中美贸易战和国内外疫情影响，中国GDP增长速度，在2007年、2012年、2016年和2021年（2020年和2021年两年平均）分别为14.2%、7.9%、6.8%和5.1%。据高盛近期的预测，2022年中国GDP增长速度为4.8%，并且2022年到2025年，平均为4.5%。我们实验室仿真计算，如果没有强有力的措施扭转，2026年及其以后的GDP增长速度可能降到4%以下，进入中偏低速度增长区间。

中国是世界上二元体制渐进转轨了40余年还没有完成并轨的、人口规模第一、经济规模第二和国土面积第三的经济体；同时如果从1978年算起，也是一个结构转型还没有完成的发展中大国。这在时间和实践上提供了丰富的素材，有必要解释清楚过去经济增长的奇迹，判断面临的风险和挑战，计划未来的经济增长。这在方法论上需要一门有数理分析的二元体制经济学。除了笔者在其他论文中二元体制改革有关逻辑和经济增长奇迹解释的学理讨论外，这里进一步梳理学理范畴和框架体系，并用以未来增长的仿真展望。

在体制改革与经济增长的关系方面，学界大都是定性的描述，几乎找不到可用的描述其内在联系的数理模型。这使得体制扭曲究竟造成了多少产出损失？如果在投入不增加的假设下，改革体制到底会增加多少产出？如果想得到理想的增长速度，改革体制的哪些部位和纠正体制的哪些扭曲，才能释放相应的增长潜能？这些在制定经济体制改革方案时要求急需回答的问题，在经济学的方法论方面，并没有得到满意的解决。

第一节　1978 年以来的中国经济奇迹究竟来自哪里？

中国 1957—1977 年和改革开放 1978—2018 年，投资年平均增长率分别为 41%（去掉增幅过大的前两年）和 18.12%，就业劳动力年平均增长率分别为 2.62% 和 1.64%，GDP 年平均增长率却分别为 5.5% 和 9.51%。改革开放前后比较，在资本和劳动力投入增长幅度分别降低 66% 和 56% 的情况下，GDP 年平均增长速度却提高了 4 个百分点。也就是说，在要素投入相对减少的情况下，产出却相对大幅度增加。那么，要素生产率的提高到底来自哪里？

一、经验数据不支持创新会促进经济 J 型增长的看法

一国产出增长速度决定于劳动力、资本和土地要素投入数量的增长速度和在要素投入量不变的情况下要素产出水平的提高。在国民经济核算中，将这种投入量不变，产出量却因生产率提高而增加的部分，称为“额外”所得余值或全要素生产率（简称 TFP，下同）。一般的经济学教科书，认为其来源于教育普及深化、知识进展、人力资本积累、技术进步、新技术装备化和产业化等，因此，也称之为广义技术进步 TFP。

1971—2018 年 48 年的时间里，就许多生产率计算的文献综合和历史数据观察，发达和后工业化主要国家的 TFP 增长率平均在 0.8% 到 1.1% 之间。琼斯用欧美的历史数据分析，质疑研发人员指数性投入会使 TFP 也 J 型增长的看法，菲斯佩奇更是认为，从各国 TFP 增长看是一条平缓的曲线。笔者观察，各国 TFP 增长上下波动很小，几乎与横轴平行。为了与中国同

比，1978—2018 年，美、英、德、法四国年平均 TFP 增长率分别为 0.9%、0.93%、0.86% 和 0.94%。亚洲生产率组织计算日本和韩国 TFP 的年平均增长率分别为 1.04% 和 0.79%，而其计算中国 TFP 的增长率年平均高达 3.49%。而其计算 1971—1977 年，中国 TFP 年平均增长率却为 -2.04%。

中国的经济学和政策界通常也认为，改革开放以来中国的广义技术进步促进了生产率的提高，并且对未来支撑经济增长速度也期盼于人力资本积累和质量提高，以及技术进步和创新。一些学者还认为，创新会使 GDP 呈 J 型增长。这可能是一个希望不大的小概率事件。

二、1978 年以来 TFP 的 71% 来自大力度的改革开放

一个从一元计划经济向市场经济体制释放和计划与市场并存的二元体制国家，其向市场经济国家的转轨形成生产力的释放，即改革会获得全要素生产率。1978 年以来，中国的技术进步和技术产业化的创新能力高于欧美日韩吗？我觉得可能性不大。二元体制国家存在着体制扭曲，造成体制性的要素剩余和资产剩余，导致产出损失。当进行体制改革时，体制扭曲被纠正，体制性扭曲所禁锢的这些剩余要素和资产其生产力和价值等内在的潜能得到释放，增加了产出和促进了经济增长。这就是二元体制存在改革 TFP 的原因。

一方面，没有改革开放，也就没有教育、科学和技术的春天。而体制改革使广义技术进步推动增长的功能得到了正常发挥，笔者在这里将中国广义技术进步 TFP 年平均增长率乐观地确定为 1%。

另一方面，没有体制改革，也就没有亿万人民和千万家企业的积极性，如 1971—1977 年 TFP 负增长 2.01%。而 1978—2018 年 TFP 年平均增长率为 3.49%，其中的改革 TFP 的增长率为 2.49%。也就是说，改革开放以来的 41 年中，改革和创新形成的 TFP 增长占 GDP 增长的 36.7%，其中改革 TFP 增长占 GDP 增长的 26.18%。

三、产品要素市场化和城镇住宅资产化改革 TFP 增长

改革 TFP，首先是要素从计划配置向市场化配置改革，释放要素生产力获得的。1978—1997 年，产品和要素市场化改革 TFP 增长占这一时期总经济增长的 28.67%。承认个人和企业经济利益、发展市场竞争主体、价格市场双轨制、要素市场化配置等改革，纠正体制扭曲，释放经济活力，解放生产力，GDP 年均增长率为 10.05%，TFP 年均增长率为 3.87%，TFP 年均增长率占 GDP 年均增长率的 38.51%。而产品市场化和要素市场化配置改革 TFP 年均增长率为 2.87%，占总 TFP 增长率的 74.16%。

中国改革 TFP 的另一重要来源，是城镇住宅从实物分配和生活资料改革为货币分配和资产，从其零到市场价格的溢值。理由是，二元体制转型的特征，是原有土地房屋等从无价格的资源、生产资料和生活资料向有价格的资产转变，其深刻影响国内经济的是其从零到市场价格的溢值。这在一般市场经济国家中不会发生，只是转轨国家土地房屋价值在市场化转轨改革中的一种特殊释放。

分析和计算 1998—2018 年的数据，发现城镇住宅资产化改革 TFP 增长占 GDP 增长的 14.89%，而要素市场化改革降低为 8.67%。从经济市场化、货币化和财富化过程看，城镇住宅从计划经济体制不可交易的生活资料，通过市场化改革和货币化转变为可交易的市场经济中的财富，其零到市场价格的溢值，是二元体制经济体 TFP 的另一个特殊和重要的来源。这一期间，GDP 年均增长 9%。全要素生产率年均增长 3.13%，其中广义技术进步 TFP 年均增长 1%，改革 TFP 年均增长 2.13%。改革 TFP 增长的结构为：城镇住宅资产化改革使 TFP 年均增长 1.34%，要素市场化 TFP 年均增长 -0.79%。

四、土地资产化是 1998 年以来经济增长潜能的最大来源

虽然对土地和房屋的价格上涨太快有很多诟病，但土地从无价值的资源和生产资料，向可交易和有价值的资产化改革，其零到市场价格的溢值，是 20 世纪 90 年代中后期以来，中国经济增长潜能的最大来源。房地产业增加值从无到占 GDP 比例越来越大，其通过购买土地的支出、地方政府的收入和资本利润、物业租金和居民自己的房屋给自己虚拟交纳房租核算方式计入了 GDP。并且，房地产行业和居民按揭贷款向银行等机构所交的利息，也成为金融行业增加值的一部分。

1998—2018 年，土地由无偿划拨改革为有偿出让，从无价格的资源、生产资料和生活资料转变为资产，其零到市场价格的溢值占 GDP 的比例从 1998 年的 1.17% 上升到 2018 年的 7.75%，累计形成的增加值占这一时期 GDP 累计额的 5.38%。同时，房地产、金融和建筑业增加值占 GDP 的比例从 1997 年的 1.7%、5.2% 和 5.8% 分别上升到 2018 年的 7.1%、7.7% 和 7%，使这三大行业与土地和建房行业有关的增加值从占 GDP 的 12.7% 上升到 21.8%。

20 世纪 90 年代后期，土地从没有价格的资源和生产资料划拨向有价有偿出让改革，土地先是协议出让转变到 21 世纪初的土地挂牌、招标和竞价拍卖，伴随出让土地和城镇住宅的货币化、资产化和财富化，催生和扩张了以房地产为主，包括金融和建筑业在内的快速和繁荣发展。在国民经济核算中，建设用地投入和出让土地零到市场价格溢值，分配方面进入了地方政府的财政收入项下；支出方面企业向地方政府交纳了购买土地款；生产方面可以银行收取有关贷款利息、企业土地与建筑物不分的折旧和利润、住宅厂房商业楼租金、按国际核算规则居民自有住宅给自己虚交房租等计算其产出。

总之，如果没有产品和要素市场化改革，城镇住宅和农村土地资产化改革，就不可能有 1978 年以来中国经济的高增长奇迹。

第二节　二元体制自然经济增长可能会处于低速水平

我们需要对未来的经济增长速度进行较为科学的仿真推演。需要准确定义二元体制的自然经济增长率、潜在经济增长速度和经济增长潜能。

一、二元体制增长潜能在哪里，怎么做才能释放?

现有的经济学教科书和大量的经济学文献中，有自然经济增长率、潜在经济增长速度和经济增长潜能等名词。一般来说，自然经济增长率，是指客观情况下，一个国家或地区的经济所生产产品和劳务总量的最大增长率。而潜在经济增长速度，是指主观上充分利用各种客观资源，最大限度地在不发生严重通货膨胀条件下，所能实现的经济增长率。

经济增长潜能，是国民经济中还没有通过主观措施加以利用的可以促进增长的资源、要素、需求和资产等。市场经济体制中的潜能主要存在于萧条时期的流动性不足方面。二元并存体制经济，要素生产、居民需求和货币流动性等各方面的潜能禁锢在体制扭曲之中，表现为体制性剩余。

因此，市场经济体制国家，如果其国民经济处在萧条时期，国民经济流动性不足，通货收缩和失业率升高，会使经济增长速度放缓和降低。主观上实施宽松的财政和货币政策，给国民经济运行注入货币，来消除流动性不足。扩张性经济政策刺激潜能释放，使国民经济步入繁荣，加快国民经济增长达到自然经济增长速度。

而二元体制国家，由于体制扭曲造成投入产出的低效率，生产过剩和经济萧条，也会使失业率上升，高投入和消耗及中低速增长，或者其到工业化的中后期时增长乏力。但其增长潜能是体制性剩余要素和资产，扩张性的财政和货币政策无法松绑和解锁由体制扭曲禁锢的这些增长潜能，只有体制改革才能纠正扭曲、释放剩余和利用潜能来加快经济增长速度。

二、二元体制胶着得不到改善，不会再有中高速增长

假设我们主要还是财政和货币扩张政策去刺激，或者寄希望于创新能够推动经济 J 型增长，或者由于对改革与增长关系认识模糊而不能精准发力，则无针对性措施的自然经济增长可能会陷于低速度区间。

实际上可以比较，前面已经观察，在 1957—1977 年的计划经济期间，我们在投资和劳动力分别年平均增长 41% 和 2.62% 的投入趋势下，GDP 年平均增长为 5.5%。而 1978—2018 年二元体制转轨过程中，投资和劳动力分别年平均增长 18.12% 和 1.64% 的投入趋势下，GDP 却年平均增长了 9.51%。那么，未来 15 年中投资和就业劳动力投入可能年平均增长 3%~4% 和负增长 1.1%，如果没有大力度的改革和发展举措，国民经济不可能中速及以上增长，低速度水平增长可能是一个概率很大的结果。

笔者主持的团队用两种方法计算 2035 年之前阶段的中位自然经济年平均增长速度为 2.5% 左右。①按照中国前 20 年人口增长影响后 20 年经济增长定律，以 2001—2015 年中国人口自然增长率作为自变量，代入历史数据回归模型，模拟推演 2021—2035 年的经济增长速度，则从 2021 年的 3.91% 下降到 2035 年的 2.42%，年均增长率为 2.76%。②生产函数法计算未来中国二元体制自然经济增长速度为年均 2.41%。其中，投入工作的就业劳动力数量将年均负增长 1.11%，贡献的年平均增长速度为 -0.56%。投资增长率从 5% 下降到 3%，贡献的 GDP 增长率部分为 1.97%。假定广义技术进步 TFP 年均增长为 1%。

一些国内外学者，也认为未来中国经济增长可能在中速水平及以下。刘世锦等（2015）指出，虽然广义技术进步对中国经济高速增长起到了非常重要的作用，但是近年来全要素生产率增速已经出现下滑趋势。Barro（2016）指出，如果没有显著的技术进步来拉动未来经济增长，中国经济最终还是会收敛到世界经济增长的历史路径，而且增长率可能很快从 8% 回落到 3%~4%。

白重恩和张琼（2017）、中国社会科学院宏观经济研究中心课题组等（2020）均指出在没有明显广义技术进步和制度改革的情况下，人口结构的变化导致中国经济的潜在增长率放缓已经成为必然趋势。黄泰岩和张仲（2021）认为，在改革达不到预期效果的情形下，中国2021—2025年、2026—2030年和2031—2035年潜在增长率甚至更低，分别只有1.52%、1.82%和2%。

第三节　需要认清楚中国改革的阶段、内容和渐进逻辑

东欧和苏联，一般在5年时间左右，完成了从一元计划经济体制向一元市场经济体制的瞬时转轨。而中国是一个从计划到市场转轨40余年还没有并轨，计划与市场长期并存的二元体制国家。考虑其也处于从经济社会不发达状态向发达社会转变过程中，因而中国也是一个双二元转型的国家。特别是梳理中国经济体制转轨的时间、内容和行动方面的逻辑，才可能真正理解中国二元体制的释放性活力，长期性并存，以及扭曲性损失、剩余和潜能。

一、改革的阶段逻辑

体制转轨分为三个阶段。一元计划体制向市场调节释放变化时期。实行供销和价格双轨制改革，承认物质利益、发育市场主体、一部分供销市场化，培育价格机制。计划与市场并存胶着时期。一方面，改革从放开供销市场向资源配置市场化进一步推进，产品和要素供求和价格机制越来越多地在国民经济行动中发挥作用。另一方面，还存在着人口计划生育、土地计划配置、资金借贷歧视、劳动力工资社保和进出差别并存。计划和行政管理观念和实操时有回潮。未来二元计划与市场并存向一元社会主义市场经济并轨时期。进一步深化改革，建立统一公平的要素市场化配置市场，形成城乡生产平等的土地房屋资产市场和财富拥有体制。

二、改革的内容逻辑

从改革任务看，在内容上有先后。有的改革已经完成；有的基本完成但需要完善；有的改革还没有完成；有的改革刚刚开始，或者还没有开始。

先开始产品市场化改革。承认个人和企业利益差别，劳动者以付出劳动多少和工作质量来进行分配。发育和增加个体、民企和外资等市场竞争主体，其产品和服务通过销售以市场价格高低和需求旺衰获得有差别的收入，扩大产品市场化供销的范围、数量和比例。

再推进要素市场化配置改革。资本配置方面：资金从拨款改为贷款，允许民间借贷，建立金融机构借贷、企业改造债券、证券交易机构，发展保理、保险、期货、信托和担保等机构和业务，形成基本的资本要素市场体系。劳动力配置方面：允许和放开农民进城务工，企事业用工双向选择，企业和社会用工工资由劳动力市场供求确定，普遍推行劳动合同制，进行国有企业职工下岗分流再就业改革，发展劳务中介机构，也基本形成了劳动力要素配置市场体系。土地配置方面：建设用地计划指标分配，从集体获得土地方式为行政补偿式征收，只是在出让土地使用权侧建立了地方行政垄断的拍卖市场，严禁建设和农业土地使用权交易，还没有形成城乡统一的土地要素配置市场。

最后的一大半土地资产化改革还没有开始。先是储备拟出让的土地以及开发商和工矿企业购置的建设用地，因可交易或者交易而得，成为一次性投入的资产。城市中居民通过货币化改革获得、房地产开发商销售和居民已经购买的住宅，因可以一级由开发商销售和二级由居民自主交易，是市场经济意义上的资产。而农村的耕地、园地、林地、宅基地、其他建设用地和房屋，不允许市场化交易，不能定价，仍然是资源、生产资料和生活资料性资产，不是市场经济意义上的资产。

三、改革的渐进逻辑

中国特殊的渐进改革逻辑体现在四个方面：一是产品价格和资源配置双轨制。20 世纪 70 年代末改革启动时，在资源和产品分配方面，国有企业的一部分投入品和产出品，由计划调节供应，价格由行政确定；另一部分计划外生产的产品，以及乡镇企业和农民自己生产的产品，放开由市场交易配置，价格由市场供求机制确定。二是先有改革的创造性典型或者进行改革试点，再总结经验制定顶层方案普遍推进改革。比如，安徽省凤阳县小岗村的 18 户村民选择了第二条改革的道路，开启了农村经济体制的改革。结果农业增产、上缴增多、农民增收。中央总结其经验并制定和完善方案，在全国普遍进行了农村家庭联产承包责任制改革，并废止了人民公社。三是区别增量与存量，进行差异化改革。比如，在劳动力要素配置体制上，实行新进职工新体制，原有中老年职工则保留老办法。以时间换改革，以老职工退休消化的方式逐步缩小旧体制的存量规模。四是先局部改革开放，再全面改革开放。比如，1979 年 1 月，湖北省老河口市 15 户地方国营企业率先进行上缴利润转轨为缴税试点改革，随后在全国部分地区和数百户国营企业相继列为试点进一步扩大推进，国务院总结经验、权衡利弊和形成方案，于 1983 年 7 月在国有企业普遍实施了利转税改革。

第四节　符合实际：改革与增长内在数理关系的范畴和变量

1978 年的改革开放，主要来自对国内外发展横向比较差距的认识和经济社会困境所迫。然而，在改革推进方面，采取了“摸着石头过河”、大胆设想、先试后扩、渐进推进的模式。经济体制改革与国民经济产出和增长之间的关系，后来有了许多定性的研究，但是科学性、准确性和针对性都很差，不靠谱的概率很大。

现代西方经济学的产出和增长函数，虽然有强调市场调节新古典主义、注重国家需求干预主义和偏重经济发展结构主义的不同，但其暗含最基本的假定：分析的对象是市场体制的经济。我们这里来梳理二元体制改革与增长之间的逻辑范畴和变量。

一、体制扭曲可纠正

由于存在二元体制，配置机制扭曲是国民经济中的常态现象。一些扭曲可以纠正。如改革的过程中，一些劳动力要素、资本要素和土地要素还没有市场化，但是农民在自己承包土地上的农产品，乡镇企业利用农村土地建厂生产的加工产品，国有企业生产的一部分计划外产品，在价格和销售双轨制的体制安排中，均可以在农贸市场和计划外的其他渠道销售。这样，追求经济利益的劳动者和企业主体，通过产品市场化销售纠正了各种要素还不能市场配置的扭曲，获得了劳动力、资本和土地的工资、利润和地租，使生产没有发生损失。

二、体制扭曲不可纠正

劳动力要素配置方面的户籍管制所附加的子女教育、居住成本、医养社保和土地黏性等体制扭曲，资本要素配置方面的信贷歧视和国有企业资本使用低效率扭曲，土地要素配置方面的禁止交易、不向农民分配用地指标和违建拆除等扭曲根本就无法变通，或者变通的成本和风险大于变通的收益，均无法由市场主体追求经济利益的行为所纠正。

三、市场竞争标准值和二元体制扭曲值

我们可以通过国际和国内比较找到各类改革与增长关系有关变量的市场竞争标准值：市场经济国家曾经与我们同样发展水平时的人口城市化水平、

农业就业劳动力占总就业劳动力比例，民营企业权益资产利润率，土地要素竞争性市场交易及其价格等。我们也可以观察到二元体制扭曲值：如人口迁移管制等约束下中国的人口城市化水平、农业劳动力占总就业劳动力比例，国有企业权益资本利润率，土地房屋不能竞争性交易及其价格为零。

四、体制扭曲差值

如果我们将市场竞争状态下的人口流动、要素价格、市场状况、收入和消费水平、资产是否交易等数值和状况看成标准值，而将与二元体制经济体有关的数值和情况看成扭曲值，则标准值和扭曲值相比较，就是体制扭曲差值。这是一个在分析二元体制扭曲中最为关键和核心的变量，其意义在于，通过它可以内在地度量扭曲的数量程度。

五、体制性剩余、产出损失和增长潜能

（一）求出体制性剩余

用体制扭曲差值与标的规模的数理关系，可以计算出各个方面的闲置和低利用，即体制性剩余资本、劳动力和土地要素数量和土地及房屋剩余资产数量。

（二）用差值可以计算出体制扭曲造成的产出损失

如用 2020 年国有企业权益资产利润率扭曲差值，可以计算出体制性剩余资产为 63.12 万亿元、当年生产总值损失为 3.33 万亿元。

（三）可以将剩余倒贴投入，计算潜在的增长能力

比如，深化国有企业体制改革，资本要素市场化配置，分三年改革到位，仅体制性剩余权益资本提高效率，就会有年均 1% 的增长潜能。又如，目前零价格的土地资产化改革，放开交易，按照其年平衡和波动不大的交易率，从支出、收入和生产方面，计算出资产化改革土地零到市场价格溢值的

增长潜能。再如，推进生活资料性质的农村宅地住房资产化改革，按其年平稳和波动不大的交易，其零到市场价格的溢值，可以归到每年的 TFP 增长潜能中。

应当符合中国二元体制转轨国情和改革实践，以此建立包含改革 TFP、恢复土地变量，以及体制性剩余资本、劳动力和土地市场化生产力再释放和充分利用的、刻画体制改革与经济增长内在数理关系的模型。

第五节　经济体制改革加快经济增长速度的仿真推演

因此，用假定市场经济的生产增长模型、均衡增长模型，用假定二元结构向市场经济迈进的结构主义的模型，都无法准确地刻画中国二元体制经济改革与增长之间内在的数理关系。西方现代经济学的模型库中，几乎找不到解释刻画中国过去经济奇迹、仿真展望未来发展改革与增长之间关系的数理模型。

上一节中的逻辑，我们建立了假设未来广义技术进步增长年平均为 1%，深化体制性剩余要素市场化改革，推进土地和房屋资产化改革，以及高节水资源分布和增加土地要素的增长模型。

一、测算 2020 年各方面的体制性剩余和增长潜能

（一）体制性剩余要素

在人口和劳动力要素方面，如城市化水平差值乘以标的 141178 万人口，则农村中有体制扭曲性剩余人口 21177 万人；劳动力农业就业比率差值乘以全国总就业劳动力 75064 万人，农业领域中剩余劳动力为 9758 万人；假如我们将外出务工工资水平作为标准值，将在农村从事第二、三产业收入作为

扭曲值，根据其差值也可以计算出目前在农村第二、三产业中体制性的剩余劳动力数量。而在资本要素方面，国有企业总资产 244 万亿元，按照其中权益资产 5% 的标准利润率与实际利润率 1.64% 的差值，可以计算出体制性剩余资本规模为 62.74 万亿元；而假如以贷给竞争性民营企业贷款 7% 利率为标准值，以贷给国有企业贷款 4.5% 利率为扭曲值，假定贷给国有企业 60 万亿元贷款，通过其差值可以计算出造成闲置和低利用贷款——体制性剩余贷款 21.43 万亿元。

（二）体制性居民收入和消费剩余

城镇居民人均收入水平为 43834 元，农村人均收入为 17131 元，如果以城市化体制扭曲差值计算的农村剩余人口 21177 乘以（43834 元 -17131 元）计算，居民收入损失——体制性居民剩余收入约为 56549 亿元，如果收入消费率为 70%，则体制性剩余消费约为 39584 亿元。

（三）体制性资产剩余

我们将可交易、可定价和可抵押土地房屋视为标准资产状况，农村土地房屋和城镇土地禁止市场交易为无资产状况。因此，农村体制扭曲性剩余资产为耕地、林地、宅地和其他可交易建设用地与其市场影子价格的乘积。而城镇体制性剩余土地，则是国有和其他所有者使用的工业、物流、仓储等建设用地面积与其市场影子价格的乘积。全国体制性剩余农村房屋和各类土地以及城镇可交易土地资产合计为 786 万亿元，除去农村住宅资产中宅基地成本的重复计算，约为 705 万亿元。

二、未来精准改革支撑和稳定增长速度的仿真推演

将有关数据代入模型后的结果如下：

（一）要素市场化改革增长潜能 1.4%

1. 劳动力配置体制市场化改革增长潜能未来年均 0.5 个百分点左右。本

文计算 2020 年总就业劳动力 75064 万人，农村第一、二、三产业和城镇国企事业行政等单位中，存在体制性剩余劳动力 19500 亿人，除去自然退休和去世 5850 万人后，通过人口迁移和劳动力流动相关扭曲体制彻底改革开放，将 13650 万人平均地投入各年中，会实现满负荷工作劳动力年均增长 1.32%。未来的 15 年中重视创业就业战略，提高劳动力收入水平，使劳动力要素增长，GDP 贡献比率从 0.25% 变化到 0.5%。则 2035 年前的阶段，劳动力要素市场化改革会带来年均 0.51 个百分点的经济增长速度。

2. 资本配置体制市场化改革增长潜能。2020 年社会总资本为 4878443 亿元，其中国有企业总资产为 2444755 亿元，以社会平均利润率和国有企业权益资产利润率计算的体制性剩余资本规模为 627355 亿元。上述资本要素配置市场化改革在 2035 年前的阶段中，可盘活体制性剩余资本年均可占上年社会总资本的 0.61%，假定资本贡献率从 0.45% 向 0.25% 变动，则资本要素配置体制改革带来的新经济增长点年均为 0.22%。

3. 土地要素市场化配置改革增长潜能。因农业土地产出微弱，这里只计算城镇乡村居住和工矿用地体制改革增长潜能，2020 年城乡全部建设用地为 52959 万亩①，农村、城镇和工矿区剩余土地面积达 19515 万亩，体制性剩余率达 37.64%。如果城乡土地使用财产权放开交易，可盘活土地占上年总建设用地的年均增长率为 2.46%，土地投入贡献率从 0.3% 向 0.25% 变化，则土地要素配置体制改革可带来年均 0.67 个百分点的经济增长速度。

（二）城乡土地和农村宅院资产化改革增长潜能 1.67%

1. 农村住宅交易零到市场价格溢值 TFP。2020 年农村住宅建筑总面积为 385.42 亿平方米，假定其市场价格平均为 3500 元 / 平方米，则农村体制性住宅剩余资产总规模为 134.9 万亿元。并假定农村户籍人口向城市转移，农村住宅建筑总面积到 2035 年缩减为 283.91 亿平方米，而年价格升值 3%，

① 不包括交通水利公共用地。

2035年时农村住宅总资产为102.35亿元。年交易率为5‰，则零到市场价格溢值从2020年的6855亿元变化到2035年的5117亿元，获得年均0.51%的新增长潜能。

2. 可交易土地零到市场价格交易对经济增长的贡献。2020年分别有可交易乡村建设用地32903万亩、城和县城工业物流用地2264.8万亩、非县城建制镇工业物流用地773.34万亩和矿山用地3664万亩，分别按照影子价格每亩60万元、100万元、70万元和80万元计算，有城乡可交易建设用地资产254.79万亿元。2020年农业领域有耕地191793亿亩、园地30257亿亩、林地270500亿亩和草原396795亿亩，分别按照影子价格每亩5万元、15万元、8万元和1万元计算，农业土地资产总额为396.36万亿元。如果城乡可交易建设用地和农业用地零价格存量资产年交易率分别为3‰和1‰[①]，并按照各类土地不同的升值率，未来由建设用地和农业用地交易从零到市场价格溢值带来的新经济增长速度年均为1.17%。

（三）调水增加土地投入获得年均0.47个百分点的增长潜能

中国国土可利用土地比率在全球各国之中位于中下水平。一般一个国家可利用土地与水资源分布有着密切的关系，水资源时空分布不平均的国家往往用调水的方式增加可利用土地。与加拿大、俄罗斯、印度、巴基斯坦和美国等调水强国相比，中国人均调水量在它们的1/25至1/5之间。中国如果在关内和东北分别建设南水北调网和北水南调网，总计调水2000亿立方米，可增加7亿亩土地，其中1.5亿亩用于建设，5.5亿亩用于农业。

① 居住和工商用地交易要比农业用地交易活跃。

第六节　结论和改革建议

如果推进第四次大力度改革与实施国上再开发战略，仿真推演的结果如图 6-1、图 6-2 所示，在 2035 年前的阶段，综合上述改革获得的新增长潜能年平均约为 3 个百分点，实施调水增地重大发展举措还可获得 0.5 个百分点的新增长潜能，假定广义技术进步年平均增长率为 1%，顺其自然的经济增长速度为 1.5%~2.5%，则经济增长速度趋势为 5%~6%，可以实现 GDP 翻两番、进入高收入国家行列和初步建成现代化国家的经济社会发展目标。

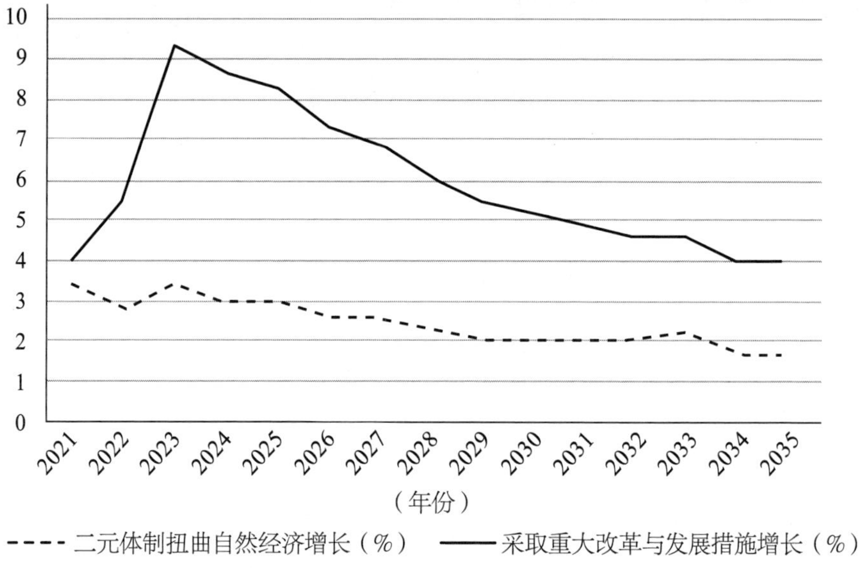

图 6-1　2021—2035 年自然增长速度与第四次大力度改革和国土再开发经济增长比较

根据前三次大力度改革的倒 V 型增长趋势，进行仿真模拟，如图 6-1、图 6-2 所示，中国可以避免发展陷入自然经济低速增长陷阱，形成体制改革外推式的第四次倒 V 型经济中高速增长态势。第四次大力度经济体制改革与调水增地重大发展战略举措，可能是 2035 年时进入高收入国家行列并初步实现现代化的希望所在。

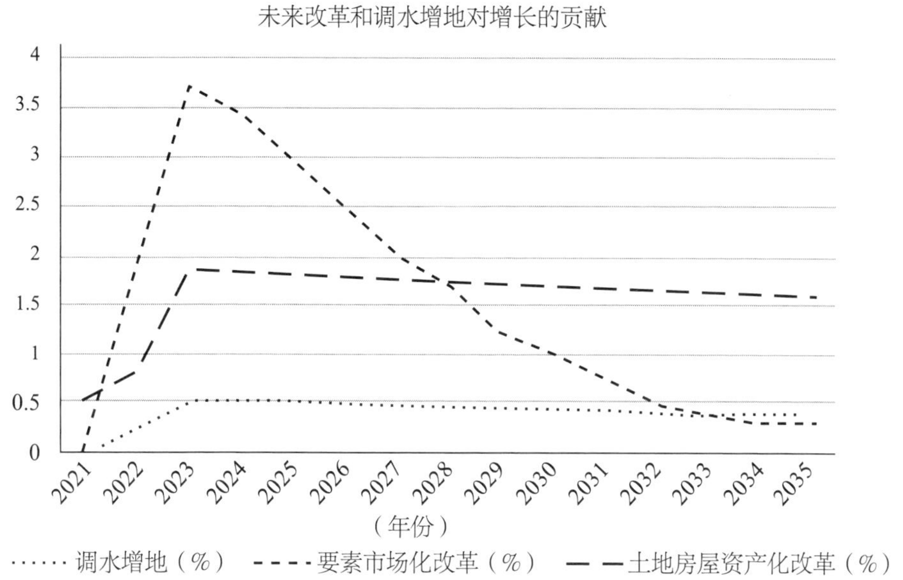

图 6-2　2021—2035 年房屋资产化改革及其调水增地战略实施来源结构

需要推进大力度体制改革的内容和重大发展战略举措有以下四个方面。

一、大力度推进要素市场化改革

人口迁移和劳动力要素配置方面，彻底改革以城乡户籍分割为中心的阻碍人口和劳动力流动和迁移的户籍登记注册、城乡家庭子女教育服务不均、城镇住宅价格及租金奇高、养老医疗社保城乡差别制、农村宅地房屋不允许交易等体制，实现人口迁移居住自由和劳动力跨城乡和区域流动自由。

资本要素市场化配置改革方面，国民经济所有制结构进行战略性调整，国有经济管理从管企业到管资本、管增值和管效率，国有企业股权结构和治理结构进行以效益为目标的混合所有制改革；银行贷款既要讲求政治正确，也要注重公平竞争、企业效率和贷款周转速度，以此为原则改革银行的贷款发放体制。

土地要素市场化改革方面，在土地国有和集体所有不变的原则下，土地使用财产权放开交易。农村和城郊集体各类土地直接进入市场，建立竞争性的一级土地市场，放开城市国有土地二级市场交易，形成同地同权同价城乡统一的土地要素市场。

农村是土地要素市场化改革的重点。在所有权、承包使用权、耕种居住权三权分置的结构试点改革基础上，进一步深化改革，减少所有制结构层次，简化土地要素配置结构，降低要素市场化配置摩擦阻力和交易成本。放开承包耕地和使用宅地使用财产权可在所有市场范围交易，可以以价入股，可以抵押融资，股权可以委托代管，可以转让。政府制定用地规划应当征求村民意见，在村庄内计划管理废除建设用地指标，允许农民宅地住房生活生产经营兼用，赋予农民以村庄内“四荒”土地和其他建设用地为本创业经营的权利。耕地市场化配置的交易范围应当向全国拟投资和经营农场的人士开放，使得有资金能力、农业技术、专业经验、退休兼业的城市投资者或者入股者，也能够进入农业领域。

二、大力度推进农村土地房屋资产化改革

继续落实农村住宅、宅基地和承包地确权发证，进行不动产登记；农民使用宅地和承包耕地及林地使用财产权可交易、可定价、可抵押、可继承和延长使用年期而成为资产；建立保护城镇居民住宅一样的惩治侵犯农民土地使用财产权的行政、民事和刑事法律条款和立案及诉讼程序，特别是禁止和追究地方政府和部门公权为了城市建设、工业用地和土地财政等利益侵犯农民土地房屋使用财产权的违法违规行为和责任。

从农村土地房屋资产化改革的具体推进来看：①界定使用财产。以农村上一轮承包耕地、林地和其他生产用地为依据，承认各农户宅地分配现有事实，确定各农户生产用地和居住用地的使用财产权范围和数量。②除村民承包生产用地和居住使用地外，其他集体农业和建设用地，成立村民土地股份合作社，以股份形式固定分配给村民。③新增人口、分户和额外需要农业生产，第二、三产业和居住用地的农村家庭，可从农村集体有偿购入土地使用

财产权。村民因去世、迁移等余出的土地使用财产权可以向其他需要生产和生活用地的本村村民市场化转让，也可向村外其他有生产和生活需要的自然人和法人市场化转让。④要向外迁移的村民，或者已经在外工作和居住的原村民，其持有的农村土地使用财产权，既可以向村中村民市场化转让，也可以委托本村亲属家族、土地股份合作社代理其权利，还可以由第三方土地房屋管理公司受托管理其权利。

三、实施调节水资源分布和开发未利用土地发展战略

目前中国已利用土地面积占全部国土比率 71%，如果调水改土将中国国土利用率提高 5 个百分点，分 15 年开发改造，垂直的土地供给曲线就会变成向右上倾斜的曲线，如前所述，年平均获得的增长潜能为 0.5 个百分点。

（一）新增调水 2000 亿立方米

国土再开发，提高土地的城市、工业和农业利用率，关键是水资源的时空平衡和供给。从调水的空间布局方面讲，西北应当是引藏进疆和引黄进廊进疆，再加外水内用，争取在西北区域调水 600 亿立方米。华北地区应当争取从怒江、澜沧江、金沙江和长江上游北一些支流累计调 600 亿立方米水，进入黄河支流和渭河。东北地区将松花江和辽河连通，并引额尔古讷河、松花江及嫩江支流水，接滦河和海河，调水量 300 亿立方米。

（二）开发 7.2 亿亩可利用土地

国土再开发，新增可利用土地的来源为：改造盐碱和裸土地的 50% 获得可利用土地 11416 万亩，选择可用于非牧业农用，但未利用可改造沙漠的 8%，以及部分干旱低效利用草原，分别通过调城市工业用水替换自流水用于农业，或者发展高效节水农业，分别形成 47318 万亩和 13263 万亩可利用耕地和园地。

四、“农业—氢能”产业进口替代战略

本文至此主要论述了经济体制改革从供给侧形成的经济增长潜能。从国民经济内部循环讲，消费需求不足是近年来经济增长速度下行的重要原因，而其短板在于农民收入水平过低。从内外经济循环看，进口是供给。在国内产能过剩情况下，进口过多则加剧了宏观经济供求的失衡，成为增长速度下行的压力。2021 年进口了 63434 万吨油气、32368 万吨煤炭、16454 万吨粮食和 938 万吨肉类，总支出折合人民币 29408 亿元。挤占了国内经济增长的需求空间。

2022 年 3 月 23 日，国家发改委发布了《氢能产业发展中长期规划（2021—2035 年）》。国金证券研究所研究报告认为，2017 年传统能源消费量及单价，远期氢气全面替代传统能源后，市场规模达 15.5 万亿元。从要素投入产出区分，氢能源来源应当区分为资本密集型生产和土地密集型生产。前者将自然界中的阳光和风力等通过资本要素投入建造的装置获取氢能。而后者则通过土地生长的植物提取乙醇，并制取转化为氢能。从其“生产→分配→交换→消费……”的循环链看，前者与农村、农业和农民基本无关，而后者可以使农村土地劳动力作为不可或缺的要素参与其中。

从宏观经济的角度讲，扩大国内消费需求的短板和潜能，在于提高农村人口的收入及消费水平。因此，建议对进口替代进行调整，使能源和农产品更多地由土地及劳动力产出，将进口支出调整为国内循环和农民更多地参与其分配，才能有效扩大消费需求，形成宏观经济完整的内循环。

发展“农业—氢能”产业的思路是：农业种植与能源产销相结合，形成第一、二、三产业深度融合的产业链，即“植物种收—穗秆青贮—（提取乙醇—综合和深加工制取氢能、航空煤油、纤维木纸板、降解纤维袋、有机沥青等—产品储运—销售服务）—酒糟饲料—牛羊猪养殖—肉禽蛋奶—有机粪肥—有机种植等”连贯的产业链。

第七章

减税是否提升了小微企业全要素生产率？[①]

第一节　引言和文献回顾

一、引言

聚束（Bunching）主要是指制度设计中的不连续点附近产生的集聚现象（Kleven，2016）[②]，包括拐点（Kink Point）和间断点（Notch Point）两种类型。由于拐点和间断点经常出现在各类制度设计中，如超额和全额累进税率的级次点、税收优惠条件的临界值等，利用聚束方法识别行为反应具有较大优势。特别是近几年随着各类数据可得性的提高，聚束方法被广泛应用于税收和其他领域的研究。聚束的程度能够反映税收超额负担的大小，因此有些文献利用聚束方法研究减税政策的效果，如 Chen 等（2018）通过聚束方法发现对研发投入高于某一阈值的企业给予减税政策，能够使企业的研发投入显著增加。

已有研究大都表明间断点附近会形成显著聚束效应（Kleven & Waseem，2013；Kleven，2016）。由于小微企业所得税优惠政策的存在，中国企业所

① 本文系《小微企业所得税优惠间断点是否存在聚束效应》(《世界经济》，2020 年第 3 期）的修改稿。

② Bunching 一词国内尚没有统一的翻译，本文采用聚束的译法。

得税可以在一定程度上类比为全额累进税率，在税收优惠的边界值上形成间断点。税收优惠的间断点附近会存在税负突然增加的现象，因此为了减轻税负，企业有动机集聚在间断点，理论上会在间断点附近形成聚束效应。然而图 7-1 的证据却与预期不同。图 7-1 为 2015 年应纳税所得额为 0~30 万元样本企业的分布，虚线代表 2015 年小微企业所得税优惠政策形成的间断点（应纳税所得额为 20 万元）。从图 7-1 中可以看出，应纳税所得额 20 万元周围并未形成预期的山峰状集聚。

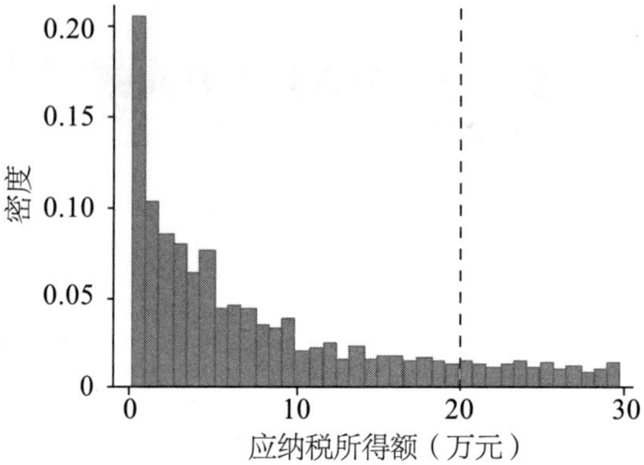

图 7-1　2015 年应纳税所得额为 0~30 万元企业的分布

基于这一现象，本文主要进行两方面的研究：①探究理论预期与现实证据之间产生差异的原因，分析为什么小微企业所得税优惠政策形成的间断点周围不存在显著聚束效应；②由于聚束程度同样能够反映减税政策的成效（Chen et al., 2018），本文也从全要素生产率角度探究小微企业的减税政策成效。本文基于 2014—2015 年全国税收调查数据，采用 Bunching & DID 相结合的研究方法得到以下结论：①因为样本中实际享受优惠的企业在满足优惠条件的小微企业中占比较低，所以小微企业所得税优惠政策形成的间断点周围不存在显著聚束效应，但仅仅观测实际享受优惠的样本时则存在显著聚束效应；②从总体样本来看，2015 年小微企业所得税优惠政策变化使全要素生产率提高了 5.8%，仅考虑实际享受税收优惠的样本时，全要素生产率提高了 13.3%。

上述结论能够回答本文的主要问题，税收优惠政策的落实程度较低是小微企业所得税优惠政策形成的间断点附近没有显著聚束效应的主要原因。由于一部分满足税收优惠条件的样本并未实际享受优惠，所以对于这些样本而言并未形成实质性的间断点，不会产生理论上的聚束效应。虽然通过实际享受税收优惠的样本可以看出，小微企业所得税优惠政策形成的间断点的确会形成预期的显著聚束效应，但总体样本会将效果平均，因此在总体样本中无法观测到显著聚束效应。

上述结论还表明，虽然 2015 年小微企业所得税优惠政策使得全要素生产率平均提高 5.8%，但如果全部满足优惠条件的企业都享受税收优惠，全要素生产率将提高 13.3%，两者差距较大。因此政府在做好减税降费改革制度设计的同时，更要关注政策的具体落实，以充分实现改革的政策红利。例如，根据小微企业特点做出相应的政策调整，通过税法宣传教育等优化纳税服务的方式提高税收优惠政策的落实程度，加强减税效果，使得减税红利能够切实落到小微企业身上。同时，该结论也证实了政府近年来逐步加强政策落实工作的必要性，如 2019 年减税降费办的成立就是中国十分重视政策落实的重要标志之一[①]。

本文主要贡献体现在以下 3 个方面：①丰富了聚束相关的文献。聚束影响因素的研究是近年来的前沿内容，本文解释了中国小微企业所得税优惠政策形成的间断点附近不存在显著聚束效应的原因，说明了政策落实程度是影响聚束程度的重要因素之一，这是以往相关文献中所忽略的问题，以往文献往往仅将聚束效应的大小归因于优化摩擦（Optimization Frictions）（Chetty et al.，2011；Kleven & Waseem，2013）。②填补了小微企业税收优惠政策评估的缺口。已有文献大都仅关注大中型企业的税收优惠政策效果，而忽略了小微企业，小微企业既是减税的重点，又具有特殊性，填补相关文献

① 中国政府近年来不断在各种文件和会议上强调落实税收优惠政策的重要性，并且通过“放管服”改革、税收优惠政策宣传教育活动、升级征管系统等方式优化纳税服务，取得较大成效。

在小微企业税收优惠政策效果评估方面的缺失具有重要现实意义。③弥补了已有文献对税收优惠政策落实程度关注的不足，评估减税效果应当将税收优惠落实程度考虑在内，这不仅适用于税收优惠政策，也适用于其他政策的评估。

二、文献回顾

减税作为政府扶持企业发展的一项重要政策工具，在激发经济活力、促进社会经济协调发展等方面具有重要作用，因此税收优惠政策的效果评估一直是学者关注的重点，特别是在减税降费时期，税收优惠政策的效果更是受到各界关注。这一领域的研究较为丰富，已有研究从宏观和微观的角度探讨了税收优惠政策的各种效果。其中宏观视角包括减税对就业、区域再分配等方面的影响（Zidar，2019）；微观视角包括减税对企业价值（刘行和叶康涛，2018）、生产效率（Liu & Mao，2019）、投资（申广军等，2016）、创新（李永友和严岑，2018；Chen et al.，2018）、企业绩效（Kosonen，2015）、资本结构（申广军等，2018；Devereux et al.，2018）等各方面的影响。

减税对企业全要素生产率、投资和创新行为的影响是学者们关注的重点之一。就全要素生产率而言，大多数学者认为减税对全要素生产率具有正向推动作用。如 Liu & Mao（2019）发现增值税转型后，相对于非试点企业，试点企业的全要素生产率提高了 8.9%。郑宝红和张兆国（2018）以 2008 年新所得税税法实施为外生冲击，研究所得税税率降低对全要素生产率的影响，认为减税会通过资源配置、融资约束、人力资本和研发投入等途径提高全要素生产率。也有少数学者认为不够健全的制度环境抑制了减税效果，减税对全要素生产率没有显著影响（胡凯和吴清，2018）。

关于减税对投资影响的研究中，较多文献研究加速折旧和其他税收优惠对固定资产投资的影响。如刘啟仁等（2019）将 2014 年固定资产加速折旧政策作为外生冲击，发现加速折旧显著增加企业的固定资产投资，增加了企业自购固定资产，减少了租赁行为。Zhang 等（2018）利用增值税转型的准自然实验，发现固定资产可以抵扣之后，固定资产投资平均增加28%。樊勇等（2018）则从税收凸显性的视角探究了减税的影响，发现税收凸显性越高，减税对固定资产投资的影响越大。

与投资密切相关的是企业创新，关于减税对企业创新影响的文献也十分丰富。部分学者通过各种准自然实验研究了减税对企业研发投入的影响，发现减税能够显著提高企业的研发投入水平（李林木和汪冲，2017；Jia & Ma，2017；Guceri & Liu，2019）。也有部分学者发现，只有技术水平较高的企业倾向于增加研发投入，而技术水平较低的企业则倾向于外购技术（李永友和严岑，2018）。

已有文献较全面地研究了减税带来的宏观和微观效果，但大都以大中型企业为研究对象，忽略了小微企业。小微企业具有规模小、财会制度不健全、研发能力不足等特点；而且小微企业对税收优惠政策了解不足，政策落实程度较低。本文对小微企业减税效果的研究是对国内相关文献的丰富。

第二节　制度背景与理论分析

一、制度背景

近年来小微企业税收优惠力度不断加大，如2015年小微企业的所得税优惠政策再次进行了调整。具体来看，2015年之前小微企业的所得税优惠政策沿用2014年起实施的《关于小型微利企业所得税优惠政策有关问题的通知》（财税〔2014〕34号），具体见表7-1。小微企业的认定条件为：企业应纳税所得额小于等于30万元；工业企业从业人员小于等于100人，资产总额小于等于3000万元；其他企业从业人员小于等于80人，资产总额小于等于1000万元。小微企业享受20%的优惠税率。另外，如果应纳税所得额小于等于10万元，享受所得减按50%计入应纳税所得额的优惠（简称“20%减半征收”）[①]。设所得为 I，应纳税额为 T，当企业满足 20% 减半征收的认定条件时，其应纳税额为：

$$T=20\%\times50\%\times I=10\%\times I \tag{7-1}$$

表 7-1　2014—2015 年小微企业所得税优惠政策认定条件变化

认定条件		20% 税率		20% 减半征收	
		2014 年	2015 年	2014 年	2015 年
从业人员（人）	工业企业	100	100	100	100
	其他企业	80	80	80	80
资产总额（万元）	工业企业	3000	3000	3000	3000
	其他企业	1000	1000	1000	1000
应纳税所得额（万元）	所有企业	30	30	10	20

说明：表中所示数字为认定条件的临界值，即需要同时满足从业人员、资产总额和应纳税所得额小于等于表中所示数字。

由式（7-1）可知，通常情况下 20% 减半征收相当于 10% 的优惠税率。2015 年 3 月 13 日财政部和国家税务总局联合发布《关于小型微利企业所得税优惠政策的通知》（财税〔2015〕34 号），规定自 2015 年 1 月 1 日起，对应纳税所得额低于 20 万元（含 20 万元）的小型微利企业，其所得减按 50% 计入应纳税所得额，按 20% 的税率缴纳企业所得税。即 2015 年的政策没有改变适用 20% 优惠税率的认定条件，但扩大了 20% 减半征收的优惠范围，从应纳税所得额小于等于 10 万元扩大到小于等于 20 万元。该政策变化可以看作使应纳税所得额 10 万元到 20 万元区间的企业减轻了 10% 的企业所得税税负[②]。

二、理论分析

根据以上背景，在不考虑其他政策的情况下，小微企业所得税优惠政策

① 所得减按 50% 计入应纳税所得额是指享受该优惠的企业，在计算税额时，需先将应纳税所得额乘以 50% 后再与税率相乘，即享受该优惠企业的计税依据为真实计税依据的一半。

② 2015 年 10 月 1 日起实施的《关于进一步扩大小型微利企业所得税优惠政策范围的通知》不会对本文的研究结果造成较大影响。因为该政策适用范围较小，仅适用于 2015 年 10 月以后的销售额；而且样本中 2015 年成立的企业数量仅有个位数，整体影响较小。

的存在使得中国企业所得税本质上可以类比为全额累进税率，全额累进税率会在税率级次点附近形成间断点，按照 Saez（2010）、Kleven & Waseem（2013）的研究，纳税人会在间断点附近形成聚束效应。

第三节　研究设计与数据

一、研究设计

（一）聚束

由于聚束区域内企业的集聚程度和企业对税率变动的行为反应程度成正比，所以 Bunching 的基本思路是通过比较聚束区域内企业的实际分布和反事实分布的差异，对企业的行为反应进行估计。由此可知，Bunching 的核心是对反事实分布的准确估计，基本思路是假设非聚束区域不受到间断点的影响，通过非聚束区域的拟合估计反事实分布。参照 Kleven & Waseem（2013）、Devereux 等（2014）的研究估计反事实，限于篇幅不再赘述具体方法。

（二）双重差分法（DID）

双重差分法在本文中的主要作用是佐证 Bunching 的结果，检验减税政策对企业全要素生产率、投资和创新行为的影响。其基本思路是将政策变动视为一次外生的“准自然实验”，通过控制组模拟实验组未受到政策效果影响时的情况，从而缓解普遍回归导致的内生性问题。具体模型如下：

$$Y_{i,t}=\alpha+\beta Treat\times Post_{i,t}+\gamma X_{i,t}+\eta_t+\delta_i+\varepsilon_{i,t} \tag{7-2}$$

其中，下标 i 和 t 分别表示企业和年份（t=2014,2015），Y 为被解释变量，分别用于衡量企业的全要素生产率、投资和创新行为。$Treat\times Post$ 是实验组虚拟变量和事件虚拟变量的交互项。β 表示减税的净效应。X 为控制变量，η_t 和 δ_i 分别表示时间和企业固定效应，用于控制不同年份宏观经济因素和短时间内不随时间变化的企业特征，ε 为随机误差项。

式（7-2）中首先需要解释的是 *Treat* × *Post*，当样本为实验组时 *Treat* 取 1，为控制组时 *Treat* 取 0；同时，*Post* 在样本年份为 2014 年时取 0，2015 年时取 1。具体而言，上文已经提及，本文所使用的外生性政策冲击是 2015 年小微企业所得税优惠政策的变化，2015 年 10% 税率的适用条件从应纳税所得额 10 万元以下提升到 20 万元以下，因此实验组是 2015 年应纳税所得额处于 10 万 ~20 万元的企业。控制组是 2015 年符合小微企业条件的其他样本，选择这部分样本作为控制组的原因是：一方面，控制组不能受到政策效果的影响，其他样本仍然使用原有的优惠政策；另一方面，DID 的基本假设要求控制组可以模拟实验组没有政策冲击时的变化趋势，同为小微企业的其他样本在企业特征、优惠政策享受等方面较为类似，适合作为控制组。而规模较大的企业与小微企业之间存在诸多差异，不适宜作为小微企业的控制组。

式（7-2）中其次需要解释的是被解释变量 *Y*，全要素生产率（*TFP_LP*）采用 LP 法计算（鲁晓东和连玉君，2012），投资和创新包括固定资产投资（ln*fix*）、人力投资（ln*labor*）、研发投入（*R&D*）和无形资产投资（*Intangible*）。其中固定资产用新增固定资产的对数值衡量，人力投资用职工人数的对数值衡量，研发投入和无形资产投资分别用研发投入和外购无形资产占营业收入的比重衡量。

借鉴张祥建等（2015）、申广军等（2016）、许和连和王海成（2018）的研究，式（7-2）中的控制变量选取 4 个企业层面的变量：①企业规模（*Size*），用资产总额的对数值测度；②企业年龄（*Age*），用样本年份减开业时间得到；③资本密集度（*Intensity*），为固定资产净额的对数值与职工人数的比值；④企业税收优惠享受虚拟变量（*Tax Preferences*），企业享受至少一项除小微企业所得税优惠政策以外的税收优惠赋值为 1，否则为零。宏观层面的因素则通过行业和地区固定效应控制。

二、数据来源与数据处理

本文所使用的样本是2014—2015年“全国税收调查”数据中的小微企业数据，即2015年满足小微企业条件的样本①。该数据是由政府向企业发放调查表的方式分层抽样得到的（申广军等，2016），相较于其他常用的微观企业数据，该数据的优势在于包含众多的中小企业，为研究小微企业的减税效果提供了数据依据。本文对数据进行如下处理：①修正数据中格式异常的情况，如企业开业时间填写为“20080101”的数据，修正为“2008”；②剔除变量取值范围不合理的数据，如企业年龄为负的数据；③除取对数变量和虚拟变量以外，删除其他所有变量上下各0.1%分位数的样本。

表7-2展示了实验组和控制组政策变化前各变量的基本信息和组间差异，政策变化前控制组和实验组之间不存在明显差异，本文选取的控制组较为合理。

表7-2　政策变化前变量的组间差异

变量		均值（控制组）	均值（实验组）	差异	t值
因变量	*TFP_LP*	5.93	6.12	−0.19	−1.58
	ln*fix*	2.02	2.34	−0.32	−1.52
	ln*labor*	3.48	3.52	−0.04	−0.45
	R&D	0	0	−0	−0.01
	Intangible	0.01	0.01	0	−0.02
控制变量	*Size*	9.08	9.29	−0.21*	−1.81
	Age	6.62	6.78	−0.16	−0.38
	Intensity	0.28	0.26	0.02	0.64
	Tax Preferences	0.16	0.21	−0.05	−1.08

说明：*表示10%的显著水平，如无特殊说明下文均同该表。限于篇幅，此处未展示全样本的描述性统计，感兴趣者可向作者索取。

① 该样本是通过应纳税所得额、职工人数和资产总额3个变量筛选，筛选条件为：2015年应纳税所得额不超过30万元；工业企业职工人数不超过100人，资产总额不超过3000万元；其他企业职工人数不超过80人，资产总额不超过1000万元。样本中不包括个体工商户。

第四节　经验分析结果

一、基于总体样本的分析

（一）税款和税率比较分析

现有文献往往假设企业都能够享受符合条件的税收优惠，即做到了 100% 的“应享尽享”，这一假设在使用大中型企业样本进行研究时产生的问题较小，但在小微企业样本中却是一个巨大的问题。由于小微企业受税务管理水平、纳税成本等一系列因素的影响，实际享受税收优惠的比例可能低于企业的相应平均水平。因此我们首先检验企业的税款和税率，直观了解企业税收优惠的实际享受情况。

图 7-2 展示了 2015 年税款和税率在间断点两侧的分布，其中实线表示实缴税款和实际税率（实际税率为实缴税款与应纳税所得额的比值），虚线表示在享受税收优惠的情况下理论上的应缴税款和税率。图 7-2 中有两个信息值得关注：首先，间断点两侧的实际差异小于理论差异。如从图 7-2（a）中可以看到，间断点两侧实缴税款仅相差大约 0.5 万元，而理论上应缴税款应当相差 2 万元（20×10%）；从图 7-2（b）中也可以看到，间断点两侧实际税率仅相差大约 3 个百分点，而理论上税率应当相差 10 个百分点。其次，间断点两侧的实缴税款和实际税率都高于理论值。从税款来看，间断点左侧实缴税款比理论值高 1 万 ~2 万元，而间断点右侧实缴税款比理论值高大约 0.5 万元；从税率来看，间断点左侧实际税率比理论值高 11 个百分点左右，而间断点右侧实际税率比理论值高 4 个百分点左右。

无论是间断点左侧还是右侧，总体样本企业的平均实际税率均高于 20%，这表明无论是 20% 减半还是 20% 的优惠政策，都有相当一部分有资格享受的小微企业没有享受，因此导致总体税率被拉高。进一步地，通过税收调查数据中“符合条件的小微企业减免所得税额”这一变量可知，2015 年仅有大约 30% 的符合条件的企业实际享受了小微企业所得税优惠政策①。

总体上小微企业所得税优惠政策落实程度较低，平均税率并未达到减税预期的程度。税收优惠落实程度是影响减税效果的重要因素，因此下文从落实程度出发探究本文要回答的问题。

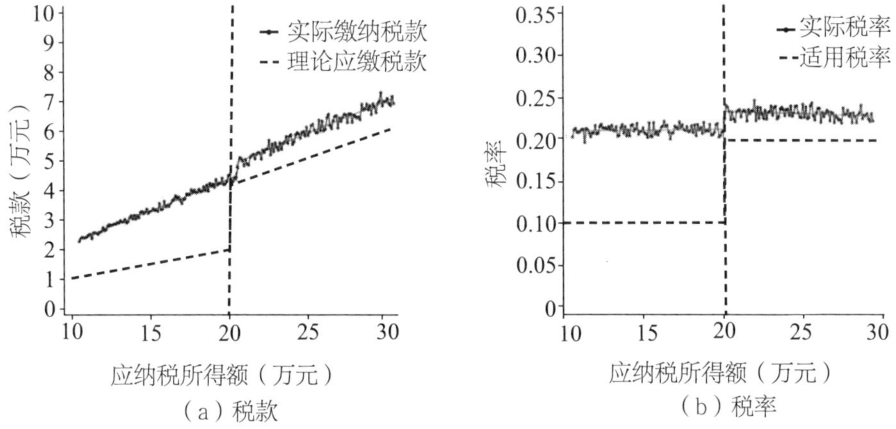

图 7-2　2015 年税款和税率在间断点两侧的分布（总体样本）

（二）聚束程度

图 7-3 给出了 2015 年应纳税所得额 20 万元周围企业的聚束情况，图 7-3 中黑色实线表示实际分布，灰色实线表示估计得到的反事实曲线，虚线表示应纳税所得额 20 万元间断点的位置。图 7-3 中右上角为计算得到的相对聚束程度和应税收入弹性。样本拟合范围为 12 万 ~28 万元，聚束区域为 19.7 万 ~20.3 万元，多项式次数为 5 次。可以看到应纳税所得额 20 万元间断点附近并未出现山峰状集聚。计算得到的相对聚束程度仅为 0.0958，应税收入弹性为 0.0041，均未显著异于零，估计结果表明上文直观证据的判断是正确

① 该比例的分母为符合小微企业标准且当期利润大于零的企业数量，分子为实际享受小微企业税收优惠的企业数量。虽然税收调查数据可能存在一定的测量误差，导致享受税收优惠政策的企业数量被低估，但即使考虑到这种偏差，本文随后的证据也证实税收优惠政策的落实是需要重点关注的问题。

的，间断点附近不存在显著聚束效应。

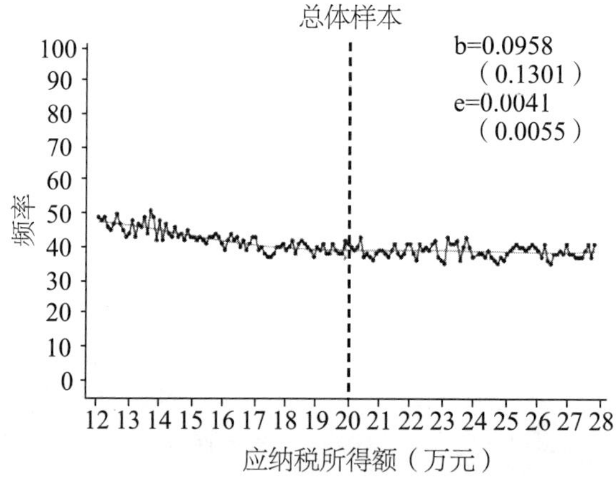

图 7-3　2015 年应纳税所得额 20 万元间断点的聚束程度（总体样本）

说明：b 和 e 分别表示经过调整的相对聚束程度 $\hat{b}_{adjust}$ 和应税收入弹性 $\hat{e}_{adjust}$；括号内为标准误差，以下聚束估计值如无特殊说明均同该图；图中标准误差的计算参照 Devereux 等（2014）的方式，采用残差自助法求得。

（三）企业全要素生产率

本文借鉴 Almunia & Lopez-Rodriguez（2018）的研究，通过观察间断点两侧企业主要变量的差异做进一步分析，同时采用 DID 的方式进行佐证①，通过这些差异可以直观地分析小微企业的减税成效。图 7-4 是税收优惠对全要素生产率的影响，黑色实线表示全要素生产率在每组的均值，从图 7-4 中可以看出，间断点左侧的全要素生产率略高于右侧，表示减税使企业全要素生产率有所提升。图 7-4 右上角的 DID 系数为正且显著，证实了这一结论。本文全样本企业全要素生产率的均值为 5.69，因此全要素生产率平均提升 5.8%（0.3273/5.69）。

① 事实上，聚束效应的存在意味着采用传统的断点回归、DID 等方法存在样本转移问题，Bunching & DID 方法之间存在一定的矛盾。本文采用 DID 主要用来佐证；在稳健性检验部分将间断点周围的企业剔除，保证 DID 结论的稳健性，Bunching & DID 在这种处理方法下可以共存，并且 DID 可以为 Bunching 提供额外的证据。

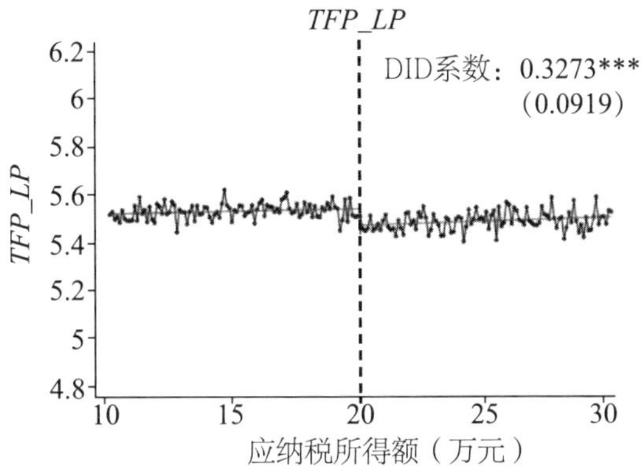

图 7-4　全要素生产率在间断点两侧的分布（总体样本）

说明：图中 DID 系数是指采用上文中所述双重差分法得到的 *Treat* 的系数，括号内为标准误差，以下 DID 系数如无特殊说明，均同本图。

二、基于分样本的分析

考虑税收优惠的落实程度后，需要将样本分为两部分，分别是实际享受税收优惠的企业和未享受税收优惠的企业。通过分析实际享受税收优惠的样本可以得到企业对减税的实际反应，体现政策落实到位的减税效果，而未享受税收优惠的企业用于佐证本文的结论。

（一）税款和税率比较分析

按照预期，实际享受税收优惠的企业的实缴税款和实际税率应接近理论值，而没有享受税收优惠的企业实际税率应当集中在 25% 左右。图 7-5（a）和图 7-5（b）展示了实际享受税收优惠企业的实缴税款和实际税率分布，虽然实际分布依然略高于理论分布①，但相较于图 7-2 中总体样本，实际值和理论值已经较为接近，实际享受税收优惠的企业的确享受到了减税红利，税负有所下降。图 7-5（c）和图 7-5（d）为没有享受税收优惠的企业，实际税率在 25% 左右波动。

① 这一现象可能与税收征管实务中的一些实际情况有关，在此不做进一步探讨。

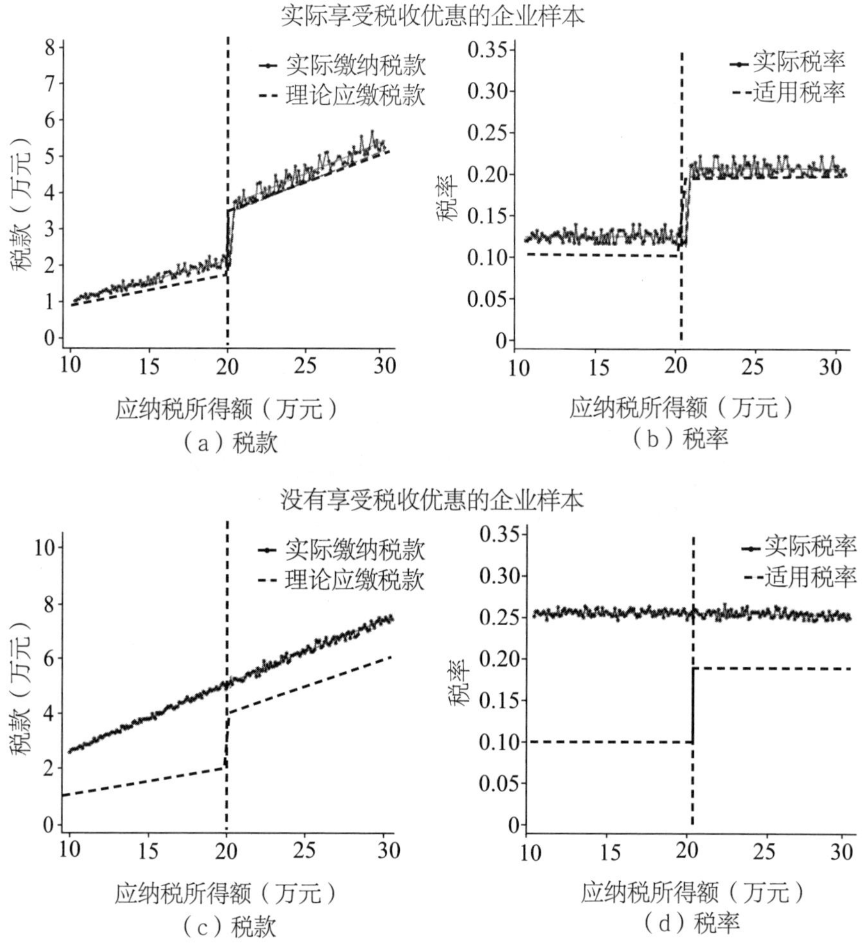

图 7-5　2015 年税款和税率在间断点两侧的分布（分样本）

（二）聚束程度

实际享受税收优惠的企业样本的聚束程度反映了税收优惠政策的真实效果，按照预期，未享受税收优惠的企业应当不存在显著聚束效应。图 7-6 展示了分样本的聚束程度，计算聚束程度时选取的多项式次数、样本拟合范围和聚束区域与上文相同。图 7-6（a）是实际享受税收优惠的企业样本，间断点处可以看到类似理论分析中的山峰状集聚，相对聚束程度为 1.3910，应税收入弹性为 0.0590，在 1% 显著水平上显著，说明存在显著聚束效应。该结论表明当前减税政策的潜力较大，但需要加强政策落实，提高政策有效性。图 7-6（b）表明没有享受税收优惠的企业不存在显著聚束效应，间断点处未发现明显的山峰状集聚，相对聚束程度为 -0.2065，应税收入弹性为 -0.0088，均未显著异于零，因此不存在显著聚束效应。由于未享受税收优惠的企业在间断点附近不会形成应缴税款和税率的突然跳跃，不存在实质性的间断点，企业不存在为了减轻税负而聚束在间断点的动机，因此没有产生显著聚束效应。

图 7-6 也解释了为什么总体样本不存在显著聚束效应，由于税收优惠政策落实程度较低，实际享受税收优惠企业产生的聚束被稀释，最终使得总体样本不存在显著聚束效应。

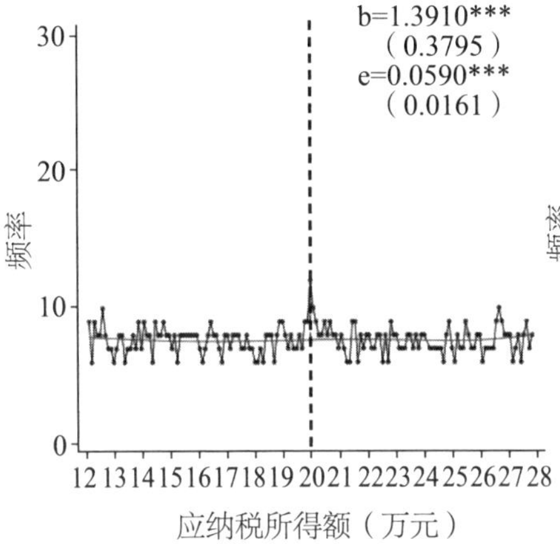

（a）实际享受税收优惠的企业样本

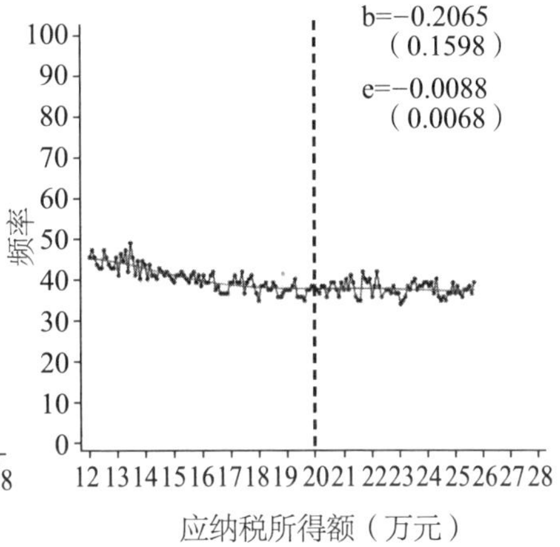

（b）没有享受税收优惠的企业样本

图 7-6 2015 年应纳税所得额 20 万元间断点的聚束程度（分样本）

（三）企业全要素生产率

下面分析实际享受和未享受税收优惠企业的全要素生产率、投资和创新行为，用于佐证 Bunching 的结论。同理，实际享受税收优惠的企业样本在间断点两侧的差异表明减税的实际效果，同时预期未享受税收优惠的企业样本在间断点两侧不存在显著差异。

图 7-7（a）展示了实际享受税收优惠的企业样本全要素生产率在间断点两侧的差异，可以看出，相较于图 7-4 的总体样本，实际享受税收优惠的样本差异更为明显，左侧企业全要素生产率平均比右侧高 0.5 左右，表明税收优惠确实能够提高企业的全要素生产率。DID 的系数同样说明这一事实①，平均而言全要素生产率提高约 13.3%（0.7548/5.69），该结果是总体样本结果的两倍以上，显著高于总体样本结果。这一结果说明如果政策全部落实到位，减税的总体效果将会大大提高。

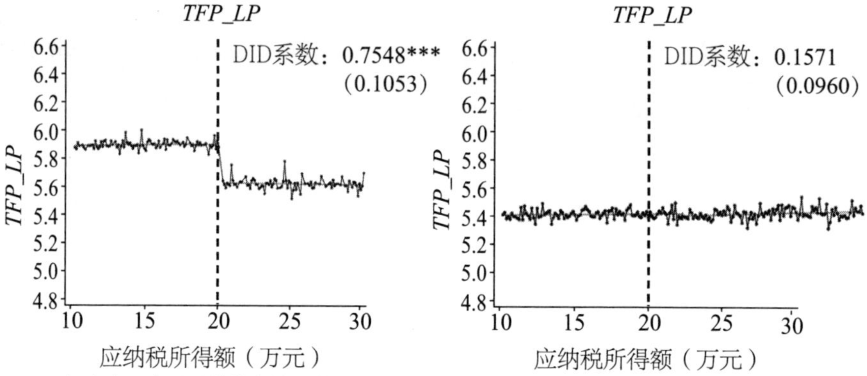

（a）实际享受税收优惠的企业样本　（b）没有享受税收优惠的企业样本

图 7-7　全要素生产率在间断点两侧的分布（分样本）

图 7-7（b）是没有享受税收优惠企业的全要素生产率在间断点两侧的差异。可以得到两方面信息：首先，由于这部分企业没有享受税收优惠，不存在实质性的间断点，间断点左侧的企业也没有面临更轻的税负，因此间断点两侧的全要素生产率没有显著差异。DID 的系数不显著，同样表明这一结果。其次，没有享受税收优惠的企业全要素生产率平均值大约为 5.4，而实际享受税收优惠的企业在间断点两侧的平均值均在 5.5 以上，高于没有享受税收优惠的企业样本的平均值。由于这一分类可以看作一种长期的稳定状态，因此

① 分样本的 DID 回归中，无论是实际享受税收优惠的企业样本还是未享受税收优惠的企业样本，控制组相同，实验组分别为应纳税所得额 10 万 ~20 万元的企业中享受税收优惠和未享受优惠的企业。

侧面说明了税收优惠的长期效果，在一定程度上可以弥补本文仅分析短期效果的不足。

第五节　结论

减税降费是高质量经济发展的重要宏观政策，而小微企业作为其中的重点关注对象，其政策效果备受关注。我国小微企业的重要减税政策之一是所得税优惠政策，该政策会在税收优惠条件的临界值产生间断点，因此理论上会产生显著聚束效应，但现实证据却表明间断点附近不存在显著聚束效应。本文从这一问题出发，探究了理论和现实证据产生差异的原因，用于分析小微企业的减税成效。

本文基于2014—2015年全国税收调查数据，采用Bunching & DID相结合的研究方法，主要得到以下结论：首先，本文的经验分析表明小微企业所得税优惠政策间断点不存在显著聚束效应。产生这一现象的主要原因是2015年满足小微企业所得税优惠政策条件的样本企业中仅有大约30%的企业实际享受优惠，比例较低。其次，本文探究了2015年小微企业所得税优惠的减税成效，从总体样本来看，全要素生产率提高了5.8%，仅考虑实际享受税收优惠的样本时，全要素生产率提高了13.3%。上述结论表明在减税降费改革中，政府在做好制度设计的同时，更要关注政策的具体落实，以充分实现改革的政策红利。从政策调控来看，政策落地是“最后一公里”的工作，只有做好这项工作，才能够真正实现政策的预期调控效果。例如，2019年各级税务机关成立减税降费办公室来确保各项减税降费措施落地，即是实现政府大规模“减税降费”政策调控目标的有效举措。

第八章 中国房地产市场对经济增长和就业的影响测算

第一节 供给视角下房地产业对经济增长的贡献

随着中国房地产市场的不断发展，房地产业增加值从 1978 年的 79.7 亿元，快速增长到 2021 年的 77560.8 亿元。在这 40 多年的时间里，房地产业增加值的年均增速超过 17%，明显快于同期 GDP 年均增速（8.3% 左右）。同时，房地产业增加值占 GDP 的比重也逐步提高（图 8-1）。1978—1986 年，

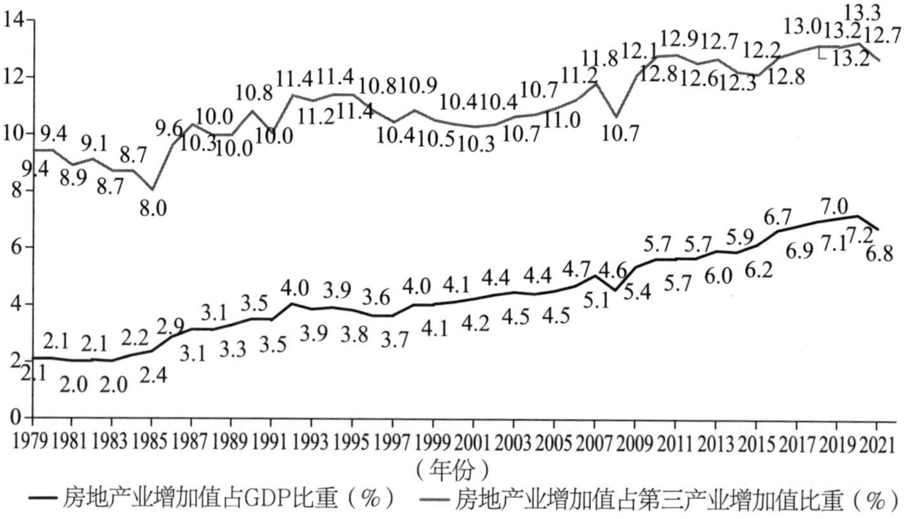

图 8-1　1979—2021 年房地产业增加值占第三产业增加值和 GDP 的比重

数据来源：国家统计局，中国银行研究院

房地产市场化进程还未开启，住房主要按计划生产和分配，房地产业增加值占 GDP 的比重低于 3%，且绝大多数年份低于 2.5%。1987 年房地产开始探索市场化改革，1987—1997 年房地产业增加值占 GDP 的比重位于 3%~4% 区间。1998 年，国务院印发《关于进一步深化住房制度改革，加快住房建设的通知》，房地产市场化发展正式开始。随后，房地产市场快速发展，除 2008 年等个别年份有所波动外，房地产业增加值占 GDP 的比重持续提高，从 1998 年的 4% 提高到 2021 年的 6.8%。

本文利用不变价房地产业增加值与不变价 GDP 来计算房地产业增加值对 GDP 增长的贡献率（不变价计算以 1978 年为基期），计算公式为：房地产业对 GDP 增长贡献率 =Δ 不变价房地产业增加值 /Δ 不变价 GDP × 100%；房地产业对第三产业增加值增长贡献率的计算同理。计算发现，房地产业增加值对 GDP 增长的贡献率的变化大致可分为 2 个阶段（图 8-2）。1979—2007 年，房地产业增加值对 GDP 增长的贡献率波动上升，由 1979 年的 1% 上升为 2007 年的 7.8%。2008 年，受金融危机冲击，房地产业增加值对 GDP 增长的贡献率降为 0.3%，但 2009 年即反弹为 5.6%。2009 年后，房地产业增加值对 GDP 增长的贡献率波动较大，2020 年上升至 7.7%，2021 年小幅下降至 6.2%。

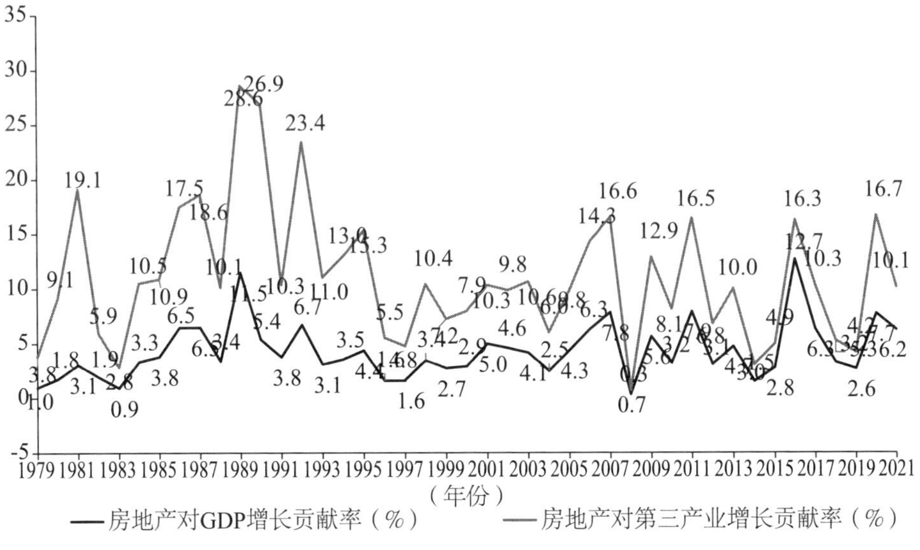

图 8-2　1979—2021 年供给视角下房地产业对经济增长的贡献率

数据来源：国家统计局，中国银行研究院

第二节　需求视角下房地产业对经济增长的贡献

一、房地产相关消费对经济增长的贡献

借鉴许宪春（2015）对于房地产消费的估算方法，本文采用居民消费支出中的居住类消费支出来估算房地产消费[①]，因不包含居民自有住房虚拟租金部分，因此存在一定的低估。自 2013 年以来[②]，房地产消费支出占居民消费支出比重基本稳定在 17.9%~19.3%，占最终消费支出比重则稳定在 12.5%~13.5%。房地产消费支出占支出法 GDP 比重呈现上升趋势，2013 年为 6.88%，2018 年及以后则保持在 7% 以上。此外，除个别年份外，房地产消费支出对支出法 GDP 增长的贡献率基本保持在 7.5%~8.5%（表 8-1）。

表 8-1　2013—2020 年房地产消费对 GDP 增长的贡献率

年份	房地产消费支出占居民消费支出比重（%）	房地产消费支出占最终消费支出比重（%）	房地产消费支出占支出法 GDP 比重（%）	房地产消费支出对支出法 GDP 增长的贡献率（%）
2013	19.30	13.37	6.88	6.71
2014	18.65	13.03	6.81	7.34
2015	18.18	12.72	6.83	8.77
2016	18.07	12.70	6.99	8.38
2017	17.93	12.60	6.94	7.04
2018	18.44	12.90	7.13	8.26
2019	18.41	12.90	7.19	7.56
2020	19.02	13.22	7.18	-2.91

数据来源：国家统计局，中国银行研究院

① 居民消费支出中的居住类消费支出包括房租、住房维修管理费、水电煤气费用和自有住房虚拟租金支出，这些消费构成房地产消费。由于数据不可得，本文估算房地产消费时，未包括居民消费支出中的家庭设备用品及服务类支出。

② 从 2013 年起，国家统计局开展了城乡一体化住户收支与生活状况调查，2013 年及以后数据来源于此项调查。与 2013 年前的分城镇和农村住户调查的调查范围、调查方法、指标口径有所不同。因此，本文消费相关数据的分析从 2013 年开始。

二、房地产开发投资对经济增长的贡献

（一）房地产开发投资对经济增长的直接贡献测算

1. 房地产开发投资变化趋势

自 1986 年中国形成房地产开发统计制度以来，房地产开发投资的发展可分为 4 个阶段。2000 年前，中国房地产开发投资增速较不稳定。1987 年至 1999 年，房地产开发投资年均增长 39.82%，增速最高年份 1993 年为 165%，最低年份 1990 年为 -7.22%。2000 年至 2010 年为高速发展阶段，年均增速为 25.2%。2011 年至 2015 年，房地产开发投资增速逐步下行，由 2011 年的 28.05% 下降至 2015 年的 1% 以下。2016 年以来，房地产开发投资增速又逐步回升，2019 年为 9.9%，但 2021 年下降至 4.4%（图 8-3）。

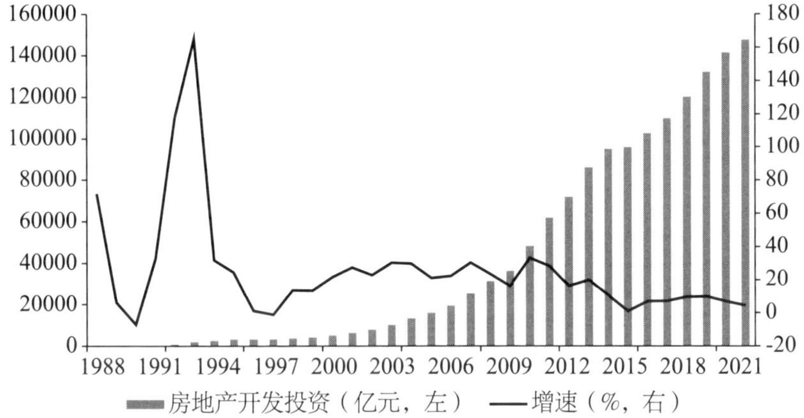

图 8-3　1988—2021 年房地产开发投资及增速

数据来源：国家统计局，中国银行研究院

2. 房地产开发投资对经济增长的直接贡献

房地产开发投资占全社会固定资产投资比重自 1987 年以来整体呈波动上升趋势，由 1987 年的 3.95% 上升为 2021 年的 27.11%。房地产开发投资对全社会固定资产投资增长的贡献率①的变化经历了波动、平稳再波动的过程。

① 房地产开发投资对全社会固定资产投资增长的贡献率 =（当年房地产开发投资 - 上年房地产开发投资）/（当年全社会固定资产投资 - 上年全社会固定资产投资）× 100%。

1987 年至 1999 年波动较为剧烈，贡献率最低的是 1990 年，为 -18.48%，最高的是 1992 年，达到 151.86%；2000 年至 2017 年相对平稳，贡献率基本保持在 10%~40% 区间内；2018 年以来，贡献率再次出现较大幅度波动，2018 年贡献率升至 264.8%，2020 年又降至 -28.4%（图 8-4）。

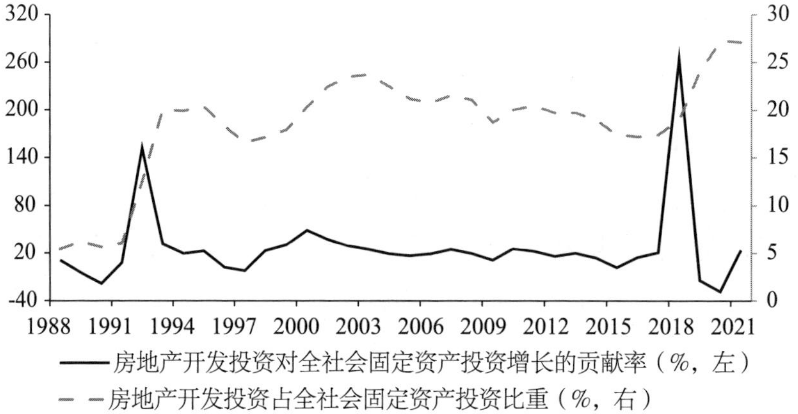

图 8-4　1988—2021 年房地产开发投资占全社会固定资产投资比重及其对全社会固定资产投资增长的贡献率

数据来源：《中国统计年鉴》，中国银行研究院

鉴于房地产开发投资、全社会固定资产投资和固定资本形成总额之间的关系，本文通过支出法 GDP 中的固定资本形成总额对 GDP 增长的贡献，来推算房地产开发投资对国民经济增长的贡献。由于土地购置费不计入固定资本形成总额，因此，本文在推算出房地产开发投资形成的固定资本形成总额占支出法 GDP 的比重，以及房地产开发投资对 GDP 增长的贡献率时，均剔除了土地购置费的影响。

房地产开发投资形成的固定资本形成总额占支出法 GDP 比重 = 房地产开发投资占全社会固定资产投资比重（扣除土地购置费）× 固定资本形成总额占支出法 GDP 比重。

房地产开发投资对支出法 GDP 增长的贡献率 = 房地产开发投资形成的固定资本形成总额对支出法 GDP 增长的贡献率 = 房地产开发投资占全社会固定

资产投资比重（扣除土地购置费）× 固定资本形成总额对支出法 GDP 增长的贡献率。

研究发现，房地产开发投资形成的固定资本形成总额占支出法 GDP 的比重自 2002 年以来，经历震荡上升、高位平稳和稳步下降三个阶段。2002—2009 年，该比重由 5.3% 逐步上升为 6.07%；2010—2013 年该比重均高于 7%；2014—2018 年，该比重逐步由 6.85% 下降至 5.92%；但 2020 年又上升至 8.53%。2002—2020 年，房地产开发投资对支出法 GDP 增长的贡献率的波动相对较大。2009 年，因金融危机后的投资刺激政策，房地产开发投资对支出法 GDP 增长的贡献率达到 13.08%；近些年，房地产开发投资对支出法 GDP 增长的贡献率基本稳定在 6.5%~7.6%（表 8-2）。

表 8-2 2002—2020 年房地产开发投资对支出法 GDP 增长的贡献率

年份	房地产开发投资占全社会固定资产投资比重（扣除土地购置费）（%）	固定资本形成总额占支出法 GDP 比重（%）	房地产开发投资形成的固定资本形成总额占支出法 GDP 比重（%）	固定资本形成总额对支出法 GDP 增长的贡献率（%）	房地产开发投资对支出法 GDP 增长的贡献率（%）
2002	15.06	35.17	5.30	51.05	7.69
2003	15.15	38.33	5.81	62.59	9.48
2004	15.59	39.65	6.18	47.09	7.34
2005	15.14	39.35	5.96	37.55	5.69
2006	15.10	38.70	5.84	34.84	5.26
2007	15.41	37.84	5.83	34.12	5.26
2008	15.11	39.21	5.92	47.00	7.10
2009	13.83	43.92	6.07	94.62	13.08
2010	15.83	44.32	7.02	46.59	7.37
2011	16.79	44.21	7.42	43.62	7.32
2012	16.47	44.21	7.28	44.24	7.29
2013	16.75	44.27	7.42	44.78	7.50
2014	15.69	43.65	6.85	36.38	5.71

续表

年份	房地产开发投资占全社会固定资产投资比重（扣除土地购置费）（%）	固定资本形成总额占支出法GDP比重（%）	房地产开发投资形成的固定资本形成总额占支出法GDP比重（%）	固定资本形成总额对支出法GDP增长的贡献率（%）	房地产开发投资对支出法GDP增长的贡献率（%）
2015	14.39	41.90	6.03	16.97	2.44
2016	14.26	41.58	5.93	37.44	5.34
2017	14.02	42.02	5.89	45.97	6.44
2018	13.77	43.01	5.92	52.48	7.22
2019	17.43	42.64	7.43	38.17	6.65
2020	20.44	42.47	8.53	37.58	7.55

注：扣除土地购置费之后的房地产开发投资占扣除土地购置费之后的全社会固定资产投资比重的计算公式是：房地产开发投资占全社会固定资产投资的比重（扣除土地购置费）=（房地产开发投资 - 房地产开发投资中的土地购置费）/（全社会固定资产投资 - 全社会固定资产投资中的土地购置费）×100%。

（二）房地产开发投资对经济增长的间接贡献测算

房地产业具有产业链条长、关联行业多的特征。因而，为了科学评估房地产业对经济发展的影响，必须考虑房地产业通过拉动其他产业对 GDP 产生的间接贡献。

1. 投入产出模型构建

投入产出模型是研究投资如何通过复杂的产业关联与传导机制带动经济发展的一个有力工具，其数学表达式如下：

$$AX+Y=X \tag{8-1}$$

其中，X 为总产品列向量，Y 是最终产品列向量，A 为直接消耗系数矩阵。

$$\Delta X=(I-A)^{-1}\Delta Y \tag{8-2}$$

$$\Delta GDP=A_v(I-A)^{-1}\Delta Y \tag{8-3}$$

此外，将拉动的国外产出扣除（扣除进口部分），则有：

$$\Delta X=[I-(I-\hat{M})A]^{-1}(I-\hat{M})\Delta Y \tag{8-4}$$

$$\Delta GDP=A_v[I-(I-\hat{M})A]^{-1}(\mathrm{I}-\hat{M})\Delta Y \tag{8-5}$$

其中，ΔY 为国内最终使用变化的列向量；ΔX 为各部门总产出变化列向量；ΔGDP 为由国内最终使用变动所带来的增加值变动向量；A_v 为各部门增加值率对角阵，其对角线上的元素分别为各部门的增加值率；$\hat{M}$ 为各部门进口额占国内需求的比例系数向量（$m_1, m_2, \cdots, m_n$）对角化形成的矩阵。

2. 房地产开发投资对经济增长的间接贡献

中国每5年开展一次投入产出调查，同时编制投入产出表基准表。本文根据以上构建的投入产出模型，以及最新的2017年149个部门的投入产出基准表，测算房地产开发投资对经济增长的间接贡献。

2021年、2020年、2019年、2018年中国房地产开发投资完成额分别为147602.08亿元、141442.95亿元、132194.26亿元、120263.51亿元。房地产开发投资包括建筑安装工程、设备工器具购置和其他费用。其中，其他费用主要包括土地购置费、旧建筑购置费等不能直接形成固定资本的费用，因此在计算中需将其扣除。2021年、2020年、2019年、2018年其他费用分别为52024.64亿元、52245.27亿元、48518.27亿元、42769.68亿元，则扣除了其他费用的房地产开发投资完成额分别为95577.44亿元、89197.68亿元、83675.99亿元、77493.83亿元。将扣除了其他费用的房地产开发投资代入式（8-5），即得到2021年、2020年、2019年、2018年房地产开发投资对各行业增加值的拉动作用。

研究发现，2021年房地产开发投资拉动各相关行业增加值合计达到80549.63亿元，占当年GDP的7.04%。具体地，2021年，房地产开发投资拉动第一、第二、第三产业增加值分别为4419.58亿元、49770.66亿元和26359.39亿元，分别占其当年增加值的5.32%、11.04%和4.32%。从细分行业来看，房地产开发投资对建筑业的拉动作用最大。2021年，房地产开发投资拉动建筑业增加值 23837.78 亿元，占当年建筑业增加值的 29.75%（表 8-3）。

表 8-3　2018—2021 年房地产开发投资拉动国民经济主要行业增加值情况

行业	拉动的增加值（单位：亿元）				拉动增加值占行业增加值比重（单位：%）			
年份	2018	2019	2020	2021	2018	2019	2020	2021
合计：GDP	65309.34	70519.47	75172.97	80549.63	7.10	7.15	7.95	7.04
第一产业	3583.38	3869.25	4124.58	4419.58	5.53	5.49	5.66	5.32
农林牧渔业	3656.50	3948.20	4208.74	4509.77	5.41	5.37	5.17	5.20
第二产业	40353.86	43573.14	46448.48	49770.66	11.06	11.45	12.98	11.04
采矿业	2318.11	2503.04	2668.22	2859.06	10.26	10.56	12.02	10.11
制造业	17233.35	18608.16	19836.10	21254.85	6.73	7.04	7.45	6.77
电力、热力、燃气及水生产和供应业	1606.65	1734.83	1849.31	1981.58	7.12	7.22	8.22	6.91
建筑业	19327.58	20869.46	22246.61	23837.78	29.51	29.54	30.71	29.75
第三产业	21372.10	23077.08	24599.91	26359.39	4.36	4.31	4.78	4.32
批发和零售业	5374.71	5803.49	6186.45	6628.93	6.05	6.07	6.44	6.00
交通运输、仓储和邮政业	3121.11	3370.10	3592.48	3849.43	7.74	7.94	8.85	8.18
住宿和餐饮业	642.69	693.97	739.76	792.67	3.89	3.88	4.84	4.44
信息传输、软件和信息技术服务业	1149.10	1240.77	1322.65	1417.25	4.00	3.72	3.46	3.22
金融业	4039.07	4361.29	4649.09	4981.61	5.72	5.72	5.56	5.46

续表

行业	拉动的增加值（单位：亿元）				拉动增加值占行业增加值比重（单位：%）			
年份	2018	2019	2020	2021	2018	2019	2020	2021
房地产业	1386.37	1496.97	1595.75	1709.88	2.15	2.13	2.17	2.20
租赁和商务服务业	1685.03	1819.45	1939.52	2078.24	5.72	5.57	5.97	5.88
科学研究和技术服务业	2673.38	2886.65	3077.14	3297.22	13.25	12.76	12.77	12.66
水利、环境和公共设施管理业	77.21	83.37	88.87	95.23	1.52	1.42	1.42	1.41
居民服务、修理和其他服务业	625.52	675.42	719.99	771.49	4.23	3.98	3.98	3.94
教育	57.76	62.37	66.49	71.24	0.17	0.16	0.16	0.16
卫生和社会工作	27.00	29.15	31.08	33.30	0.13	0.13	0.13	0.13
文化、体育和娱乐业	142.02	153.35	163.46	175.16	1.95	1.88	1.89	1.87
公共管理、社会保障和社会组织	42.77	46.18	49.23	52.75	0.10	0.10	0.10	0.10

注：制造业中的金属制品、机械和设备修理业，采矿业中的开采专业及辅助性活动，农林牧渔业中的农、林、牧、渔专业及辅助性活动，均属于第三产业。2018 年和 2019 年部分细分行业增加值未公布，按 2017 年投入产出表中各细分行业增加值比重估算。

数据来源：《中国统计年鉴》，国家统计局数据库，中国银行研究院

第三节 房地产及相关行业拉动就业情况

一、非竞争型投入产出模型构建

本文参考“中国 2007 年投入产出表分析应用”课题组的方法，构建了非竞争型投入产出表来衡量房地产业对就业的促进作用。本文以 2017 年竞争型投入产出表为依据，采用比例法将其中的中间使用和最终使用部分消耗的进口品分离出来。非竞争型表中的国内中间投入 X_{ij}^D、进口中间投入 X_{ij}^M、国内产品的最终使用 Y_i^D 和进口产品的最终使用①Y_i^M，相关计算公式为 $X_{ij}^M=X_{in}\alpha_i$，$X_{ij}^D=X_{in}-X_{ij}^M$，$Y_i^M=Y_i\alpha_i$，$Y_i^D=Y_i-Y_i^M$。其中 α_i 是进口额占国内需求的比例，即 $\alpha_i-\frac{M_i}{X_i-E_i+M_i}(i=1,2,\cdots,n)$。根据以上公式，可得到 2017 年非竞争型投入产出表（表 8-4）。非竞争型投入产出表的行向平衡模型为：

$$X^D+Y^D+E=X \tag{8-6}$$

$$X^M+Y^M=M \tag{8-7}$$

其中，$X^D=A^DX$，$X^M=A^MX$，A^D，A^M 分别为国内产品的直接消耗系数矩阵和进口产品的直接消耗系数矩阵，故上式又可以改写为：

$$A^DX+Y^D+E=X \tag{8-8}$$

$$A^MX+Y^M=M \tag{8-9}$$

二、房地产业及相关行业直接和间接拉动就业情况

在上文编制的非竞争型投入产出表中，本文还增加了各行业就业人数 L_j（表 8-4），用来研究房地产业的就业吸纳和拉动情况。由于没有与投入产出表口径一致的就业人数数据，本文借鉴张钟文（2017）一文中采用的方法估

① 最终国内使用（除出口列向量外）被分解为国内产品的最终使用和进口产品的最终使用两部分。

算房地产业的直接和完全非农就业系数。计算发现，从完全非农就业系数和直接非农就业系数上来看，各行业的就业拉动能力相差较大（图 8-5）。

表 8-4　2017 年非竞争型投入产出表

			中间使用	最终使用			总产出
			1，2，…，n	最终消费支出	资本形成总额	出口	
中间投入	国内产品	1，2，…，n	X_{ij}^{D}	Y_{i}^{D}		E_i	X_i
初始投入	进口产品	1，2，…，n	X_{ij}^{M}	Y_{i}^{M}		0	M_i
	增加值		V_j				
总投入			X_j				
占用劳动力			L_j				

数据来源：中国银行研究院

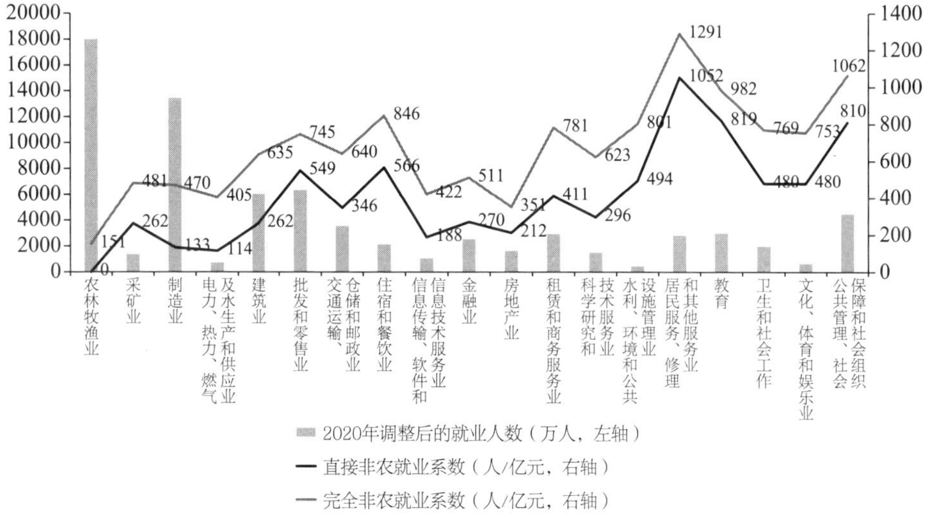

图 8-5　各行业就业人数、直接非农就业系数和完全非农就业系数

数据来源：国家统计局，2017 年非竞争型投入产出表，中国银行研究院

与房地产密切相关的三个行业中（建筑业、房地产业、金融业），建筑业的就业拉动能力最大。建筑业每增加 1 亿元总产出，可拉动各行业就业总计

635 人，其中直接拉动就业 262 人。建筑业间接拉动的就业主要集中在制造业，1 亿元建筑业总产出间接拉动制造业就业 130 人。金融业的就业拉动能力居第二位，金融业每增加 1 亿元总产出，可拉动各行业就业总计 511 人，其中直接拉动就业 270 人。房地产业本身的就业拉动能力并不大，房地产业每增加 1 亿元总产出，可拉动各行业就业总计 351 人，其中直接拉动就业 212 人（图 8-5、表 8-5）。

表 8-5　建筑业、金融业和房地产业单位总产出拉动就业情况

行业分类	建筑业单位总产出拉动就业人数（人 / 亿元）	金融业单位总产出拉动就业人数（人 / 亿元）	房地产业单位总产出拉动就业人数（人 / 亿元）
农林牧渔业	0	0	0
采矿业	15	3	2
制造业	130	30	15
电力、热力、燃气及水生产和供应业	7	3	2
建筑业	271	1	3
批发和零售业	57	16	8
交通运输、仓储和邮政业	31	15	7
住宿和餐饮业	13	26	8
信息传输、软件和信息技术服务业	5	9	3
金融业	25	305	38
房地产业	5	23	223
租赁和商务服务业	27	53	33
科学研究和技术服务业	26	1	1
水利、环境和公共设施管理业	1	2	1
居民服务、修理和其他服务业	16	12	5
教育	1	4	1

续表

行业分类	建筑业单位总产出拉动就业人数（人/亿元）	金融业单位总产出拉动就业人数（人/亿元）	房地产业单位总产出拉动就业人数（人/亿元）
卫生和社会工作	0	0	0
文化、体育和娱乐业	2	6	1
公共管理、社会保障和社会组织	1	1	1
合计	635	511	351

注：表中建筑业对自身拉动就业人数 271 人，既包括直接拉动 262 人，也包括通过其他行业间接拉动自身就业 9 人，而直接非农就业系数仅表示直接拉动（为 262 人）；金融业和房地产业的解释相同。

数据来源：国家统计局，2017 年非竞争型投入产出表，中国银行研究院

第四节　房地产开发投资下降对宏观经济的影响估算

房地产业是典型的资金密集型行业，具有资金需求大、投资周期长等特点，因此融资是房地产行业发展的关键环节，也是影响房地产开发投资的主要因素。研究发现，房地产开发资金来源增速与同期房地产开发投资增速和滞后半年的房地产开发投资增速之间的相关系数分别为 0.73 和 0.81。可见房地产融资和投资之间具有较高相关性，并且房地产资金来源不仅影响当期房地产开发投资，还对半年后的房地产开发投资有较大影响（图 8-6）。

从资金来源的角度看，销售定金及预收款和个人按揭贷款等销售回款是房地产企业资金来源的最大组成部分，约占 50%（图 8-7）。除了销售回款之外，房地产企业的自筹资金和国内贷款是另两大资金来源，分别约占全部资金来源的 30% 和 15%。2021 年以来，在“三条红线”“房地产贷款集中度管理”等政策下，房地产企业外部融资困难加大，叠加三季度以来房地产市场

持续走弱以及基数因素影响，房地产开发资金来源增速持续放缓，其对房地产开发投资的影响将在 2022 年持续显现。预计 2022 年房地产开发投资增速在悲观、中性和乐观情况下分别为 3%、4% 和 5% 左右。

图 8-6　房地产开发资金来源增速和房地产开发投资增速（%）

数据来源：国家统计局，中国银行研究院

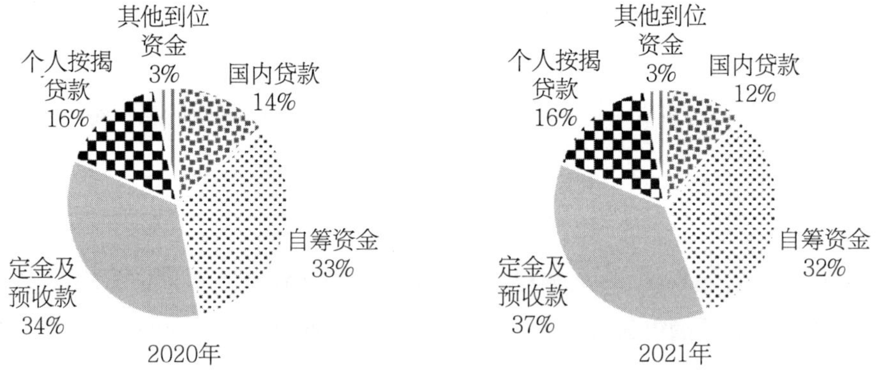

图 8-7　2020 年和 2021 年房地产企业资金来源

数据来源：Wind，中国银行研究院

据此计算，在悲观、中性、乐观情形下，2022 年房地产开发投资完成额分别为 152030.14 亿元、153506.16 亿元和 154982.18 亿元；扣除其他费用后（按 2020 年其他费用占房地产开发投资的比重 36.94% 扣除），分别为 95870.21 亿元、96800.99 亿元和 97731.77 亿元。根据投入产出模型，可得到在悲观、中性和乐观情形下，2022 年房地产开发投资将分别拉动 GDP 80796.37 亿元、81580.8 亿元和 82365.23 亿元。悲观、中性和乐观情况下，将分别下拉 2022 年 GDP 增速 0.31 个、0.24 个和 0.18 个百分点①（表 8-6）。

表 8-6　2022 年房地产开发投资增速下降及其对宏观经济的影响测算

	悲观情形	中性情形	乐观情形
房地产开发投资增速（%）	3	4	5
拉动第一产业增加值（亿元）	4433.12	4476.16	4519.20
拉动第二产业增加值（亿元）	49923.11	50407.80	50892.49
拉动第三产业增加值（亿元）	26440.14	26696.84	26953.54
拉动 GDP（亿元）	80796.37	81580.80	82365.23
拉动 GDP 增速（百分点）	-0.31	-0.24	-0.18

数据来源：国家统计局，中国银行研究院

第五节　研究结论与政策建议

本文研究发现，当前房地产仍在中国经济增长和就业保障等方面发挥重要作用。尽管从生产角度看，房地产业增加值占 GDP 比重不高，但从需求角度看，房地产消费和房地产开发投资对支出法 GDP 增长贡献较大。当前，房地产消费占支出法 GDP 的比重约为 7%，对支出法 GDP 增长的贡献为 7%~8%。房地产开发投资对支出法 GDP 增长的直接贡献约为 7%；又因房地产业具有链条长、关联行业多的特点，房地产开发投资对其他行业增加值具

① 2021 年和 2022 年 GDP 平减指数（1978 年 =100）分别为 4100 和 4300。

有较强的间接拉动作用。2021 年，房地产开发投资间接拉动 GDP 约 8.05 万亿元，约占 2021 年 GDP 的 7.04%。此外，尽管房地产业本身的就业拉动能力并不大，但与之密切相关的建筑业和金融业就业拉动能力较强。因此，无论是房地产调控短期政策还是长期政策的制定，都需要充分考虑房地产业对宏观经济带来的影响。

短期来看，当前疫情持续反复，经济本身下行压力较大，短期内防止房地产开发投资过快下滑、维持房地产市场相对稳定对于经济企稳十分重要。建议：一是在坚持“房住不炒”总基调的同时，更加强调“稳地价、稳房价、稳预期”，多措并举保持房地产市场平稳。二是推动房地产金融政策微调，供给端支持房地产企业的合理融资，逐步引导房企融资环境回暖。三是因地制宜积极出台相关政策，恢复部分地区的房地产市场信心，在控制房价稳定的基础上，促进房地产销售和投资保持稳定。

中长期来看，无论是从人均居住面积，还是从新型城镇化等角度来看，未来中国房地产仍具有健康发展的空间。但未来房地产发展要坚决避免走过去催生泡沫和金融风险的老路，而是通过住房制度改革，房产税、遗产税等相关税收制度完善等方式，促使房地产回归居住属性，并且更好地发挥房地产拉动实体经济的功能，实现行业良性发展。建议：一是稳妥推动房产税试点扩大，积极研究遗产税，引导市场预期转变，使得房地产逐步回归居住属性。二是着重缓解房地产发展的差异性和不平衡性，更好地满足居民合理的居住需求。针对区域房地产发展的结构性差异，因地制宜，一城一策，推动各地房地产价格与当地经济发展和居民收入情况相匹配。同时，加大共有产权房、限价房等多种保障性住房建设投入，灵活创新更多住房保障模式，满足居民合理的住房需求。

第九章 数字经济时代数据生产要素化的经济分析①

第一节　问题的提出

随着计算机技术的迅速发展以及移动互联网的出现，以云计算、物联网等为代表的一系列科技创新涌现。一方面，科技创新改变了世界，改造了生活的方方面面；另一方面，科技的进步对数据提出了很高的要求，数据以非线性的几何级数速度快速增长，人类处理数据、解决问题的能力得到了全面的提升。这意味着，在农业经济、工业经济之后，人类历史上出现了第三种社会经济形态——数字经济。21 世纪以来，数字经济在全球都呈现出了飞跃式的发展，2020 年，美国数字经济规模达到了 13.6 万亿美元，居全球第一。作为一种全新的经济形态，数字经济的界定在学术研究中仍然存在一定分歧，但是总体而言，数字经济的发展以数据为基础，以信息通信技术（ICT）为主要依托，强调经济当中的数字化信息化驱动。也就是说，人类社会进入数字经济之后，生产要素不再局限于传统的劳动、资本、土地等，数据成为一种新的生产要素，并且在数字经济的发展过程中发挥了极其重要的作用，可以说，在数字经济时代下，数据已经成为一种核心资源。

数字经济中数据是一种新的生产要素已经成了人类社会的共识。比如，

① 冯科．数字经济时代数据生产要素化的经济分析 [J]. 北京工商大学学报，2022（1）.

2017 年 5 月英国《经济学人》就指出，数据是数字经济时代的石油。在中国，党的十九届四中全会首次将数据认定为第七种生产要素。党的十九届五中全会进一步提出推进数据要素市场化改革、加快数字化发展。这为我国数字经济发展指明了方向、注入了动力。进入“十四五”以来，2021 年 3 月 16 日，《中华人民共和国国民经济和社会发展第十四个五年规划和 2035 年远景目标纲要》中提出“加快数字化发展，建设数字中国。迎接数字时代，激活数据要素潜能，推进网络强国建设，加快建设数字经济、数字社会、数字政府，以数字化转型整体驱动生产方式、生活方式和治理方式变革”。进一步强调通过数据要素推动数字经济的发展。规划还提出了数字经济发展的目标，目前数字经济核心产业增加值占 GDP 比重为 7.8%，在 2025 年，预计这一数字将达到 10%。

数据要素在企业以及国家层面都具有十分重要的作用，又表现出了不同于传统资产的新的特征。数据要素在企业的生产经营和管理决策中发挥了极大的作用，同时对社会经济也具有极大的乘数效应，产业的流通和交易引导着数据流向了最重要的地位，使得经济取得了相较于以往成倍的增长。

但是，数字经济是一种全新的社会经济形态，商业模式以及消费者的行为都发生了一系列改变。数据作为一种新的要素，和以往劳动、资本等生产要素存在本质上的区别。什么是数据资产，如何对这种资产进行界定在学术研究中存在争议。即使对数据资产进行了合理的界定，数据资产的确权也是一大难题。科斯定理认为在不存在交易成本的时候，只需要明确产权归属，人们通过市场进行交易就可以自发实现最优的效果。但由于数据的产权运作方式以及表现形式等都发生了彻底的改变，使用传统的产权理论就无法解释数据资产的归属问题。同时，传统的经济理论可以解决传统要素的交易、定价等问题，但是数据资产显然已经不适用于这些理论。总而言之，信息和数据的交易机制带来了新的挑战，涉及隐私、第三方信息中介以及政策制定者等方方面面，原有的各种机制被扭曲。在整个交易过程中，数据资产交易与传统交易不同的问题，数据交易的机制设计，数据资产的价值衡量和定价方式等，都需要重新去探讨，以达到一种新的交易方式来实现市场出清。

同时，数字经济时代下 GDP 的核算也面临一系列问题。数字经济之下，交易模式、消费特征等都发生了极大的改变，在这样的大背景下，GDP 的核算中涵盖数字化是一个复杂的统计学挑战。同时，数字化的出现使得家庭性的交易也变得更加频繁，使得 GDP 原来的核算误差进一步加大。目前，国际机构和各国统计机构也在研究和实践通过卫星账户等方式衡量数字经济带来的福利变化及经济贡献。本文也会对此进行探讨。

具体来说，本文研究数字经济之下，数据要素的定义如何界定，具备哪些特征，紧接着探讨数据作为一项新的生产要素，如何与传统的劳动、资本等要素进行结合、协同以及分配的问题。数字时代下，数据资产与传统的资产差别很大，与传统的经济理论并不完全契合，所以本文也将探讨数据资产的确权、分类等问题，对数据资产的归属问题进行研究，解决数据资产的交易模式和定价问题。本文同时关注如何改进传统的 GDP 核算方法，以使其能够对数字经济进行准确的核算。

第二节　数据为何要生产要素化?

近年来，随着我国数字经济的快速发展，数据已经在我们生活中扮演着越来越重要的角色，其作为一种生产要素的性质已经在生活中逐渐显现出来。2019 年 10 月 31 日，中国共产党第十九届中央委员会第四次全体会议通过《中共中央关于坚持和完善中国特色社会主义制度推进国家治理体系和治理能力现代化若干重大问题的决定》，文件中明确指出要“健全劳动、资本、土地、知识、技术、管理、数据等生产要素由市场评价贡献、按贡献决定报酬的机制”，说明从国家层面上来讲，我们已经将数据明确定义为生产要素的一种，这在经济学上是一项很大的变化。这也进一步表明，数据生产要素已经是我国经济从高速发展转向高质量发展时期的重点关注对象。

一、数据成为一种新的生产要素

（一）数据的内涵

数据，是对事实和概念等的一种特殊的表达方式，是事实和信息的载体。数据和信息密不可分，二者很多情况之下是并行的，数据经常被看作信息的一种表现形式或者数字化载体。Jones & Tonetti 认为，数据可以被视为信息中不属于“创意”和“知识”的部分，是信息的其中一部分。因此，数据就拥有了特殊的地位，虽然它不能够直接用于社会生产，无法直接生产经济物品，但却能够凭借其属性在社会生产中发挥重要的作用，从而指导经济物品的生产，而这也正是数据作为生产要素的简单表现。王胜利、樊悦认为数据生产要素能够在生产过程中使劳动生产率提高，使价值量增加，从而实现更多价值。

（二）数据成为生产要素的依据

一般情况下我们认为，生产要素是指用于商品和劳务生产的经济资源，而一种新形式的生产要素的引入相对来说都会有一定的过程，理解生产要素的含义也绝不能仅停留在定义层面。首先，如果我们抛弃掉 Jones & Tonetti 的观点，简单地把数据看作数字化的知识和信息，那么这二者就很明显是派生于自然和劳动——信息本身就是自然要素，而知识则是人脑在实践中对信息进行再加工的产物，因此可以说是派生于劳动要素，也就从属于资本，这样从资本直接派生出来的数据也就确实符合生产要素的基本特征。其次，数据的确在现代的生产活动中扮演着相当重要的角色，信息也从诸多因素中分离出来，成为生产力中的一个独立因素来发挥作用。最后，数据本质上是一种载体，记载着客观事物的性质、状态和关系等信息，这从另一个角度来说可以看作人类为了某些目的而发明的一种特殊工具，是人类社会的特殊产物，具有明显区别于传统生产要素的独特性。因此，我们可以认为数据是一种独立的现代生产要素，这一观点从理论上讲是具有科学性的。

二、数据作为生产要素的特征

数据作为生产要素主要有以下四个特性：

第一，数据具有非竞争性。数据可以轻而易举地被复制，并且其传播几乎不需要成本。尤其是多一个人使用数据产品并不会产生拥堵，这就意味着数据至少带有俱乐部商品的特点。更多时候，数据的排他性也难以保证。除非是秘而不宣，否则商业谍战时有发生。这样一来数据甚至有接近公共品的特点。

第二，数据的边际成本趋近于零。首先，数据的传输成本几乎为零，数据的复制成本也几乎可以忽略。其次，随着软硬件的不断迭代，芯片计算能力、计算机存储能力的不断增强，数据的创作成本在不断下降。因而，对于原始数据二次创作的成本也在下降。综合来看，数据相关成本为零。而从事实来看，知识产权保护迟迟得不到改善正是源于此。时至今日，通过云服务传播盗版的行为还不能杜绝。

第三，数据的价值存在不确定性。严格意义上说，数据具有的是事前不确定性，也就是说数据的买方在交易之前如果不了解数据的详细内容，就很难对相应的数据进行估值。然而一旦买方充分了解了数据的信息，那么对其来说该数据的价值就大打折扣。这种情况也被称为信息悖论。另外，数据也存在网络外部性。也就是说使用数据产品的人越多，其价值就越高。然而有很多研究指出，数据规模并非始终体现出规模报酬递增的特点，如数据量对预测的价值达到顶峰之后可能下降。

第四，数据对于不同使用者的效用大相径庭。数据只有被加工才能产生价值，而相应地，数据只有被对应行业企业所获得才能发挥出真正的价值。这就表明数据是有目标人群的，无法成为股票等金融资产在市场上供大众去交易。相反，由于数据牵扯到的潜在交易对手方相对较少，价格机制形成可能更接近拍卖，于是研究数据的交易是十分急迫的。

此外，数据还具有即时性、可再生性、强渗透性等很多与其他生产要素不同的特征，也正是由于这些特别的特征，数据这种新的生产要素得以从另外的角度推动经济的增长。

三、数据对经济增长的影响

（一）数据要素对经济影响的统计问题

首先要说明的是，在考虑经济增长指标时，我们往往会使用 GDP 数据，这一数据能够衡量一个国家和地区的生产能力、市场规模和经济实力。但是，应该明确的是 GDP 的衡量并不会完全表达出数据在其中的影响，数据的作用被一定程度地忽略掉了，这是因为我们在测算 GDP 时往往只参考商品和服务支付的费用，而数据由于自身特点可以认为没有价格，所以不会对 GDP 数据产生贡献。也正是由于这一原因，虽然数据对我们生活、经济影响甚大，但却不会在 GDP 上得到充分展示，某种意义上讲 GDP 已经不适合继续反映一国经济的真实情况。因此，许多学者认为，现有 GDP 统计对数据的低估能够解释部分统计数据所显示的生产率增速放缓的现象。正是由于这样，人们生活中所感受到的科技进步和经济发展也就与统计数据所呈现出的结果相悖，因此这被定义为索洛生产率悖论的新版本，也称为“现代生产率悖论”。虽然一些实证指出，如果把 ICT 技术与数据等新要素带来的潜在经济价值也计算入 GDP，则这种“现代生产率悖论”将不攻自破，但现实中的统计还相对困难，以 GDP 来衡量经济情况仍存在一定问题。

正是由于这样的原因，我们考虑数据要素对经济的影响时就不能够仅仅以 GDP 等指标来对待，而应当从更微观的层面来考虑数据生产要素影响经济的机制。

（二）数据对经济增长影响的微观路径

数字经济之下，企业改变了传统的劳动密集型和资源密集型的经济模式，开始步入知识密集型的经济模式。海量的数据资源提高了劳动生产率，缩短了生产各环节的时间，单位时间内创造的使用价值增加。数据要素具有极大的数据挖掘及分析应用价值，是企业获取经济利润的重要源泉。数据的出现也使得企业提高了自我管理能力，企业决策不再依赖于管理层的意愿，而是基于数据，以数据为导向，能够快速了解到消费者的需求，这拉近了消费者和生产者的距离，提高了二者的效率。甚至有趋势表明，数据资产的出现使得大公司可以处理更多的信息，拥有更低的成本，从而较之小企业有着更快的发展速度。具体来说，数据对经济增长影响的微观路径主要有以下四条：

首先，大数据的发展和应用促进了各个企业开始向数据驱动决策转型，企业的决策不再是由管理层或某个管理者的经验主义而草率做出，而是会高度依据数据分析结果作出科学的判断。从现在的应用情况来看，大数据所产生的数据驱动决策已经带来了更多竞争优势，各企业也纷纷向数据驱动转型，其中以制造业为主，一方面提升了企业绩效；另一方面也与 ICT 资本规模以及技术工人数量等之间相互促进。

其次，数据还能直接提升企业的生产效率。具体来看，第一，数据能够让企业挖掘到更多股东信息，一方面提高组织内部信息的透明度；另一方面可以使企业提供更个性化、更精准的定制产品和服务，从而提升生产效率。第二，数据能够鼓励企业之间的协同创新，如果企业之间的信息能够实现共享，则很可能从整体克服创新的不确定性，试错所产生的总体成本和代价将大大降低，这对企业的未来发展和计划具有重要意义，从而提高整体的效率。第三，通过对生产和销售过程中所产生的数据进行分析，企业也就可以获得对自身经营层面更新的、更优化的指导信息，选取更合理的生产技术来改善经营。

再次，数据通过 ICT 的投入与企业动态和产业组织方式密切相关。一方面，数据促使企业规模扩大，并推动 ICT 技术的进步，这是因为大企业有更多的业务开展和历史发展，而大企业比小企业更擅长利用金融市场中的大数据来降低资本成本，因此构成了一个“数据反馈循环”。另一方面，超级公司的出现也与这种 ICT 技术无形资本上的竞争密不可分，这就以低劳动力带来了高附加值，从而使得市场集中度显著上升和劳动收入份额下降。

最后，数据能够发挥减少信息摩擦的重要作用。随着计算机技术的不断发展，精确的、实时的金融基本面指标将更便捷地提供给专业人士，降低了信息获取成本，减少了信息不对称，提高了金融产品中的价格信息含量，这些新的技术使得行业的基础发生了改变，经营方式和盈利能力得以升级，从而推动了金融行业的全面转型。

四、数据生产要素化促进经济增长的作用机制

（一）数据与其他要素间的协同联动机制

数据作为生产要素参与分配是重要和必要的，而且也是顺理成章的，其也需要遵循马克思主义政治经济学原理和“以按劳分配为主体，多种分配方式并存”的原则。但是数据影响经济的方式同其他生产要素不同，这种全新的要素也需要与其他要素更好地配合，因此我们需要找出更优的将数据与其他要素之间协同联动起来的机制，并探索出关于数据要素的市场化配置机制。王建冬、童楠楠构建了数据要素与其他生产要素协同联动的“五链协同”机制，即“围绕产业链，整合数据链，连接创新链，激活资金链，培育人才链”，以多元异构数据融合为基础，更好地与其他生产要素协同作用。通过“五链协同”，就可以围绕产业链的不同环节，动态连接各链上的不同主体，互相连接互相激活，培育出更适合我国的联动机制，促进数据要素更好地驱动经济发展。谢康等也从产品创新的视角，构建了“大数据资源—企业能力—产品创新绩效”链式中介模型开展实证研究，探索了大数据生产要素化的可能性和实现机制。

（二）数据要素的市场化配置机制

要建立数据与其他要素之间的联动，其配置就应是市场化的。2020 年 4 月 9 日，中共中央、国务院发布了《关于构建更加完善的要素市场化配置体制机制的意见》，明确提出要加快培育数据要素市场，充分挖掘数据要素价值。戚聿东、刘欢欢指出，针对数据参与主体的划分，需要构建多元数据产权体系，并注重改革数据产权体系的实现方式；针对数据参与分配量的界定，需要通过完善并创新数据要素市场的供求机制、竞争机制、价格机制，并根据要素市场失灵现象进行合理规制。但是，这两个目标并不容易实现，数据的市场化配置，不仅要构建数据要素的产权制度体系，还要考虑到进一步完善机制的问题。就像前文中所描述的，数据的确权、定价等一直是学界和产业界的一大难题，数据生产者和控制者之间本就是对立而统一的，隐私权、收益权等各项权利的划分本就充满了矛盾。因此，数据控制者的产权一定要在生产者的约束下配置，逻辑就在于控制者的利益取得大部分来自生产者，作为控制者理应不侵害生产者的应有权利，其产权应当受到限制。同时，在数字经济时代，我们不应仍保留着旧时代的一些落后思想，应当以开放、发展、动态的眼光看问题，从更宽广的角度考虑数据产权体系和参与主体之间的关系，构建更灵活、更合适的数据产权制度体系。最后，在数字经济时代，考虑进一步完善数据产权制度体系的问题，我们还应该进一步利用新技术反哺生产关系，利用现代技术实现数据产权的数字化、智能化升级，从而更好地顺应数字经济的发展，为数据产权的完善升级提供新思路，从而保障经济的高质量发展。

（三）数据要素的反垄断机制

数据生产要素也会面临一些制约，我们也不得不面对一些全新的问题。在数字经济时代，数据的生产、收集渠道范围越来越广，收集的成本越来越低，这种数据的纯积累并不会造成恐慌，也不会让各厂商在这方面形成优势，从而排除其他厂商进入。也就是说，数据的特征本就是不拒绝其他厂商进行复制，数据理论上不一定会构成垄断的风险。但是，由于数据量级的快速增长，数据对于平台的作用日益凸显，平台能够利用数据处理出新的资源，从而形成并维持竞争优势，设置进入壁垒，并拒绝其他厂商进入。这样久而久之，就会出现垄断，不仅会造成更大的损害，也会形成质量、创新和信息安全的隐患。

因此，如何平衡技术创新和垄断之间的关系就成了重中之重，目前的反垄断管制虽可以适用于数据引发的限制竞争现象，但我们也亟须新一代的、更加适合我国国情的制度和体系来对垄断和技术进行监管。数据价值的实现本就依赖于数据共享而实现生产要素的增值，每个参与主体通过自身的智慧对数据进行整合、收集、加工和处理，来形成一个新的、属于自己的数据集，从而创造出更大的价值，促进经济的高质量发展。在这里，数据资产的确权、交易和定价，数字经济的核算就成了争论点，如何对其进行立法修补，如何优化规制进路，还需要我们进一步探索。我们相信，数据这种全新的生产要素会在下一阶段经济中起到举足轻重的作用，基于我国国情的各项建议和政策也将陆续出台，从而实现更好的发展。

第三节　数据资产如何确权、交易和定价

一、数据资产的确权

（一）数据资产的界定

数据是世界运转的痕迹。通过对数据的收集、解构，人类的认知水平不断提高。然而噪声占据了数据总量的很大一部分，并非所有的数据都能够称

为数据资产。作为资产必须符合三点要求：第一，预期能够产生经济利益。第二，能够被企业拥有或控制。第三，形成于企业过去的交易或事项。显而易见，我们可以把数据资产定义为由企业拥有或控制的、预期能够为企业带来经济利益的、在企业过去的交易或事项中形成的、以物理或电子形式记录的数据资源。这样的例子有很多，如网易云里的音乐、支付宝积累的个人消费数据、征信数据等。另外，想要成为会计所承认的资产，必须要保证经济利益流入企业且金额能够可靠计量。很遗憾的是，大部分数字资产并不能符合会计计量的要求，充其量只能反映在企业合并的商誉当中。能够资产化的数据资产都是独辟蹊径的，如 QQ 音乐里面的数字音乐通过版权作为无形资产核算。而类似蚂蚁金服的风控数据，就没有办法界定产权、可靠计量，因而无法被会计所承认。

将以上二者的区别规范化地表述就形成了数据的分类。数据可以分为两类，一类是数字产品；另一类是数据产品。虽然二者仅一字之差，但含义却大为不同。数字产品指的是通过数字化形式保存下来的思想知识创作成果，上文中提到的 QQ 音乐版权就属于此类；数字产品还包括百度文库里的电子文献，Coursera 上的网络课程等。数据产品则是必须通过整合、协同才能发挥作用的一类产品，往往是通过智能设备，如手机、传感器等记录人或事物运动的轨迹、相关信息。我们提到的数据资产在狭义上就是指数据产品。一般来说，前者的产权界定没有什么困难，在实务中运转自如。但是数据产品的产权界定往往有很大困难。

（二）数据资产确权的难点

数据资产的确权就是要解决依附于数据的权利归谁所有的问题。产权问题中最常用的就是科斯定理，即在不存在交易成本的时候，只需要明确产权归属，人们通过市场进行交易就可以自发实现最优的效果。此时产权的归属仅仅改变个体福利状况，而不影响整体的福利水平。倘若果真没有交易成本，或者交易成本很低，那么数据的所有权指定给企业或者生产者（个人）在整体层面上都没有影响。然而问题在于很多时候交易费用高到难以接受。如在隐私保护中，众多的消费者导致交易费用高企，此时将所有权指派给企业或者生产者（个人）将会带来截然不同的结果。学者就数据应该赋权给谁有着不同的看法。有一部分研究指出，如果赋予数据生产者（个人）以数据控制权，那么总体上对数据的分享和交易是有促进作用的。但是更多的研究表明生产者（个人）和企业拥有数据的控制权究竟孰优孰劣取决于一系列参数，因而成为悬案。数据资产归属问题的一个重要症结在于企业和消费者之间的冲突，企业利用数据资产获利，但这一过程往往伴随着对消费者利益的侵害。举例来说，如果企业享有数据的所有权，数据的交易量或许能够达到社会最优的数量，但是企业为了逐利很可能滥用数据、不愿意交易数据。目前比较成熟的做法是将个人信息分为不同隐私和风险等级，赋予自然人不同程度的拒绝权、收益权等控制性权利，赋予数据产品持有者（企业）有限制的占有权来解决数据滥用和数据垄断行为。这一点上，美国早有实践。其在不同行业制定不同的隐私保护法案，其中的分级思想值得借鉴。我国各部委也在加紧制定行业分类标准，典型的有 2020 年 9 月央行颁布的金融数据安全分级标准等。

数据资产和无形资产有所不同。无形资产要求该项资产能够从企业中划分出来，同时其形成源自合同性权利或其他法定权利。数据资产即便可以不依赖固定资产单独存在，但是往往不能满足合同性权利的规定。当然主要原因在于数据产权归属始终得不到认定。特别是数据资产对于不同使用者的效用有不同的特点，导致由于数据资产牵扯到的潜在交易对手方相对较少，价格机制形成可能更接近拍卖，因此，研究数据资产的交易是十分急迫的。

二、数据资产的交易

（一）数据资产交易的难点

数据资产的交易可以通过企业自身作为卖方来实现，也可以通过第三方数据销售商来辅助交易。就我国的实践来看，第三方数据交易体量小、活跃度低，并非主流形式。这跟数据所有权归属不清晰、企业倾向于进行数据垄断不无关系。另外，日渐趋严的数据安全保护和网络安全审查也使得数据挂牌第三方的交易方式不合时宜。从理论上讲，还存在共享数据的可能，也就是免费向某一群体开放数据使用授权。共享数据看起来非常诱人，尽管可能出现共享带来的协同效应，但是从市场竞争的角度看，数据资产主动共享对于企业来说就是一个囚徒困境。另外，政府强制企业进行数据共享很可能会适得其反，带来额外的社会成本。这是因为在强制性法令下，企业有动机去降低共享数据的质量，从而给其他市场主体带来额外的使用成本。具体到数据资产交易的层面，仍然可以分别考察数字产品和数据产品的交易。

（二）数字产品的交易

数字资产的交易方式与博弈论息息相关，主要的形式有捆绑销售、订阅、租赁和拍卖等。捆绑销售非常常见，尤其是在产品协同效应明显的情况下。如苹果公司的操作系统只能在自己公司生产的硬件上合法运行，其实质上就形成一项捆绑销售，而且构成利润的重要来源。订阅付费的方式在音乐软件上很常见，通常是按月收费，在服务期可以访问平台全部的资源。租赁常常与订阅制相配合，以构成价格歧视，尽可能多地榨取消费者剩余。这个过程中的定价机制是一门学问，通常有博弈论的参与。拍卖也是数字资产交易的一种重要手段。最典型的是广告投放中的拍卖，实际上是广告投放商争夺展示内容的位置。这一过程中，广义第二价格拍卖或维克里拍卖被广泛应用。数字产品交易很常见，没有什么困难。

（三）数据产品的交易

数据产品与数字产品不同，往往存在产权不明确、价值难估计、不能摊销等特点，其交易机制还处在比较原始的阶段。特别是数据产品不能一条一条数据进行交易，其分割性不好，这就带来了套利的可能性。无套利定价原则也是数据产品交易过程中考虑的要点。

数据产品的交易可分为直接交易和间接交易，二者区别在于数据提供商对于原始数据加工整理的精细程度。直接交易的典型就是金融数据提供商Wind，只进行数据收集整理，不做深加工，由数据买家自行决定数据用途。由于数据库体量庞大以及众多下载限制，想要实现完全复制是不可能的。当数据产品的价值可预期、部分可知时，可以采用直接交易的形式。一般来讲，数据提供商会免费提供一些数据样本或者试用的机会，以增加数据价值。如果卖家对数据进行再加工，进而形成一定程度的标准化数据，那么这种交易形式被称作间接交易，通常适用网络外部性为负的场景。数据交易通常存在信息悖论、转售等问题，特别是转售行为带给数据资产估值很大的变数。这一现象很难根除，通过密封招标、专利权认证等方法只能在一定程度上缓解此现象，网盘里各种免费资源就是最好的例子。至于使用区块链等技术手段确实可以在一定程度上实现防止转售、规范秩序的效果，但是这些技术本身就有数据隐私方面的问题，至少在现阶段还是概念多一些，落地少一些，可行性是要打个问号的。总而言之，这是一个公认的难题，有待后续解决。

三、数据资产的定价

要交易，自然就要有对价。数字产品定价比较简单且成熟，往往是货币收入和注意力收入的总和。而且市场上有很多现成的定价实例可供参考，公允价值几乎形成。相对来说，数据产品定价困难，不确定性很强，一个重要的表现是数据资产很容易被复制，很难阻止拥有了数据资产的消费者进行复制、分享，从而带来了定价和交易上的困难。数据产品的定价是人们关注的焦点，关于数据产品的定价方式主要有以下三种。

第一，可以通过传统会计学、金融学理论对其定价。视不同情况采用成本法、收益法和公允价值法。成本法也就是采用账面价值，其计量可靠是个优点，但是太过谨慎会造成价值低估，毕竟历史成本不代表真实价值。收益法通过对合同现金流折现取得对价，在各种参数能够有效估计的情况下是比较有优势的。但是折现率如何估计即便在股权估值中也是充满争议的一件事，而多数情况下估值结果随着参数变化大相径庭。公允价值法是通过参考市场上的其他产品进行定价，类似于股权定价中的相对估值法。但是问题在于数据产品交易市场并未建立，而且不同买家对于数据产品的看法迥异，很难确定出一个公允价值来。另外，基于会计的估值方法可能会存在整体低估的趋势。毕竟数据产品也类似一家企业的产成品，在企业预期未来形势不利的时候将会做出推迟生产的决策，将实物期权引入定价过程或许可以改善这一问题。

第二，可以通过信息熵进行定价。所谓信息熵，就是信息量的数学期望，是信息理论的核心。直观地讲，信息熵越大，该事件的不确定程度越低，可以理解为波动比较小，那么自然预测的准确程度会较高。显然，信息内容的信息熵越大，有效性越好，交易价格也就越高。

第三，通过资产的多维特征来定价。这是一种工程学常用的方法，往往通过某种算法提取数据特征。特征包括数据成本、数据质量、数据产品的层次和协同性、买方的异质性等，通过建立数据特征与历史数据的函数映射，以拟合的形式实现定价。人工智能算法在这个过程中也有用武之地，关键在于算法的泛化能力如何。总而言之，对数据产品定价是值得讨论和深入研究的议题。

第四节　数字经济的核算

在数据这一生产要素被发掘和定义，同时数据资产不断为现代生产生活赋能的过程中，两者聚合所形成的数字经济也在不断引起人们的关注。经过过去十多年的长足发展，数字经济对传统经济渗透的深度和广度，超乎我们的想象。如今数字经济对于促进经济增长有着重要意义，其新型的运作模式创造了大量就业岗位，减少了经营模式中的碳排放量，促进了企业数字化转型进程。同时数据作为一种资产，在维护国家安全以及提升中国竞争力等方面也发挥了至关重要的作用。

一、数字经济面临的统计挑战

（一）数字经济产生的变革

近年来，以智能化、数字化为代表的新经济正在中国以及世界范围内蓬勃发展。新的数字经济业态改变了人们的生活方式，颠覆了企业的经营方式，也重塑了宏观经济的运营机制。数字经济时代的兴起给人类社会带来了全方位的革命性变革，生产、交换和消费各个方面呈现出新的面貌：一是数字经济中出现生产方式变革，实体经济与互联网虚拟经济相融合的跨界经营现象逐渐成为主导，从而产生生产组织体系模糊、企业边界模糊、劳动雇佣关系模糊等问题，对传统产业和市场基础造成创造性破坏；二是数字经济在扩大了商品交换空间边界的同时，还提高了交易的效率；三是数字经济带来了个性化消费的产生和增长，改变了传统的消费结构，在产业层面拉动了消费的转型升级。

（二）现行统计体系面临的挑战

在此基础上，由工业社会发展起来的传统的统计体系，显然已经不适用于数字经济。现行的统计体系面临着新的统计挑战，这主要表现在三个方面。

第一，数字经济参与者身份相对模糊。一方面，对生产者的定义越来越模糊。数字技术的广泛使用使得家庭越来越多地执行或参与生产性活动。以往只能由专业化的组织进行的生产活动，如今通过滴滴、饿了么等数字平台，一些个体或家庭经营也可以灵活地进入该市场。例如，以往人们出行要靠公交车或者出租车，如今通过滴滴，拥有私家车的人群可以直接面向有出行需求的人群，为交通运输带来活力与便利。另一方面，消费者界限也变得越来越模糊。传统定义下的消费者的行为也在不断地制造数据，因此消费者从一定程度上来说还是生产者。消费行为也更加多样化，在数字经济下，下载软件等行为也可以看作主动消费的过程。

第二，数字经济下资产的界定范围相对模糊。在数字经济中，数据已经成为重要的生产要素，导致了更广泛的资产范围。传统的生产要素在生产过程中会不断损耗和贬值。然而，技术和数据一旦产生，就会永远存在，并可以长期重复使用，没有损失或折旧。它是一个从 0 到 1 到无穷大的过程。例如，微信和抖音这样的应用被研发出来，一旦算法被开发出来并变成产品，下载它们几乎不需要任何成本，但这些数据资产也会增值。

第三，非正式交易方式的统计存在挑战。以租赁为例，爱彼迎、自如、安居客等打造了线上租赁平台，其中一些非正式交易的出现，为数字经济规模的测算带来了挑战。同时，数字经济中短期租赁的规模逐渐变大，这就扩大了数据测算值与真实值之间的差距。因为在实际中一般使用长期租金进行核算，而短期租赁的租金会高于长期租赁，随着短期租赁规模的增加，这部分误差会变得越来越大。因此，建立有效的核算机制迫在眉睫。

二、传统 GDP 核算方法的核算挑战

（一）传统 GDP 核算方法的不足

在数字经济对传统制造产业的影响下，由制造业主导的传统经济的一些底层逻辑必须得到重新审视，其中最为突出的就是 GDP 统计方式的合理性问

题。尽管数字经济的前景一片大好，但遗憾的是，在各国当前的 GDP 统计数据中，尚未显现出数字经济的核心主导地位。如何对数字经济下的 GDP 进行可靠的计量仍然是一个值得关注的问题。经济一直处于不断变化的进程中，过去的 GDP 统计方法显然已经不适用了。但是正如我们所见，如今许多经济学家都还在使用多年前的 GDP 统计方法。这种方法是不科学、不准确的，具体来说，主要表现在两个方面。

第一，在数字经济下，有相当一部分未被计入当前 GDP 统计数据中。现在的经济活动大都是用货币进行衡量的，然而在数字经济中，我们使用的一些服务都是免费的。例如，微信、QQ 等软件都是供用户免费下载的，通过这些软件发送信息也仅需要少量的流量费，与之前相比几乎没有通信成本。同时我们在百度等浏览器上搜索、通过电子信箱发送邮件，使用云盘存储信息、在大众点评或者美团等软件上查看各种商店的评价，等等，几乎未付出以货币计量的成本，所以这些没有被计量在 GDP 的数据中。但是事实上，这些产品或者服务都是有成本的，厂商需要维护支撑的设备，同时需要将大量的金钱投入广告中，我们也付出了时间成本和隐私数据。

第二，以往被统计在 GDP 数据中的一部分现在则不再适用。数字经济下，以往需要收费的内容，现在则由一些互联网公司免费提供，因此某些传统产业或者业务正在被削弱。例如，曾经热销的 GPS 导航产品的销售额正在被快速增长的免费导航应用压缩，Skype 也对国际电话业务产生了巨大威胁。

（二）传统 GDP 核算方法产生的后果

由此引发的一个问题就是，数字经济的出现造成 GDP 规模的漏统计和增速被低估。在 20 世纪实体经济时期广泛应用的 GDP 统计方法已经不再是衡量经济的准确方法，不再适应当今快速创新的、趋向免费的、数字化的数字经济。在如今这个发达的世界经济中，有 70% 以上的部分是由消费和服务主导的，但是这一部分的价值却没有很好地体现在现有的经济学统计工具中。正是由于数字经济的信息特征，企业在产品定价、商业模式设计、竞争策略和企业增长方面，会发生翻天覆地的变化，而且这些变化会直接影响到整个宏观经济，影响到 GDP 的统计。数字经济对以核算名义的产出水平和物价水平都产生了巨大的挑战，因此需要及时对 GDP 的核算方法进行改进。

三、数字经济的核算思路

目前，对数字经济规模进行测度的方法尚不明确，存在方法论和技术上的困难。当前数字经济内涵与外延都存在争议，数据产品和数字产品之间的分界模糊，国内外对相关问题的定义也有差异。现有的分类很难反映数字活动和产品的增长，可能造成会计核算缺失数字活动过程中带来的真实产出，从而忽视了数据本身的价值。然而，如果在尚未达成共识的前提下将数字经济纳入 GDP 的核算，那么会造成数据的不可比，从而引发更大的问题。为了对数字经济进行更加准确的会计核算，需要同时兼顾宏观与微观两个方面，以期建立一套逻辑严谨、实事求是、实践可行的数字经济核算框架。

宏观层面，数字经济核算的前提是要能够区分数字经济内部各种参与主体以及各主体之间的交互。为了能够打造一套科学严谨的核算框架，首先且非常有必要的一点就是对数字经济进行界定。数据、算法等信息技术产物对社会生产生活的影响可以大体分为三类：一是对实体产品或服务交易产生的影响。这一方面的典型代表就是电商，如淘宝和拼多多。二是交易内容也被数字化了，尽管存在争议，比特币仍然是 21 世纪以来引人注目的金融现象之一。而比特币就是一种完全数字化、无实体的交易内容。三是对生产过程的数字化改造，也就是老生常谈的“科技为生产赋能”。这种情况在社会生活中如火如荼地开展起来，不再赘述。

数字经济界定工作完成后，就要识别核算主体。核算主体可以通过其参与数字经济活动的程度与特征来进行分离。互联网时代家庭部门正在扮演越来越重要的角色，特别是在数字经济领域，居家办公完全可以实现接近公司办公的效果。然而国民经济核算中，此类私人部门生产活动是不纳入统计的。这就会使得对失业率的统计存在高估的可能。对于这一类辅助性活动，当达到一定规模后，其信息质量自然会有所提高。此时应该对辅助性活动进行单独核算，当然这要在技术条件得到满足的情况下进行。最后是界定产业活动。数字经济核算应该被当作宏观经济核算中的一员，因而根据数字经济核算范围来明确数字经济的产业分类是后续核算的基础与前提。通常情况下，数字经济生产活动可以被分为四个产业大类——数字经济基础设施产业、数字服务产业、电子商务产业以及数字化信息产业。

微观层面，现有的统计方法还不能有效地衡量数字经济活动，因此有必要改进统计计量的思想和方法。在国民经济核算过程中，三大产业的核算方式有所差异。农业和工业核算由于产出是明确、具体的，所以适用生产法；而服务业的收入数据水分比较小，所以进行核算时选用收入法。数字经济与实体经济早已融为一体，所以其在三个产业中都有涉足。对数字经济的核算自然也要根据产出分类的差异适用不同的方法，同时还要考虑中间产品的价值计量问题，因而最终核算方法的选择可能与传统国民经济核算不一致。

四、数字经济的核算方法

（一）现有的数字经济核算方法

围绕数字经济核算方法这个难题，国内外学者已经开展了大量研究，并且取得了初步的成果。当前对数字经济进行测算的方法主要有两类。第一种是对比法，通过监测关于数字经济活跃程度的指标等，比较不同地区之间数字经济规模的相对差异。第二种是直接法，也就是根据前文所述的界定、识别等步骤，直接加总计算出一定区域内的数字经济规模。

当前国内比较完善的核算方法则涵盖了生产方面的核算和收入分配的核

算，在对核算过程中遇到的困难进行详细分析的基础上，通过构建一个具有跨国可比性的数字经济卫星账户架构来对数字经济进行核算。所谓卫星账户，就是核心核算体系，如 SNA2008 的附属核算体系，其构建以国民账户体系（SNA2008）为基础。对于现有核算体系未包含的相关经济活动，建立专门的核算账户，对数字经济这一特殊的主体，从供给开始追踪，同时关注整个过程中的资本投入、生产等信息。数字经济卫星账户重点关注细分领域和关键部门，对于数字经济和核算具有重要意义。

（二）数字经济核算方法的实施要点

如前文所述，在完善数字经济核算框架的过程中，应该重视以下四个问题：一是如何规范数字经济统计范围；二是如何确定数字产品分类；三是数字经济指标体系应该以何种方式构造；四是数据调查方式相对传统流程有哪些创新和差异。在具体实施方面，要尽量做到以下 3 个方面：

第一，派生出的数字经济核算框架必须与现有国民经济核算方法相协调，不然宏观数据就会失准、有偏。在这个原则下，倘若不能制定出国际通用的准则，那么本着“如无必要，勿增实体”的理念，就不能把数字经济与现存宏观数据加总或糅合，而只能作为卫星账户之类的补充参考指标。毕竟 GDP 之类的统计指标创立的初衷之一是“可比”，在没有充分论证的前提下，不宜随意变更计量方法。

第二，充分借鉴和吸收国外经验，但需注重本土与国际相结合。我国经济统计工作较发达国家还有一定差距，目前只是国际准则的被动接受者，而且存在着许多与国际准则不接轨之处。在这种情况下，就必须实事求是，找到符合基本国情国策的核算方法。

第三，鉴于数字经济生产核算涉及的领域较广、层次较复杂，不同层级的核算工作难度差异较大，采用由简入深、从易到难的办法比较容易取得进展。“摸着石头过河”向来是新中国建设过程中的重要原则，要先进行数字经济核算的试点，在小范围内进行测试，待到时机成熟之时再进行全局性的推广。

总而言之，数据被誉为 21 世纪的石油，作为新的生产要素极大提高了社会生产力，也催生了欣欣向荣的数字经济。然而，现行的国民经济核算体系无法完整反映数据发挥的作用以及数字经济的蓬勃发展状况，有必要创建一套新的核算方式以适应生产力的发展。尽管在这个过程中存在很多技术性困难以及标准、范围的模糊，但是面对新的业态模式如何准确计量生产活动这一问题始终是无法回避的。当今世界正经历百年未有之大变局，我国在数字经济领域的领先地位无可撼动，这更彰显出构建全新的核算体系的必要性。随着数字经济核算方法的构建与完善，我国长期以来被动接受国际核算准则的情况也将扭转。

第五节　结论与政策建议

本文通过探究数据作为一种新的生产要素对经济影响的机制，数据资产相关问题以及数字经济之下传统 GDP 的核算问题，形成了以下结论：

一是数字经济时代下，数据要素和传统要素之间若想实现联动协同，数据的配置就应是市场化的。这种市场化使得劳动力从简单的体力劳动中解放出来，利用智力不断形成联动，进而促进经济的高质量发展。而要想实现数据的市场化配置，不仅要构建数据要素的产权制度体系，还要考虑进一步完善机制的问题。

二是数据资产面临着产权定义的困难。我们把数据资产定义为由企业拥有或控制的、预期能够为企业带来经济利益的、形成于企业过去的交易或事项的、以物理或电子形式记录的数据资源。数据分为数字产品和数据产品。数字产品指的是通过数字化形式保存下来的思想知识创作成果。数据产品则是必须通过整合、协同才能发挥作用的一类产品，往往通过智能设备记录人或事物运动的轨迹、相关信息。我们提到的数据资产在狭义上就是指数据产品。一般来说，数据产品的产权界定有很大困难。

三是数据资产归属于企业或者生产者（个人）会有不同的结果，这也是现实中数字产权确权的关键问题。数据资产的确权就是要解决依附于数据的权利归谁所有的问题，将所有权指派给企业或者生产者（个人）将会带来截然不同的结果。目前比较成熟的做法是将个人信息分为不同隐私和风险等级，赋予自然人不同程度的拒绝权、收益权等控制性权利，赋予数据产品持有者（企业）有限制的占有权来解决数据滥用和数据垄断行为。

四是数据资产在交易中面临着谁来主导交易的问题。数据资产的交易可以通过企业自身作为卖方来实现，也可以通过第三方数据销售商来辅助交易。就我国的实践来看，第三方数据交易体量小、活跃度低，并非主流形式。这跟数据所有权归属不清晰、企业倾向于进行数据垄断不无关系。另外，日渐趋严的数据安全保护和网络安全审查也使得数据挂牌第三方的交易方式不合时宜。从理论上讲，还存在共享数据的可能，也就是免费向某一群体开放数据使用授权。

五是数字经济发展下，新业态新模式不断涌现、产品质量加速提升、隐形福利持续增多等为准确核算国民经济增加了难度。一方面，在数字经济下，有相当一部分未被计入当前 GDP 统计数据中。另一方面，以往被统计在 GDP 数据中的一部分现在则不再适用。由此引发的一个问题就是，数字经济的出现造成 GDP 规模的漏统计和增速被低估。在 20 世纪实体经济时期广泛应用的 GDP 统计方法已经不再是衡量经济的准确方法，不再适应当今快速创新的、趋向免费的、数字化的数字经济。

基于以上结论，本文提出以下政策建议：

第一，合理界定隐私。数字经济之下，数据具有重要的商业价值，但是数据产权的归属暴露出了很大的问题。企业所使用的数据在很多时候是会侵犯消费者的隐私的，而消费者几乎无法从这种数据供给中获利，甚至承担了很高的风险。政策制定者应该在个人隐私权益和经济收益之间进行合理取舍，一方面注重消费者个人的隐私保护，将这些数据置于法规监管的框架中。另一方面，在涉及公共卫生、国家安全等问题上，当预期数据的收益远远大于其带来的隐私风险时，倾向于认定这种数据的使用是合法的。

第二，在交易机制设计中考虑社会福利最大化。目前在数据的交易中，主流形式包括企业和消费者自身的交易，或者引入第三方作为中介。但是无论是哪种方式，尚且没有文献提出一种合理的交易机制，在整个交易中总会有人的福利受到损害。政策制定者应该进一步探讨数据作为一种新的生产要素的经济学含义，设计出更加完善的市场机制和政策手段，在公平和社会福利中达到平衡。

第三，解决交易中的信用问题。在数据的交易过程中，还会涉及商品经济的信用关系。因为数字经济时代，商品交易从线下转移到了线上的虚拟环境中，因此也就更容易出现违约等行为，透明化的交易过程和监管机制成为必要。

第四，引入新兴技术。数据交易中存在信息悖论、信息不对称等问题。传统的交易技术在一定程度上能够解决一部分的问题，新技术的发展也对上述问题给出了新的解决方案。区块链可以通过去中心化、分布式的方式，记录发生在系统中全部信息交流的数据，保证交易的真实性和合法性。政策制定者可以通过区块链等新兴技术来解决数据资产的交易问题。

第五，改进现有的核算方法。首先要清晰地定义数字经济时代参与 GDP 核算的各类主体，所覆盖的行业以及涉及的交易类型，将合理的交易纳入整个 GDP 核算的框架。现有的统计方法还不能有效地衡量数字经济活动，因此有必要改进统计计量的思想和方法。数字经济虽然本质分布在农业、工业和服务业三大行业，可以部分参考传统 GDP 核算的方法，但是数字产品在生产会计核算时，与传统的产品有所不同，所以又区别于传统的生产核算。

随着数字经济的发展，数据生产要素核心地位增强，相关研究也将越来越深入，相信本文提到的问题也将得到更好地解决。

第十章 加速数字政府与现代财政的地方体系建设推进县域治理“三起来”①

为遵循习近平总书记关于县域治理“三起来”的重大要求，创新县域高质量发展思路，顺应数字时代潮流与数字经济发展趋势，加速地方政府数字化建设与协同推进地方财政治理现代化已经成为各地方经济社会发展的重要使命，不仅为党的十九届五中全会提出的建设数字中国与释放数字化活力做出贡献，也是地方体系下基层县域政府数字治理与县域现代财政制度构建的发展契机与时代价值。

① 本章由以下三篇文章整合而成：张冬梅．加速数字政府与现代财政的地方体系建设推进县域治理“三起来”[J]．新理财（政府理财），2021（9）；张冬梅，闫利光．加速地方政府数字化转型的对策研究 [J]．北方经贸，2021（9）；张冬梅．加速推进县域财税治理数字化转型研究 [J]．财政监督，2021（22）．

第一节　地方数字政府与现代财政是县域治理“三起来”的坚实基础与重要支柱

一、把强县和富民统一起来重在发展县域数字经济与提供智能化公共服务

（一）地域性与开放性决定发展数字经济是强县与富民的必然选择

一方面，相比城市经济，县域经济的比较优势在于地域性的资源禀赋与环境品质[①]，资源禀赋有利于发展特色优势产业，环境品质有利于留住与吸引各类人才。只有充分利用特色禀赋的自然资源与社会资源，形成特色优势的县域产业经济与经济发展格局，与充分利用不可贸易的适于生产生活的自然环境与社会环境，形成县域幸福家园与高质量发展格局，县域经济社会发展才具有竞争优势。另一方面，新发展理念下的县域经济发展必然具有开放性，意味着县域内具有流动性的生产要素也不必然服务于本县域，为充分利用县域辖区内部及吸纳聚集县域外部的生产要素，县域政府无疑要积极引导与合理布局。在数字时代，数字经济这一新经济形态应运而生，是建立在大数据、云计算、物联网、区块链、人工智能等新一代数字技术基础上的，突破了固有的时空限制和传统产业边界的新经济模式，能大幅减少中间环节与降低交易成本，实现各类市场主体的广泛连接与密切协作[②]，还能促进市场规模优势的发挥与市场需求潜力的释放。为县域能够把握发展契机，亟须在县域内构

① 这里的环境品质，有学者称地方品质，是指各地方空间上不可贸易的消费品数量、多样性、质量和可及性的总和；主要由四个方面构成，一是丰富且高品质的消费环境；二是令人愉快的社会交往环境；三是优美的实体环境，包括人文和自然环境以及城乡风貌等；四是包括制度在内的高速便捷的交通、基础设施等。参见杨开忠 . 提升地方品质驱动城乡建设高质量发展 [N]. 中国建设报，2021–01–21（005）.

② 左鹏飞，姜奇平，陈静 . 高质量发展视角下的数字经济与经济增长 [J/OL]. 财经问题研究，2021–03–11；https://kns.cnki.net/kcms/detail/21.1096.F.20210310.1738.002.html.

建以数据为关键生产要素的数字经济生态，通过大数据技术引导与实现县域禀赋资源的快速优化配置，形成县域具有核心竞争力的特色优势产业，因此，县域经济数字化转型与升级尤为必要，是从经济发展思维到技术应用的全部数字化转型，是县域实体经济与数字经济的融合化发展；否则，数字时代下的县域经济竞争优势难以发挥。

（二）发展数字经济的过程伴随着县域政府提供智能化公共服务的过程

数字经济的发展要素主要包括数字技术、数字设备，以及其他数字化中间品和服务等多项投入；概莫能外，县域政府要为传统的实体经济数字化转型提供相关公共基础设施及相应公共服务，实际上也同步为县域辖区内的民众生活提供相应的数字化公共服务，主要包括三个方面：其一，县域内固定宽带网络和移动宽带网络的规模部署及其系统的演进升级，建成与县域外顺利对接的数据中心，通过数据中心的整合，引导与规范县域内企业的数字化建设，引进与支持县域外的企业进驻或产业链延伸；其二，县域政府电子政务平台建设，同时利用线上线下相结合的方式，为企业与民众提供便利、可及的一体化的公共行政服务；其三，交通运输、网络等公共基础设施上数字化设置与建设，并借助人工智能导航技术、传感技术等提高公共基础设施的资源在线水平。“县的强”与“民的富”还体现在“县”能够提供与“民”能够享受高质量的智能化公共服务。

二、把改革和发展结合起来重在驱动县域数字治理与创新公共服务供给模式

在数字时代，参与县域经济社会发展的企业、民众等多元主体对县域数字治理①的诉求越来越多，众多强烈诉求推动地方政府把改革和发展的重要

① 这里采用广义的数字治理则是指对数字信息的治理、基于数字信息的治理体系构建运行和运用数字信息对经济社会民生治理的总和。参见刘俊祥，曾森．中国乡村数字治理的智理属性、顶层设计与探索实践 [J]. 兰州大学学报，2020（1）：64-71.

结合点聚焦在建立服务型政府的县域数字治理与创新公共服务供给模式上。

（一）满足多元经济主体的数字化公共需求亟须数字政府的数字治理

数字治理实质上是通过数字技术实现传统公共行政向现代公共治理转变的一种新手段和新工具，即通过广泛运用政府网站、社交网站和大数据、物联网、云计算、人工智能等数字技术，追求治理手段的“数字化”“网络化”“信息化”“智能化”①。通过把治理理念融入地方政府治理体系，结合互联网、大数据等数字技术的应用，加速形成数字化的公共服务运行新机制，实现政企互动、政民互动及多元互动的及时回应，借助技术创新实现体制机制创新，驱动地方政府将治理与创新有机结合。

县域数字政府是地方数字政府体系较基层的组成部分，其数字化转型需要在地方政府（省级）顶层设计和战略规划下，进一步深化“放管服”改革，结合县域建设实际，构建“数云集约共享的数字化基础、智慧技术创新的数字化平台、政务一网通治的数字化业务、赋能应用场景为主线的数字治理新政府”②。数字化转型后的县域政府在满足数字化公共需求方面不仅效率提升更快与行政成本降得更低，而且能在民主参与、公共政策、多元互动合作等方面更好地实现共治的价值目标，进而实现社会治理的精准化和智能化，提升县域政府公共服务能力，切实为企业发展数字经济服务。

（二）数字政府的数字治理驱动县域公共服务供给模式创新

县域政府的数字化平台建设驱动了公共服务供给与需求两侧双向沟通瞬时有效的子平台系统建设。从“便利、快捷、普惠”的角度出发，减少公共服务对象办事所需的材料和流程，建起“通办、统管、共治”的网络一体化在线公共服务平台，企业与民众可以通过“掌上”移动互联快捷进入公共服务平台，发送或反馈个性化、多样化的公共服务需求信息，政府通过线上线

① 黄建伟，刘军．欧美数字治理的发展及其对中国的启示 [J]. 中国行政管理，2019（6）：36–41.

② 陈戈．论剑数字政府建设 [J]. 中国信息界，2020（12）：34–37.

下能够及时精准地提供可获得、立体化、体验丰富的智慧服务。数字政府建设驱动创新公共服务供给模式主要有三种：一是驱动供给理念的转变与革新，公共服务的供给理念由原来的“管理”转变为“服务”，主动供给，创新供给，提升公共服务能力，把“全心全意为人民服务”贯彻到公共服务供给的全过程中，进而驱动公共服务供给机制创新；二是驱动供给内容进一步精细与丰富，数字政府能够及时准确地获取企业与民众的公共需求信息，在数字技术的支持下，对相关信息通过系统性地收集、整理、分析、挖掘等，使得公共服务的具体内容更人性化、个性化、均等化与智能化；三是驱动供给方式变“一元”为“多元”参与的协同共建方式，数字政府的建设通过利用大数据驱动政府与市场、政府与社会及政府内部组织结构的深刻变革，形成政府、市场与社会等多元主体结构上互动、功能上互补、机制上互联的供给体系，在数字政府的推动下，各主体分工合作，形成政府规划布局与宏观指导、企业微观运营与技术支持、社会参与意见表达与监督①的三方协作模式。

三、把城镇和乡村贯通起来重在县域产业数字化转型与均等化供给城乡公共服务

（一）数字化产业加速城乡要素双向流动促进城乡融合发展

相比城镇，乡村的要素更为分散与缺乏活力，为提高振兴乡村的发展格局，要把城镇与乡村贯通起来，加速城乡要素双向流动，推动高质量的城乡融合发展，结果必然促进乡村振兴。党的十九大提出乡村振兴战略的关键在于全面深化农村改革，采取有效措施鼓励引导城市的资本、人才和技术下乡，并且要有产业支撑，产业兴旺，乡村就兴旺，区域就兴旺，经济就兴旺②。数

① 吴克昌，闫心瑶．数字治理驱动与公共服务供给模式变革——基于广东省的实践 [J]. 电子政府，2020（1）：76-83.

② 魏后凯．实施乡村振兴战略的三个关键点与三大难题 [EB/OL]. 中国网，2018-2-26，http://www.gdupi.com/Common/news_detail/article_id/2105.html.

字化的产业一定程度上超越了时空的约束，产业数字化转型是激发农村资源、要素和主体的重要契机，加速了各个要素的资源整合，有利于推动资本、数据要素的跨区域、跨部门、跨行业流动，打破城乡藩篱，在城乡开放的环境下推进城乡融合。加速县域产业数字化转型，更有利于传递县域产业独具特色优势的资源禀赋与环境品质，不仅有利于把县域内农村资源、要素和主体全面激活，而且有利于吸引县域外乃至国外的要素包括资金、人才、技术流向县域内甚或流向农村，发展现代高效农业和推进农村产业融合发展。因此，数字化产业发展可为城乡融合发展及乡村振兴建立一个强有力的基础与支撑。

（二）数字乡村与智慧城镇同步建设推进城乡公共服务均等化供给

为城乡公共服务均等化供给具有及时详尽的相关数据，数字乡村建设尤为必要，且要与智慧城镇建设保持同步。在推动“数字乡村”建设上，近几年我国先后发布“实施数字乡村战略”的多项部署，包括制度规则建设及硬性基础设施等内容[①]。对县域辖区内的乡村而言，最直接与最务实的是新基建领域如 5G、人工智能、物联网等重要数字化转型必备的公共基础设施投入与建设，这也是支撑县域产业数字化转型与民生性公共服务的重要基础设施；另外，城乡公共服务均等化供给不仅保障城乡居民权利平等，而且有利于城镇的竞争性要素尤其是人才流向乡村。在数字时代，只有加速数字乡村建设与乡村数字化公共服务协同供给，才具有构建乡村现代化治理体系与构建现代乡村产业体系的基础。

① 2018 年 1 月 2 日发布的《中共中央　国务院关于实施乡村振兴战略的意见》，又称“2018 年中央一号文件”。2018 年 7 月，国务院印发《关于加快推进全国一体化在线政务服务平台建设的指导意见》（国发〔2018〕27 号）。2019 年 5 月 16 日，中共中央办公厅、国务院办公厅印发了《数字乡村发展战略纲要》。

第二节 地方体系建设下县域政府数字化转型路径

在我国多级政府体系中，与中央政府相对的地方政府实行的是“省（自治区、直辖市）—市（地区、自治州、盟等）—县（市、旗等）—乡（镇等）”的四级地方政府体制①。由于我国不同区域经济社会发展差异显著，各地方的政府管理体制也略有差异，显然，从中央到地方乃至地方基层垂直一体化的数字政府建设，无法体现包容差异，也不适宜当下的“放管服”行政管理体制改革。目前，我国已有一些省区市在积极探索数字政府的建设，相对走在前列且地区经验较丰富的有广东、浙江、上海等地方，鼓励各地方积极探索契合自身实际的数字政府建设。在遵循全国数字政府相关信息技术兼容与数据标准统一的基础上②，为切实保障省（自治区、直辖市）域内“纵向到底及横向到边”的地方数字政府整体建设及信息系统的互联互通，各地方要进行整体性的战略部署与本地方各级政府的主动合作。

一、地方省级政府完善本地方数字政府整体联动机制

地方顶级政府对实现中央政府的执行性职能与体现地方政府的管理性职能均具有信息与治理能力的双重优势，能够兼顾前瞻性与系统性；因此，理所当然由地方顶级政府组织本地方数字政府建设的整体设计；显然，这是位

① 虽然从总体上看，我国实行的是四级地方政府体制，但在个别地区，地方政府的层级却各不相同。新疆维吾尔自治区的伊犁哈萨克自治州下辖有塔城和阿勒泰两个地区，各自又下辖有县，形成了五级地方政府体制；在京、津、沪、渝等直辖市的郊区以及海南经济特区，地方政府的层级为三级；而在京、津、沪、渝等直辖市的市区，地方政府的层级只有两级。参见王玮．地方财政学 [M]，北京：北京大学出版社，2015：6–7.

② 市场监管总局办公厅、中共中央办公厅机要局、国务院办公厅电子政务办公室、中央网信办秘书局、国家发展改革委办公厅、工业和信息化部办公厅六部委印发《国家电子政务标准体系建设指南》；《中华人民共和国电子签名法》（2019 年修正）；以及中国信息通信研究院和阿里巴巴（北京）软件服务有限公司牵头，中国行政体制改革研究会、紫光集团有限公司等单位参与，共同编写完成的《数字政务服务平台技术及标准化白皮书》等相关规则。

于地方政府体系顶级的省级、自治区级与直辖市级政府（全文统称为省级政府）必然要承担的重要使命。

（一）集思广益的地方数字政府顶层制度设计

首先，要结合本地方经济社会发展实际与地方政府体系实际，构建从省级到县级甚至乡镇级的信息化管理体制与联动机制，整体设计要按照垂直一体化原则实现省级、市级、县级甚至乡镇级的整体布局，切实保障创建与运行中的数字技术兼容与数据信息共享。其次，以法律制度的形式明晰界定地方各层级政府的权责分工，从根本上破除因纵向权力结构、地方属地管理、部门条块分割引起的数字政府规划碎片化局面，在数字化操作运行顺畅及安全保障方面完善制度规范，尤其是数据安全保密机制，要保障多维联动的网络安全，要建立立体防护的网络安全体系。最后，从地方政府体系的顶层上构架引导市场、社会参与的多元共治模式，如为充分发挥多元主体各自专长，可以采用政府管理、企业运营、社会互动与监督的数字政府运行体系，学习借鉴“数字广东”的“管运分离”模式与“3+3+3”建设模式①。要充分发挥各地方龙头地区地方政府的带动作用，结合本地方治理特色，创新创建适合的数字政府建设方案。

（二）省级政府在辖区内优化配置数字资源与有效激励下级政府

一方面，在地方政府系统中，一般是省级政府具有更高的资源配置能力，在竞争激烈的市场中选择对本地方数字政府建设最适宜、最契合的数字技术运营合作伙伴（企业），指引省以下各级政府与企业协作、共商建立本辖区统一的建设模式，包括大数据管理池、数据清洗处理机制、数据共享机制、数据使用反馈机制等。各地方省级政府可根据辖区不同的发展水平合理规划，

① “3+3+3”建设模式即公众通过“粤省事”App 和政务服务网获取服务，企业法人负责打造一系列的技术解决方案，而公务员则利用协同办公交流平台交流。参见朱锐勋，王鹏．地方政府数字化转型模式探讨——基于广东省数字政府实践 [J]. 贵州省党校学报，2020（4）：71-78.

实现数字资源的优化配置，稳妥有序推进本地方数字政府建设。另一方面，数字政府的数字化运行全过程留痕，省级政府对下级政府绩效管理指标设计中要包括对地方各级政府数字平台运行全过程数据留痕的科学考核，确实实现阳光政府的决策可信度；并实行领导责任（终身）追究机制与安全监管机制，激励与约束地方各级政府领导决策的客观公允。

二、地方省域内各级数字政府建设的协作配合与互助互促

（一）省域内各级政府的协作配合加速地方数字政府的一体化建设

省级政府积极促进辖区内各级政府进行现有各项业务的数字对接，互联互通与数据共享，加速具有整体性与系统性的地方数字政府一体化建设。首先，辖区内“一网通办”的电子政务服务，即推进省域辖区内的政务服务数字化，地方各级政府包括乡镇村的政务服务由线下转变为数字化的线上，只有省以下各级政府积极协作配合，才能加速本省域数字政府的建设进程。其次，“一网统管”的“智慧省域”建设，即在省域辖区内运用人工智能等先进数字技术服务于省域各项服务的“智慧化”运行，包括物联管控便利的触觉可及、智能深入分析的听觉可及、场景视频管理的视觉可及等数字平台建设，提供智能化的公共服务。最后，“一网共治”的多元协同数字治理，即以数据驱动、多元参与互动的方式形成政府治理科学决策，运用数据思维，融合数字化业务，把数字治理的范围拓展到生产生活的各个方面。

（二）省域内各级政府的互助互促提升地方数字政府的建设成效

我国不平衡不充分发展的矛盾也存在于同一省域内，因此，省域辖区内各级政府在数字政府建设过程中要相互支持与援助，这样既节约成本，又提升建设成效。首先，上级政府对下级政府同样秉承服务型政府的理念，参与到积极支持与援助下级政府的数字化业务中去，积极与现有业务系统对接，开展模块化设计的改扩建等。其次，同级政府要相互帮扶与相互促进，各级

政府之间统筹谋划，做好需求分析，共商有无，完全可以通过协议模式，无偿或有偿采用软件转让，各选所需相应模块，共建开放平台，推广共享个性化应用，降低开发成本，避免重复投资。最后，下级政府尤其是欠发达县市政府实事求是表达需求与寻求帮助，并考虑开拓资金筹集渠道与创新运营机制，积极探索与社会资本合作，依托信息技术企业和相关智库人员提升平台运营效果等。

三、加速县域数字政府的城乡一体化建设

在地方政府层级结构中，县域政府是隶属上级省区市政府与下辖乡（镇）村政府间的中间环节，是对城乡融合发展与乡村振兴负有直接责任的基层政府；而数字县域是统筹发展数字乡村与智慧城市的中枢链接与结合桥梁，在城乡融合发展格局与布局中起关键作用；因此，加速县域数字政府的城乡一体化建设，对加速地方各级政府间的信息共享、快速反应、协同联动起重要作用。

（一）加速数字乡村建设弥合城乡信息鸿沟

数字乡村是伴随网络化、信息化和数字化在农业农村经济社会发展中的应用，以及农民现代信息技能的提高而内生的农业农村现代化发展和转型进程①。数字乡村建设是长期系统工程，在上级政府指引下，县域政府不但要高效执行，还要勇于创新。首先，大力提升国家级投资基金与地方财政资金使用效益，加快乡村信息基础设施建设，提升乡村网络设施水平，完善乡村信息终端和服务供给，加快乡村基础设施数字化转型。其次，加强城乡信息资源共享、整合与利用，统筹整合乡村已有信息服务站（点）资源，促进数字乡村与国内外其他区域进行广泛的交流与合作。最后，提升乡村数字治理能力，提高农村经济社会综合治理精细化、现代化水平，在县域政府大力支持

① 中共中央办公厅、国务院办公厅印发了《数字乡村发展战略纲要》，参见 http://www.xinhuanet.com/politics/2019-05/16/c_1124504231.htm。

下，推进农村信息平台建设与在线政务服务。

（二）县域政府数字化城乡一体化建设的细化与拓展

首先，在地方数字政府建设框架下，就县域数字政府运行子系统的设计要厘清不同县域政府的共性与差异，就显著区别于其他县域经济社会发展所需的运行模块，其设计考虑由本县域政府自行设计或重点考虑其建议。其次，体现县域政府治理精细化的个性与特性模块不仅是简单嵌入而且是深刻融入地方数字政府运行体系中，实现基层城乡地区差异性偏好的数字公共服务全覆盖。最后，对县域政府从事数字治理的专业人士进行专门培训，逐渐提升全县域政府职员的数字治理能力，为创造数字产业、数字经济的数字运营环境及辖区公众提供线上线下全方位的服务，提升县域政府治理效能。

第三节　地方体系建设下县域财政现代化转型路径

我国地方财政的行政级别是“一级政府、一级财政、一级预算”①，自2002年财政扁平化改革后，部分地方财政实行“省直管县与乡财县管”，使得各地方财政管理体制差异更为显著。就地方财政体系而言，对上是中央财政而对下是地方财政，顶级的省域财政共性大且实力强，而县域财政是个性强且实力较弱的基层财政②，其运行体系又是地方财政运行体系的基层组成部分，因此，县域财政现代化建设是内嵌于其隶属的地方财政现代化建设体系中且要选择发挥其自主性的路径。

① 参见《中华人民共和国预算法》（2018年修正）第三条。

② 在我国政府垂直纵向的行政隶属关系中，县级政府主要是指县、自治县、县级市、旗、自治旗以及市辖区、林区、特区政府；本文界定的“县域财政”是指与我国县级政府相应的一级财政，通常的“县”一般作为农业为主的行政区域，以城市为主要辖区的县级行政单位，通常改称为市或者市辖区；本文中的县域财政即是与《中国县域统计年鉴2018》中同级政府相应的一级财政，2017年的县级行政区域共计2079个。

一、基于“金财工程”改造升级的地方事权明晰与县域财政支出结构优化

（一）“放管服”改革下对“金财工程”的地方财政运行模块改造

“金财工程”即政府财政管理信息系统（GFMIS），是利用先进的信息技术，支撑以预算编制、国库集中支付和宏观经济预测分析为核心应用的政府财政管理综合信息系统，是一个覆盖全国各级财政部门和财政资金使用部门的纵横向三级网络系统①，是一项统一性②、复杂性与技术性等都很强的系统工程。因此，要考虑到全国各地方经济社会发展差异，涉及地方财政管理体制改革与细致管理工作的各个方面，积极践行“放管服”改革，在确保与中央财政完全对接的情况下，允许对“金财工程”的地方财政运行模块进行因地制宜的改造，旨在结合各地方实际实现“功能财政”与“绩效财政”。

为切合各地方公共需求差异与优化财政支出结构，金财工程的预算管理各地方子系统要有差异。首先，尊重各地方财政事权划分差异，我国 31 个省级行政区，各地方省级、市级、县级财政事权（省级代理事权、不同级地方共同事权、独立事权）的划分必然不完全相同，直接体现在各地方不同级财政支出责任与支出范围的差异上，因此要允许各地方对预算管理地方子系统进行适宜改造。其次，地方各级财政存在的其他地方不存在的重要独特事权，如边境省域的边境安全、生态功能省域的生态保护、民族地区的民汉双语教育等，允许各地方在预算管理子系统中增添、细化及完善适宜运行的子模块。最后，鼓励各地方对财政业务应用系统③的创新应用，积极探索与大胆尝试，

① 纵向上，建设财政部连接各省（区、市）财政厅（局）的一级骨干网，省级财政连接各市（地、州）级财政的二级骨干网，市（地、州）级财政连接县级财政的三级骨干网；横向上，实现各级财政部门与同级预算单位、人民银行、代理银行等部门的连接。

② “统一领导、统一规划、统一技术标准、统一系统平台和统一组织实施”即“五统一”原则。

③ 主要指预算管理系统、国库支付管理系统、总账管理系统、现金管理系统、工资发放管理系统、国债管理系统、政府采购管理系统、固定资产管理系统、收入管理系统、财政经济景气分析系统、标准代码系统和外部接口系统共 12 个业务管理系统。

为对接本地方经济社会发展的财政业务发展及相应软件升级打下基础。

（二）预算管理子系统同步升级下优化县域财政支出结构

依据主要经济类型，我国不同类型县域[①]财政支出功能侧重各不相同，且同类型县域内部分化加剧，尤其是实行“乡财县管”的县域财政支出更具个性与特性，优化县域财政支出，必然要细化与拓展县级的预算管理子系统，而不是上级相应系统的简单复制，才能有针对性与务实性地供给县域公共服务。首先，在省级网络中心的计算机系统硬件、操作系统、数据库平台的统一集中管理下，有效实施与上级财政业务系统相容的电子政务服务，包括先进理念的融入。其次，结合本县域财政工作实际细化与拓展本级财政业务模块，包括与乡村子系统或模块的有效对接等，完善预算管理子系统。最后，保持与本地方财政业务系统的同步升级，确保“金财工程”地方子系统高效、稳定、可靠运行，优化县域财政支出结构。

二、基于“金税工程”调整升级的地方税基壮大与县域税收征管能力增强

（一）智能分析下“金税工程”的地方税体系运行子系统（或模块）适度调整

为顺应数字经济潮流，各地方发展数字经济与优势产业融合是大势所趋，为建立现代税收制度与数字税收治理体系，允许各地方对“金税工程”（中国税收征管信息系统，CTAIS）的地方税体系运行子系统（或模块）依据中央授权范围内适度下放的税权与（新修正的）各项税收法律进行适度调整。首先，在金税工程有效连接财政经济景气分析与宏观经济预测分析等核心软件应用系统的基础上，各地方依据本辖区经济发展实际情况对地方税税种的税

① 《中国县域经济统计年鉴》中县的分类包括丘陵县、山区县、平原县、民族县、陆地边境县、牧区（半牧区）县、农区县、沿海开发县、棉花生产县、经济区县、脱贫县共计 11 类。

率能够进行适度调整，在规范税收优惠基础上，实质性践行减税降费，有针对性地竞争资本，竭力做大做强地方税基。其次，依据差异性的资源禀赋与新兴产业，各地方有权开征“特色地方税税种”，允许各地方对地方税体系子系统（或模块）进行调整或拓展，并且保障其与现存其他子系统（或模块）兼容，注意新增业务要考虑信息技术与财税专业的融合。最后，各地方各层级的“金税工程”与中央系统同步升级，在税收安全的前提下，既能保护纳税人的正当权益，又能有利于税务监管稽查高效便捷。

（二）智慧税务下县域征管能力子系统同步升级

为加速智慧税务建设全覆盖，要同步提升县域税收征管能力，不仅需要县域税收征管信息系统的数字技术同步升级，更需要以县域征管组织系统能力为主线的软硬实力同步提升，因此，县域智慧税务建设需要上级的支持与帮助。一方面，为保持县域税收征管系统智能化与上级同步，上级相关部门应大力支持县域同步升级需要的相应软硬件设施设备、应用网络化环境、数据信息安全防护等信息化基础设施。另一方面，县域税收征管组织队伍的综合专业技能亟须同步提升，在上级部门的帮助下，县域相关专业技术人员能够及时获得有效的信息技术与财税业务等相关培训，甚至遇到问题与寻求帮助时能够得到实时回应。县域智慧税务建设内容不仅侧重于推进税收征管现代化，而且还包括利用税收大数据进行深度挖掘与深层分析，推进县域创新税源管理、防范税收流失风险、促进税收治理现代化等内容。

三、地方财政治理现代化推进与县域现代预算制度构建

（一）与“数字政府”激励相容的地方财政治理现代化建设

首先，数字政府建设与地方财政治理现代化的理念相容于“以人为本”的深层价值，数字政府建设成效判断标准在于是否提升了人民群众的获得感、

幸福感与安全感[①]，是否切实满足了人民对美好生活的需要，是否不断扩大社会福利；在地方财政治理现代化的多层次内涵中首要的是思想的现代化，即以人民为中心、保障人民基本权益的基本公共服务的高质量供给，是适应现代与顺应未来的过程；二者统一于建立服务型地方政府，全心全意为人民服务。其次，数字政府善治与现代财税体制的制度相容于“多元共治”的良性互动，数字政府建设能够实质性推动民众、企业及第三方组织等的积极参与，实现“自下而上”与“自上而下”的双向互动及多边互动，促进合作共建与互利共赢；而现代财政体制的民主化、法治化与阳光化建设是为了确保公共服务供给的参与性、多样性与回应性，确保政府执行力高效与公信力提升；二者统一于地方治理体系与治理能力现代化建设。最后，数字政府智慧治理与地方供给智能化公共服务的技术相容在于规范化、数字化、智能化、专业化甚至国际化[②]；只有地方体系的数字化平台技术相同与规范统一，才能实现线上线下智能化公共服务的一体化供给，体现公平与效率，促进发展与安全。

（二）地方财政体制深化改革下的县域现代预算制度构建

理念指引行为，制度激励行为。县域内的智能化公共服务供给依托于县域政府实质性优化其财政支出行为，这取决于县域现代预算制度的有效运行。为加速构建县域现代预算制度，就要加速地方财政体制的深化改革，同步提升县域财政管理组织的软实力及其财政信息系统的硬实力。首先，县委、县政府及县域财政部门确实认同现代财政文化价值、现代预算绩效管理等理念。其次，在地方财政激励相容的机制设计下，激活县域财政自主性与能动性，提升县域发展与公共服务高质量供给的内生动力，实质性驱动现代财政预算在县域财政运行体系中的贯彻落实。最后，鼓励与提倡县域辖区内的多元主

① 李军鹏 . 面向基本现代化的数字政府建设方略 [J]. 改革，2020（12）：16-26.
② 王东伟 . 财政治理现代化面临的挑战与对策 [J]. 财政科学，2020（3）：44.

体民主参与、积极监督县域财政公共预算方案选择与实施，加速实现县域公共服务的高质量均等化供给。

地方体系的基层县域政府数字化及其财政现代化，不仅加速县域经济社会高质量发展与公共服务高质量供给，而且加速推进县域乃至地方治理体系与治理能力现代化。

第十一章 碳中和愿景下中国能源转型战略及趋势探索[①]

第一节 引言

在 2020 年 9 月 22 日举行的第七十五届联合国大会和 2020 年 12 月 12 日举行的联合国气候雄心峰会上，国家主席习近平两次宣布："中国将提高国家自主贡献力度，采取更加有力的政策和措施，二氧化碳排放力争于 2030 年前达到峰值，努力争取 2060 年前实现碳中和。" 2021 年 3 月召开的中央财经委员会第九次会议进一步强调："我国力争 2030 年前实现碳达峰，2060 年前实现碳中和，是党中央经过深思熟虑作出的重大战略决策，事关中华民族永续发展和构建人类命运共同体。" 实现碳中和是一场广泛而深刻的经济社会系统变革，而作为二氧化碳排放 "大户" 的能源系统将 "首当其冲"。本文在分析为满足碳中和要求需要最终构建什么样的能源体系的基础上，从能源消费总量和能源消费结构两个方面对满足碳中和要求的中国能源转型进行情景分析，探讨中国能源转型框架路线图，并在此基础上分析能源系统形态变革的三大趋势。

① 本章内容为作者发表在《价格理论与实践》的两篇文章的整合。文章信息和出处如下：[1] 林卫斌，吴嘉仪 . 碳中和目标下中国能源转型框架路线图探讨 [J]. 价格理论与实践，2021（6）：9–12. [2] 林卫斌，吴嘉仪 . 碳中和愿景下中国能源转型的三大趋势 [J]. 价格理论与实践，2021（7）：21–23+114.

第二节 为实现碳中和需要构建什么样的能源体系

对于中国提出的碳中和目标，主要存在两种理解：一种认为碳中和是指二氧化碳的净零排放；另一种认为碳中和是指温室气体的净零排放。显然，温室气体净零排放的目标更高，实现该目标需要更为强有力的行动和措施。对于碳中和的定义和内涵，联合国政府间气候变化专门委员会（IPCC）的《全球 1.5℃增暖特别报告》提出了四种概念：碳中和（carbon neutrality）、二氧化碳净零排放（net zero CO_2 emissions）、净零排放（net zero emissions）和气候中性（climate neutrality）。其中，碳中和与二氧化碳净零排放虽然表述不同但内涵一致，均是指一定时期内人类活动引起的二氧化碳排放量与二氧化碳人为消除量相抵消；而净零排放指的是一定时期内人类活动引起的温室气体排放与温室气体人为消除量相抵消，通过选择气候指标如全球变暖潜势值（global warming potential）将各种温室气体转换成二氧化碳当量值再进行加总，从而完成对温室气体净零排放的核算；气候中性（climate neutrality）描述的是人类活动对气候系统作用为零的一种状态，其侧重点是人类活动对气候系统的影响，不仅要考虑温室气体的排放，还要考虑人类活动带来的生物地球物理效应（biogeophysical effects），如众所周知的城市热岛效应，城市化对地表反照率、植被覆盖率等产生影响从而引起温升等地区性气候变化。可见，碳中和从字面上理解是指二氧化碳的净零排放，即指一定时期内人类活动引起的二氧化碳排放量与二氧化碳人为消除量相抵消。2021 年 4 月《中美应对气候危机联合声明》中对中美两国的应对气候变化目标做出了区分："两国都计划在格拉斯哥联合国气候公约第 26 次缔约方大会之前，制定各自旨在实现碳中和 / 温室气体净零排放的长期战略"，这一表述意味着中国所提出的碳中和目标有别于美国的温室气体净零排放目标。不过，需要进一步指出的是，《巴黎协定》第四条第一点明确指出：为了实现

2℃和 1.5℃的长期温控目标，缔约方旨在尽快达到温室气体排放的全球峰值，此后利用现有的最佳科学迅速减排，在 21 世纪下半叶实现温室气体源的人为排放与汇的清除量之间的平衡。因此在各国的具体实践中政策表述均围绕温室气体展开。2021 年 4 月欧洲议会和欧盟理事会就《欧洲气候法》关键内容达成临时协议，其中明确 2050 年实现气候中性。可见，温室气体净零排放将逐步成为国际社会的主流目标。因此，本文认为碳中和顾名思义就是指二氧化碳的净零排放，但考虑到国际上的趋势，中国也将会逐步把非二氧化碳温室气体排放纳入约束范围。

根据生态环境部发布的《中华人民共和国气候变化第二次两年更新报告》：2014 年中国温室气体排放总量为 123 亿吨二氧化碳当量，二氧化碳排放总量为 103 亿吨，占温室气体排放总量的 83.5%；能源消费二氧化碳排放量为 89 亿吨，占二氧化碳排放总量的 87%，占温室气体排放总量的 72%；碳汇量为 11 亿吨。对于中国的温室气体及二氧化碳排放量和碳汇量的最新数据，目前尚缺乏权威性的官方核算结果。二氧化碳排放方面，主要有两大来源，一是煤炭、石油、天然气等化石能源消费碳排放；二是水泥生产、石灰生产、玻璃、纯碱、氨水、电石和氧化铝等工业过程碳排放。其中，化石能源消费二氧化碳排放是主体，按照国家应对气候变化战略合作和国际合作中心核算的结果，2020 年能源消费二氧化碳排放量为 99 亿吨；按比例估算 2020 年工业过程二氧化碳排放量为 15 亿吨。非二氧化碳温室气体排放方面，按照清华大学气候变化与可持续发展研究院课题组发表的报告，2020 年非二氧化碳温室气体排放量为 25 亿吨二氧化碳当量左右。人为消除方面，主要包括两类：一是碳汇，即通过植树造林等措施，利用植物光合作用吸收大气中的二氧化碳，并将其固定在植被和土壤中；二是碳捕捉与封存（CCS），即将 CO_2 从相关排放源中分离出来，输送到封存地点，并长期与大气隔绝。其中，碳汇方面受国土自然条件的约束而具有有限性，中国通过植树造林等方式使农林业碳汇总量预计达 10 亿 ~20 亿吨。根据上述排放量和碳汇量数据，

2060 年之前实现碳中和要求在 2060 年之前将二氧化碳排放量从当前的 115 亿吨左右减少到 10 亿 ~20 亿吨。考虑到工业领域的二氧化碳排放和非二氧化碳温室气体排放问题，为了给实现温室气体净零排放争取空间，对于能源领域而言，要求到 2060 年实现二氧化碳近零排放，即从当前的 100 亿吨左右减少到接近零。二氧化碳近零排放的能源体系理论上有两种可能：一是化石能源退出历史舞台，未来能源系统依靠零碳的非化石能源；二是能源系统中仍存在一定规模的化石能源，但是通过碳捕集和封存技术将这一部分化石能源使用所带来的二氧化碳排放进行捕集、封存或利用。如果碳捕集的成本不能够大幅度下降，那么碳中和就意味着到 2060 年要基本结束化石能源时代，建成近零碳排放能源体系。

第三节　碳中和要求能源转型战略做什么样的调整

碳中和要求最终构建近零碳排放的能源体系，这同中国能源转型的既定战略在方向上是一致的，是一脉相承的。党的十八大首次提出了“能源生产和消费革命”，这一提法实质上是定性地给出了能源转型的战略目标，所谓革命，就是最终要实现能源系统的颠覆性重构。党的十八大以来历次重要会议 / 文件逐步明确了能源转型的方向（如表 11-1 所示）。2014 年中央财经领导小组第六次会议进一步明确了“四个革命、一个合作”的战略框架，即推动能源消费革命、推动能源供给革命、推动能源技术革命、推动能源体制革命和全方位加强能源国际合作。2017 年党的十九大将能源转型战略方向凝练为“推动能源生产和消费革命，构建清洁低碳、安全高效的能源体系”。2020 年党的十九届五中全会提出要“推进能源清洁低碳、高效安全利用”。

表 11-1　2012—2020 年重大会议 / 文件对能源战略的表述

时间（年）	会议 / 文件	表述
2012	党的十八大报告	推动能源生产和消费革命，控制能源消费总量，加强节能降耗，支持节能低碳产业和新能源、可再生能源发展，确保国家能源安全。
2014	中央财经领导小组第六次会议	推动能源消费革命，抑制不合理能源消费；推动能源供给革命，建立多元供应体系；推动能源技术革命，带动产业升级；推动能源体制革命，打通能源发展快车道；全方位加强能源国际合作，实现开放条件下能源安全。
2014	能源发展战略行动计划（2014—2020 年）	坚持“节约、清洁、安全”战略方针，加快构建清洁、高效、安全、可持续的现代能源体系。重点实施四大战略：节约优先战略、立足国内战略、绿色低碳战略、创新驱动战略。
2016	能源生产和消费革命战略（2016—2030）	坚持以安全为本、节约优先、绿色低碳、主动创新的战略取向，全面实现我国能源战略性转型，构建现代能源体系。
2017	党的十九大报告	推进能源生产和消费革命，构建清洁低碳、安全高效的能源体系。
2020	党的十九届五中全会	推进能源清洁低碳、高效安全利用。

上述分析表明，碳中和与中国能源转型战略的既定方向是一致的，都是要实现能源系统清洁低碳绿色转型。不过，碳中和对能源转型提出了更高的要求。2016 年《能源生产和消费革命战略（2016—2030）》所确定的战略进程是：到 2030 年非化石能源比重达到 20% 左右；到 2050 年非化石能源比重提高到 50% 以上。按照 2050 年能源消费总量 50 亿吨标准煤保守估计和非化石能源、煤炭、石油、天然气消费比重为 50% ∶ 20% ∶ 15% ∶ 15% 的情景，依据各种能源消费二氧化碳排放系数[①]可以估算届时能源消费二氧化碳

① 为了简化，本文对能源消费二氧化碳碳排放量的估算采用各能源品种平均排放系数，未细分考虑各种不同能源品种在不同用途中的不同排放情况，因此所得到的数值只是一个概算值，并且可能存在一定程度的高估。按照本文的估算方法 2020 年能源消费二氧化碳排放量为 102 亿吨，比国家应对气候变化战略合作和国际合作中心核算值高 3 亿吨。

排放量仍将高达 55 亿吨左右，这显然无法满足 2060 年前实现碳中和的要求。因此，碳中和的提出意味着原定的能源转型进程需要提速。实际上，碳中和宣示后中国能源转型战略目标和进程已经做出了一些调整。在 2020 年 12 月 12 日举行的联合国气候雄心峰会上，习近平主席宣布到 2030 年中国非化石能源占一次性能源消费比重将达到 25% 左右。这意味着 2030 年非化石能源消费比重目标提高了 5 个百分点，而原定的 20% 的目标则可能提前 5 年实现。那么进一步地，2030 年碳达峰之后中国能源转型的战略进程如何安排？尤其是按照党的十九大确定的社会主义现代化建设“两步走”战略，基本实现现代化的 2035 年和建设现代化强国的 2050 年等关键时间节点能源转型的阶段性战略目标如何确定？这是需要进一步明确的，也是制定碳中和目标下中国能源转型框架路线图最重要的里程碑。

第四节　如何把握好能源转型的节奏

碳中和目标下，确定能源转型框架路线图核心的边界条件就是能源消费二氧化碳排放量。按照碳达峰、碳中和的统一部署，能源消费二氧化碳排放同样可以分为两大阶段：第一阶段是 2030 年之前达峰；第二阶段是达峰后排放量逐步减少，到 2060 年减少到接近零排放的水平。能源转型的路线图就是能源消费二氧化碳排放量从当前的 100 亿吨左右增加到 2030 年之前达峰后的峰值，然后逐步减少到接近零的减排路线图。就整个能源系统而言，二氧化碳排放取决于两个因素，一是能源消费总量；二是能源消费结构。因此探讨能源转型框架路线图需要从这两个方面进行情景分析，基于这两个维度的情景分析可以得出能源消费二氧化碳减排路径。

一、能源消费总量情景分析

21 世纪以来，中国经济快速增长，工业化和城镇化进程加速，能源消费大幅度增加。能源消费总量从 2000 年的 14.7 亿吨标准煤增加到 2020 年的 49.8 亿吨标准煤，20 年间年均增长 6.3%。分时期看，五年规划期间年均能源消费增长呈增量和增速逐期“双下降”趋势。从“十五”到“十三五”，四个五年规划期间年均能源消费增量分别为 2.29 亿吨标准煤、1.99 亿吨标准煤、1.47 亿吨标准煤和 1.28 亿吨标准煤，增速分别为 12.20%、6.65%、3.78% 和 2.78%（如图 11-1 所示）。

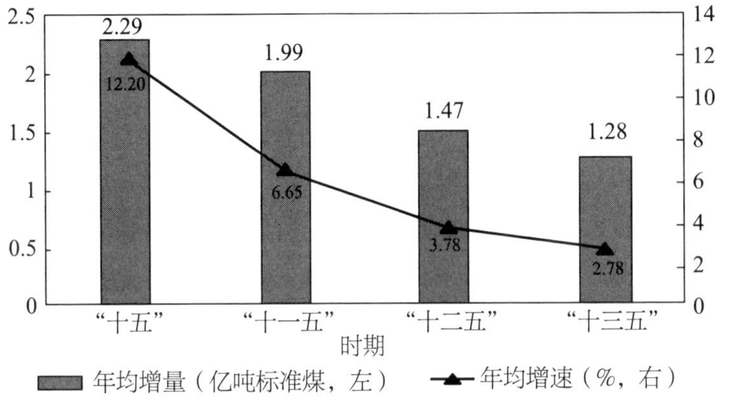

图 11-1 2000 年以来各时期年均能源消费增长

数据来源：作者基于国家统计局官网公布数据计算所得

如果说过去 20 年，工业化、城镇化快速推进和经济快速增长带动能源消费需求快速增加，那么，随着中国经济进入新发展阶段，能源消费增长也将呈现新的特征。2020 年中国城镇化率超过 60%，第三产业增加值占比达到 54.5%，中国经济发展逐步进入后工业化时代，城镇化速度将逐步放缓。相应地，中国经济增速将进一步放缓，产业结构将深度调整，这必然会导致能源消费增速进一步放缓。

对于未来中国能源消费走势，本文设定两种情景：高能耗情景和低能耗情景。2016 年《能源生产和消费革命战略（2016—2030）》提出到 2020 年能源消费总量控制在 50 亿吨标准煤以内，到 2030 年能源消费总量控制在 60 亿吨标准煤以内。据此，本文将高能耗情景下 2030 年能源消费总量设定为 60 亿吨标准煤，2025 年能源消费总量设定为 55 亿吨标准煤。这样，在高能耗情景下“十四五”和“十五五”期间的能源消费增速分别为 2% 和 1.7%。低能耗情景下，“十四五”和“十五五”期间的能源消费增速分别比高能耗情景低 0.5 个百分点。“十六五”期间，预计能源消费增速将进一步减缓，高能耗情景和低能耗情景下的增速分别设定为 0.7% 和 0.4%，2035 年能源消费总量分别为 62 亿吨标准煤和 58 亿吨标准煤。2035 年以后，预计能源消费总量将有所回落，高能耗情景和低能耗情景下的增速分别设定为 -0.8% 和 -1.0%，到 2050 年能源消费总量分别为 55 亿吨标准煤和 50 亿吨标准煤（表 11-2）。

表 11-2　2020—2050 年能源消费总量情景设定

年份	2020	2025	2030	2035	2040	2045	2050
高能耗情景							
能源消费总量（亿吨标准煤）	49.8	55	60	62	59.5	57	55
年均增速（%）	2.78	2.0	1.7	0.7	-0.8	-0.8	-0.8
低能耗情景							
能源消费总量（亿吨标准煤）	49.8	53.6	57	58	55	52.5	50
年均增速（%）	2.78	1.5	1.2	0.4	-1.0	-1.0	-1.0

二、能源消费结构情景设定

能源结构方面，碳中和愿景下能源转型的核心是零碳的非化石能源比重的提高，本文设定未来两种不同非化石能源消费比重的能源消费结构情景：高比重情景和低比重情景。在 2020 年 12 月举办的联合国气候雄心峰会上，习近平主席宣布到 2030 年中国非化石能源占一次性能源消费比重将达到

25% 左右。2021 年 3 月发布的《中华人民共和国国民经济和社会发展第十四个五年规划和 2035 年远景目标纲要》提出“十四五”时期非化石能源占能源消费总量比重要提高到 20% 左右。据此，本文分别将 20% 和 25% 设定为低比重情景下 2025 年和 2030 年的非化石能源消费比重。在具体实践中，非化石能源消费比重可能努力突破所设定的目标，如《能源发展“十三五”规划》提出到 2020 年非化石能源消费比重提高到 15% 以上，而 2019 年非化石能源消费比重为 15.3%，提前一年就完成了规划设定的目标，2020 年非化石能源消费比重接近 16%，比预定目标提高近 1 个百分点。据此，本文设定高比重情景下 2025 年和 2030 年的非化石能源消费比重分别为 22% 和 27%。对于 2035 年和 2050 年的非化石能源消费比重，分别设定为 30%~35% 和 75%~80%，2035 年之后非化石能源消费比重每五年提高 15 个百分点。

根据非化石能源消费比重，考虑到煤炭、石油和天然气的消费增长趋势，设定未来一次性能源消费结构的情景，如表 11-3 所示。近年来，虽然煤炭占能源消费总量的比重有所下降，但是消费总量仍在增加。2030 年前实现碳达峰、2060 年前实现碳中和，需要煤炭和石油消费尽早达峰而后逐步削减。未来随着非化石能源替代高碳能源大力推进，煤炭和石油的消费比重将逐步下降。因此，本文设定煤炭消费比重由当前的 56.8% 逐步下降至 2030 年的 43%~45%，2035 年的 35%~40% 和 2050 年的 5%~10%；石油消费比重由当前的 18.9% 逐步下降至 2030 年的 16%、2035 年的 14% 和 2050 年的 5%。由于相对清洁低碳，天然气被认为是可以助力能源转型的过渡能源，未来天然气的利用规模将进一步扩大，而 2035 年后随着能源转型加速推进，以非化石能源为主体的能源体系逐步建立，天然气利用规模将有所回落。据此，本文设定天然气消费比重由当前的 8.4% 先逐步提高至 2035 年的 16%，再逐步回落至 2050 年的 10%。

表 11-3　2020—2050 年能源消费结构情景设定

能源消费结构（%）	2020 年	2025 年	2030 年	2035 年	2040 年	2045 年	2050 年
非化石能源消费低比重情景							
煤炭	56.8	50	45	40	30	20	10
石油	18.9	18.8	16	14	11	8	5
天然气	8.4	11.2	14	16	14	12	10
非化石能源	15.9	20	25	30	45	60	75
非化石能源消费高比重情景							
煤炭	56.8	48	43	35	25	15	5
石油	18.9	18.8	16	14	11	8	5
天然气	8.4	11.2	14	16	14	12	10
非化石能源	15.9	22	27	35	50	65	80

三、能源消费碳减排路径情景分析

能源消费总量和结构的两种情景设定结合，组成了四种未来能源转型和碳减排情景：一是低能耗和非化石能源低比重情景；二是高能耗—低比重情景；三是高能耗—高比重情景；四是低能耗—高比重情景。二氧化碳减排速度最快的是低能耗—高比重情景，其余依次是高能耗—高比重情景、低能耗—低比重情景、高能耗—低比重情景。低能耗—高比重情景下，二氧化碳排放量有望在“十四五”期间达峰，其余三种情景下碳达峰将在“十五五”期间实现。如图 11-2 所示，四种情景下能源转型和碳减排都将在 2035 年之后显著加速。2030 年能源消费二氧化碳排放量为 97 亿~105 亿吨，到 2035 年下降至 86 亿~100 亿吨，到 2050 年下降至 20 亿~29 亿吨，2050 年可以实现能源消费二氧化碳的深度减排，有望在 2060 年实现近零碳排放能源体系。上述四种情景均能够满足 2030 年前碳达峰和 2060 年前碳中和的要求。

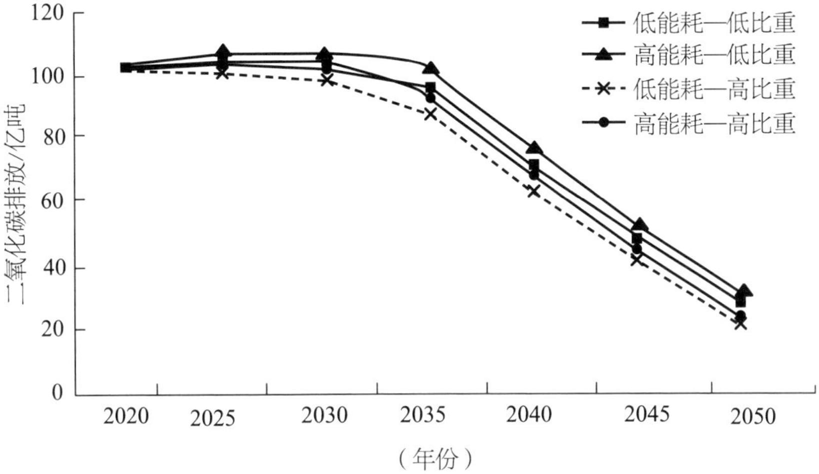

图 11-2　2020—2050 年四种情景下的能源消费碳减排路径

第五节　碳中和愿景下中国能源转型的三大趋势

碳中和愿景下能源转型的核心是零碳、低碳能源对高碳能源的逐步替代，是非化石能源消费比重的大幅度提高，这将深度改变未来能源系统。由于非化石能源主要是通过转化为电能供终端使用，非化石能源消费比重的提高必然会提高能源系统的电气化水平：一方面，一次性能源电能转化的比重趋于提高；另一方面，电能占终端能源消费的比重趋于提高（图 11-3）。对于电力系统而言，非化石能源消费比重的大幅度提高则意味着电源结构发生深度改变，非化石能源发电比重将在电力系统中逐步占据主导地位。此外，考虑到非化石能源尤其是风能、太阳能等新能源资源的分散性和间歇性特征，能源电力系统形态也必将发生深刻变革，需要集中式与分布式并举开发利用新能源。因此，能源系统电气化、电力系统低碳化和能源电力系统去中心化是碳中和愿景下能源转型的三大趋势，也是三大必由之路。

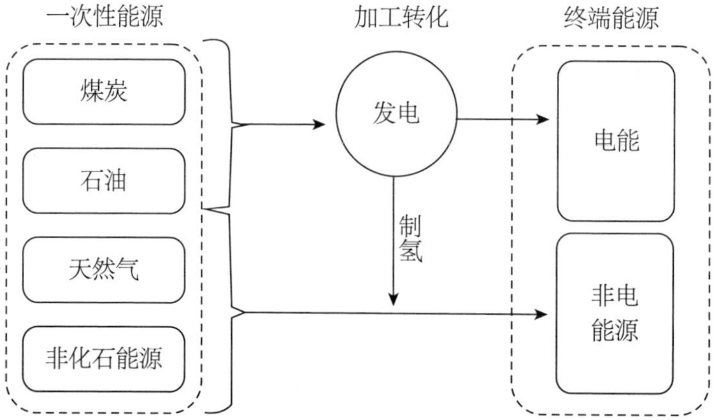

图 11-3 能源系统结构

一、能源系统电气化

过去 20 年间，随着经济社会快速发展、城市化进程加速和科技水平不断进步，中国的电气化水平稳步提升。电气化水平在能源生产侧主要体现为一次性能源通过电能转化的比重，即一次性能源用于发电的比重；在消费侧主要体现为电能占终端能源消费的比重。如图 11-4 所示：在生产侧，一次性能源电能转化的比重从 2000 年的 35% 左右逐步提高到 2020 年的 45% 左右；在消费侧，电能占终端能源消费的比重从 2000 年的不到 15% 逐步提高到 2020 年的 27% 左右。近年来在能源革命战略引领下，可再生能源的发展和终端电能替代取得了较快进展，电气化水平提升较快。

碳中和愿景下能源系统绿色低碳转型一方面需要加快调整一次性能源结构，大幅度提升非化石能源消费的比重；另一方面需要加快改变终端部门用能方式，实施电能替代。现阶段工业、交通、建筑等终端部门的化石能源消费量和二氧化碳排放量仍居高位，随着生产侧非化石能源大比例接入电力系统，加强终端部门电能替代将可以有效削减煤炭等化石能源消费从而减少二氧化碳排放。在生产侧和消费侧两方面的协同作用下，未来能源系统电气化水平必然会进一步提升。

图 11-4　2000—2020 年中国电气化水平

数据来源：作者基于《中国能源统计年鉴》数据计算得到

在生产侧，一次性能源通过电能转化的比重为煤炭、石油、天然气和非化石能源的不同能源品种电能转化的比重的加权平均，权重为一次性能源消费结构。当前中国煤炭用于发电的比重为 52% 左右，而在美国等发达国家煤炭用于发电的比重超过 90%；中国天然气用于发电的比重为 14% 左右，而世界平均水平为 30%[①]。可以预计，在碳中和大背景下，一方面煤炭等化石能源的消费量将受到控制而逐步减少[②]；另一方面化石能源的利用方式也会趋于清洁高效，通过电能转化的比重将逐步提高。本文假定到 2050 年煤炭和天然气用于发电的比重分别提高到 95% 和 35%[③]。非化石能源方面，考虑到碳中和背景下生物质燃料、地热能、光热等领域的发展，假定非化石能源通过电能转化的比重维持在 90% 左右。结合一次性能源消费结构情景设定，可以推算出一次性能源电能转化的比重。如图 11-5 所示，到 2050 年一次性能源电能

① 中国煤炭和天然气用于发电的比重根据《中国能源统计年鉴 2020》数据计算得到，美国煤炭用于发电的比重和天然气用于发电的比重的世界平均水平根据 IEA 统计数据计算得到。

② 相对低碳的天然气在碳中和实现过程中作为一种过渡能源，其消费量可能先增后减。

③ 在中国石油用于发电的比重很小，因此忽略不计。

转化的比重可能达到 80% 左右，电力将在能源供应中占据绝对主导地位。

在消费侧，基于能源系统中一次性能源与终端能源的平衡关系，可以推算出电能占终端能源消费的比重。计算公式为：电能占终端能源消费的比重 =（一次性能源电能转化比重 × 电能转化效率）/（一次性能源电能转化比重 × 电能转化效率 + 一次性能源非电能转化比重 × 加工转化效率）。通过能源平衡表计算可得过去五年一次性能源电能转化效率约为 38%，非电能转化的能源加工转化效率约为 98%。结合上文推算出的一次性能源电能转化的比重，可以推算出电能占终端能源消费的比重。如图 11-5 所示，到 2050 年电能占终端能源消费的比重可能提升至 60% 左右，电能将逐步成为终端能源主体。

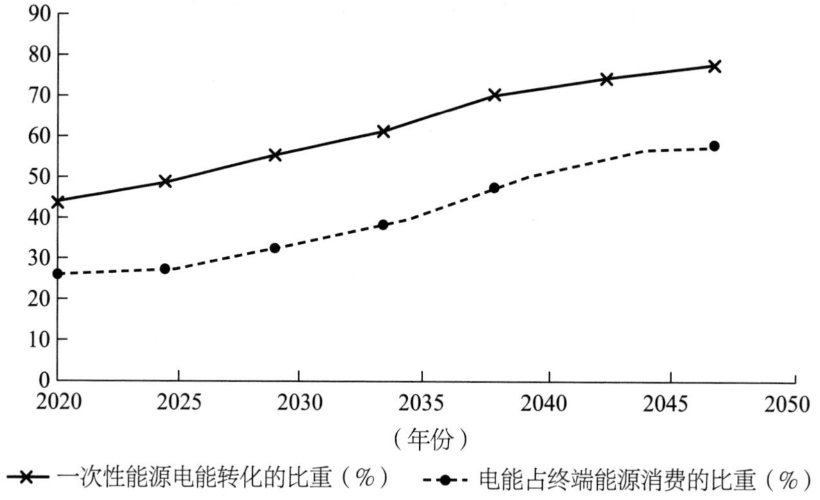

图 11-5　2020—2050 年电气化水平变化趋势研判

二、电力系统低碳化

当前煤电在中国电力系统中仍占主导地位，装机容量比重近 50%，发电量比重超过 60%。这种以高碳能源为主的发电结构不可避免地造成二氧化碳的大量排放，难以满足碳中和的要求。未来随着电气化水平持续提升，电力需求不断增加，电力系统在能源转型和碳减排中的作用将逐渐凸显。在能源生产侧，由于非化石能源主要通过发电进行转化，非化石能源对煤炭等传统化石能源的清洁替代将有效作用于电力系统。随着非化石能源的大力发展，电源结构将逐渐优化，电力系统将趋于绿色低碳化。

对于电力系统的低碳化程度，可以用非化石能源发电比重，即总发电量中非化石能源发电量的占比进行衡量。具体公式为：非化石能源发电比重 =（非化石能源消费比重 × 非化石能源电能转化比重）/ 一次性能源电能转化比重。考虑到非化石能源主要通过转化为电能而得到利用，非化石能源用于发电的比重变化不会太大，因此非化石能源发电比重的变化将主要取决于非化石能源消费比重和一次性能源电能转化比重的变化。以 2020 年为例，非化石能源消费比重为 15.9%，一次性能源电能转化比重约为 45%，与此相对应的是，非化石能源发电比重为 33% 左右。未来非化石能源消费比重和一次性能源电能转化比重都将趋于提高，非化石能源发电比重也将随之提高。

结合非化石能源消费比重情景设定以及一次性能源电能转化比重的趋势，可以研判非化石能源发电比重。与非化石能源消费高比重和低比重两种情景相对应的是，存在非化石能源发电高比重与低比重两种情景。如图 11-6 所

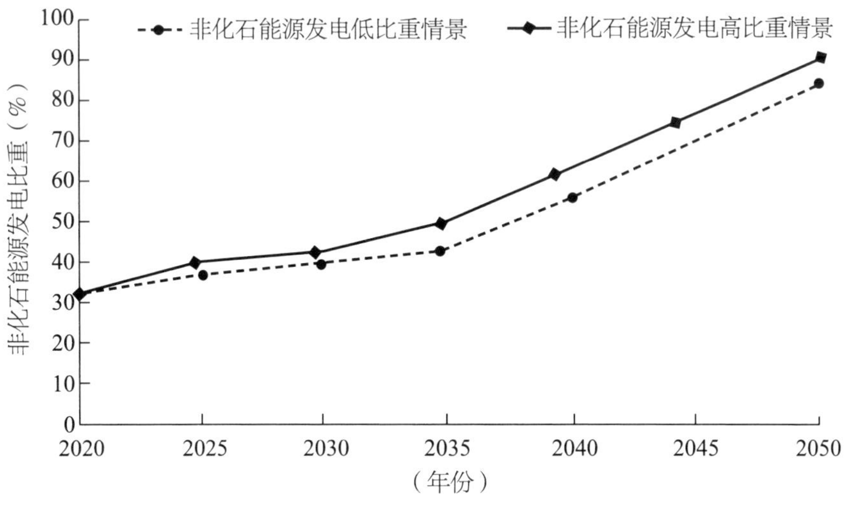

图 11-6　2020—2050 年非化石能源发电占比趋势

示，未来三十年，非化石能源发电量占总发电量的比重将持续提升，到 2050 年，如果一次性能源中非化石能源消费比重达到 75%~80%，则非化石能源发电量比重将高达 84%~90%。非化石能源在成为一次性能源供应主体的同时也将成为电力供给的主力军，电力系统将呈现深度低碳化特征。

三、能源电力系统去中心化

满足碳中和下能源转型要求的非化石能源尤其是风能、太阳能的大规模开发利用要求能源电力系统形态发生深刻变革。由于风能和太阳能等具有间歇性的特征，在传统集中式开发利用模式下，需要在大规模建设风电、光伏电站的同时，配套建设相应的火电机组以满足电力系统灵活性要求，保障电力供应安全。比如，“十三五”期间，中国风电、太阳能发电装机容量增加了 3 亿多千瓦，与此同时，火电装机容量也增加了 2 亿多千瓦。长远看，可再生能源与火电“比翼齐飞”式扩张的能源转型之路无疑会不断增加“冗余”，大幅提高系统成本并最终体现为用能成本。因此，满足碳中和要求的非化石能源的大规模开发利用需要突破传统的能源电力系统形态，突破集中式、中心化的开发利用模式，更多地采取分布式、去中心化的开发利用模式。正如里夫金在《第三次工业革命》一书中所构想的：每一栋楼都变成即时收集可再生能源资源的微型发电厂；在每一栋建筑采用氢能和其他存储技术，使建筑的每一部分都能存储间歇性能量；用互联网技术把电网转变成一个能够实现能源共享的互联电网；逐步将交通车辆转为电动和燃料电池汽车，并与智能电网互联互通。

可以预见的是，开放互联、多源协同、多能互补、能源与信息深度耦合的能源互联网将会是未来能源电力系统的主要形态特征，这种去中心化的能源电力系统主要包括以下几大关键元素：

一是可再生能源资源的分布式开发利用。与煤炭、石油等化石能源不同，风能、太阳能的分散性特征使其开发利用无须再囿于一处，分布式开发、就地转化和就近消纳可以最大限度地利用可再生能源。中国可再生能源资源丰富、分布较为广泛，分布式新能源资源可开发潜力巨大，据评估可开发潜力高达 54 亿千瓦左右。随着技术进步和成本下降，未来分布式新能源开发利用形式将愈加多样化，如发展建筑光伏一体化，将每一栋建筑变成一个小型发电厂；在农村推进风能、太阳能、生物质能等资源的分布式开发利用，因地制宜建设“农光互补”等复合光伏发电项目。

二是微电网和智能电网。高渗透率的分布式可再生电源直接接入配电网会给电网安全稳定运行带来巨大挑战，而以分布式电源、配电设施、控制设备、负荷以及储能装置等构成的微电网既可以离网独立运行，实现电力供需自平衡，也可以接入大电网，在电力短缺时从大电网购电，在电能过剩时为大电网提供调峰服务，这种分布式能源组织方式可以有效减轻大电网的负担，提高电网的安全可靠性。未来随着大数据、云计算、物联网、移动互联等先进信息技术和智能技术在电力系统的应用，电力系统的各个环节将全面智能化、数字化、互动化。一个个微电网通过智能电网相互连接，电力系统中所有节点之间的信息和电能都将实现双向流动。

三是储能。鉴于可再生能源间歇性的出力特性，储能将成为能源电力系统不可或缺的元素。储能的使用可以突破电力发、输、配、用同时连续进行的传统模式，实现电能的“跨时间转移”。因此，通过发展“可再生能源 + 储能”的模式可以有效减少可再生能源出力波动及不确定性，有望成为未来主流的发展方向。按照技术原理，储能主要有物理储能、化学储能和电磁储能三类，其中物理储能技术的典型代表抽水蓄能是当今最为成熟的储能技术，而化学储能如锂离子电池等目前技术进步最快、最受关注。考虑到技术可行性、建设的经济性、安全性等因素，能源转型前期抽水蓄能仍将是最主要的储能形式，转型后期随着化学储能技术的成熟以及成本的下降，电化学储能容量预计将显著增加。

四是氢能。氢能能量密度大、转化效率高，具有来源广泛、用途多样、既可运输也可储存的特性，是功能灵活的能源载体和燃料。当前氢气主要通过化石燃料制取，制氢过程中会产生温室气体排放，有悖于碳中和要求。随着风能、太阳能发电电价进一步下降，电解水制氢成本降低，可再生能源电解水制氢有望成为氢气制取的主要方式。通过可再生能源电解水制取的氢气可以在能源转型中发挥多重作用：一方面，风能、太阳能、水能等的气电可以通过电解水制氢，以氢气的形式进行储存和运输，在电力不足时再以氢供电，通过电—氢的高效转化，实现电氢协同，提高电力系统灵活性；另一方面，零碳的氢能可以实现多种能量形式的转化，氢能的应用有助于终端用能部门实现深度脱碳，如在难以减碳的炼钢领域，以氢气代替焦炭作为还原剂可以实现“零碳炼钢”，在碳排放较高的交通运输领域，应用氢燃料电池可以实现“零污染”。

五是新能源交通。智能技术以及新能源的使用是交通行业低碳转型的必然方向，未来传统燃油车将逐步被清洁、智能化的电动车所替代。技术成熟时，电动汽车可以作为储能设备，通过合理机制的引导参与电力系统调节，在电网负荷较低时进行充电，在电网负荷较高、电力供应不足时为电网回输电能。一方面，考虑到未来电动车的广泛使用，这种储能资源将具有巨大潜力，新能源交通将成为去中心化能源电力系统不可缺少的部分。另一方面，随着以新能源为动力的运输工具在交通全域的广泛应用，绿色清洁的运输体系逐步形成，这将极大助力碳中和的实现。

第十二章 中国特色供给管理的实践历程与创新应用

第一节 引言

当今世界经济形势错综复杂，保护主义、单边主义抬头，经济全球化遭遇逆流，世界经济增长陷入低迷状态。面对当前中国经济发展的新阶段、新环境和新变化，2020 年 5 月 14 日，中共中央政治局常务委员会会议提出“深化供给侧结构性改革，充分发挥我国超大规模市场优势和内需潜力，构建国内国际双循环相互促进的新发展格局”，强调供给侧结构性改革在应对当前经济形势及构建新发展格局中的重要性。同时，2021 年《政府工作报告》指出，“形成强大国内市场，构建新发展格局。把实施扩大内需战略同深化供给侧结构性改革有机结合起来，以创新驱动、高质量供给引领和创造新需求”，再次将供给侧结构性改革置于重要的政策地位。从政策本质出发，供给侧结构性改革其实就是从生产端、供给侧入手，调整供给结构，扩大有效需求，提高供给结构对需求变化的适应性和灵活性，实现经济高质量发展，所以最终隶属供给管理政策领域。

供给管理的理论继承于资产阶级古典经济学以来的传统，即经济自由主义传统（刘伟，2017），其目的就是提高产量或者降低生产成本（苏剑，2015），而具体的供给管理政策就是为了实现该目的且能被政府控制的那些影响因素，涉及技术进步、制度变迁、调节税收、调节要素成本、鼓励产品创新等领域（苏剑，2016）。由于体制性原因、理论原因（对凯恩斯的偏好）以及政策实践问题，供给管理在西方宏观经济实践中经常被忽视（刘伟、苏剑，2007），而中国因独特的经济背景和制度环境，对供给管理的应用较为丰富，且具有一定的独特性。鉴于此，本文梳理并讨论了自改革开放以来供给管理在中国宏观经济调控中的实践情况，立足于中国特色社会主义制度与新发展格局，尝试提出供给管理在未来实践中创新应用的思路。

第二节　改革开放以来中国供给管理的政策应用

改革开放以来中国经济社会发展走过 40 多年的光辉历程，自 1978 年党的十一届三中全会以来，中国基本实现了从思想解放到改革实践、从农村到城市、从封闭半封闭到全方位开放、从经济体制改革到全面深化改革的历史性转折，开启了中国人民锐意进取、团结创新的改革开放强国之路。在 40 多年的改革过程中，中国推行了多项改革政策方案，其中对中国经济产生重大影响的政策中均映射出供给管理的影子。自新中国成立以来，中国借鉴苏联的经济发展经验逐步走上了计划经济体制的轨道，计划经济体制从某种意义上而言就是供给管理的极端情形，甚至是在否定市场经济的制度基础上运用供给管理政策（苏剑，2015），一切经济活动运行均由政府计划实施。极端的供给管理束缚了企业和工人的生产积极性，造成经济运行的效率低下、动力不足、活力匮乏等，进而制约着经济的快速发展。在极端供给管理调控中国宏观经济 20 多年之后，伴随着改革号角吹响，中国开始了供给管理宏观调控模式的革新，逐渐打破这种极端供给管理政策体系，在实践中转变供给管理的模式，参考西方供给管理政策，结合中国各阶段的国情实施供给管理政策。在改革历程中，中国推行的大部分政策措施在于促进总供给，属于供给管理政策的范畴，从这一角度上看，改革开放的40多年历程其实也可认为是中国供给管理政策应用的历程。

一、改革起步阶段（1978年至1984年）

1978年至1984年是中国改革开放的起步阶段。这一阶段开始进行改革开放的初步探索和局部试验，初步完成了从以阶级斗争为纲到以经济建设为中心、从封闭到开放的转变。这一阶段的供给管理政策主要有家庭联产承包制、政社分设、国营企业员工绩效管理、调整国营企业运营制度、批准个体经济等。

（一）家庭联产承包责任制释放农民生产积极性，扩大总产出

在改革开放之前，中国经济长期受困于生活物资匮乏，农村问题尤为突出，究其原因是计划经济体制的弊端导致总供给的不足。数据资料显示，全国人口在1978年达到了9.6亿人，其中农村人口为7.9亿人，占总人口的82%，但这部分农村人口中有接近三分之一的人没有解决温饱问题，而生活水平相对较好的城镇居民，每人每天平均摄入的热量也仅为2311千卡，低于当时全球温饱线水平（郑有贵，1998）。穷则思变，农村经济中率先萌生了冲破极端供给管理模式的星星之火，发起了“包产到户”“包干到户”的承包责任制运动，这是农民自发推行的生产运动。承包责任制将生产队的统一经营与家庭的分户经营结合起来，把农民的切身利益与产出紧密地联系起来，从而有效化解了计划经济旧体制的束缚，释放了农民生产的积极性，提高了生产效率，进而扩大了总产出。家庭联产承包责任制的供给管理实践效果相当显著，当时的全国农业产出实现了大丰收。

（二）政社分设减少管制和干预，提高供给要素效率

在全国农村普遍实行家庭联产承包责任制后，原有的人民公社政社合一体制已不能适应生产力发展的需要。当时的农村经济管理体制随即推行了供

给管理调整，实施政社分设[①]，目的在于减少政府对农村经济的管制和干预，提高供给要素的效率。政社分设实施之后，社队企业从过去的人民公社管制中释放出来，并更名为乡镇企业，从此，乡镇企业如雨后春笋般飞速发展。数据资料显示，1984 年全国乡镇企业达到 606.52 万个，比 1983 年翻了两番还多，其中户办、联户办企业占 69.3%，乡镇企业总收入为 1537.08 亿元，较 1983 年增长 65.5%[②]。

（三）调整绩效奖励制度，推行经济责任制，提高员工生产效率

这方面的政策调整主要针对国营企业员工，涉及绩效奖励制度调整，包括恢复计件工资，实行按劳分配制度；推行经济责任制，实行责、权、利相统一，将企业员工的奖金同经济效益挂钩等。这些改革措施即是对劳动者生产效率的供给管理，激发员工的工作积极性。

（四）调整国营企业运营制度，激发企业潜在产出

针对国营企业相关企业制度的供给管理政策，包括放权让利，扩大企业自主权；推行个人承包制；试行劳动合同制；从利润留成到二步利改税再到拨改贷的试行；企业股份制试行等。这些改革措施中的放权让利、二步利改税、拨改贷以及股份制均体现了供给管理中的减少政府对企业的管制和干预，目的是提升企业的整体运营效率，但多数供给管理政策仅是试探性的。其中，推行个人承包制很大程度上受到农村家庭联产承包责任制的影响，将个人利益同国营企业的绩效密切联系，激发企业的潜在产出，但本阶段推行的个人承包制仅仅是试点，而具体的政策推行是在下一阶段的改革过程中完成的。试行劳动合同制则是为了打破“铁饭碗”的“终身制”用工制度，通过下岗危机感调动员工的积极性，提升生产效率，同时也通过引进新人来间接地优化供给要素的质量，提升整体生产效率。

---

① 即将人民公社中属于政权的那部分职权分离出去，建立乡政府作为农村基层政权。
② 数据来源：《中国统计年鉴》(1985)。

（五）个体经济获得法律支持，中国经济注入新活力

1981 年 10 月 17 日，《中共中央、国务院关于广开门路，搞活经济，解决城镇就业问题的若干决定》发布，批准了部分人可以从事某些个体劳动，但不准雇佣，并于第二年 12 月 4 日第五届全国人民代表大会第五次会议上，将个体经济政策写入宪法，非公有制经济发展开始获得法律支持，这股新生力量为中国经济注入了新的活力，扩大了国内经济的总产出。

二、改革重心战略转移阶段（1985 年至 1991 年）

1985 年至 1991 年是中国改革重心从农村到城市的战略转移阶段。这一阶段形成了以城市为中心的经济体制改革，并确定了“一个中心、两个基本点”的基本路线，提出了“三步走”的社会主义现代化发展战略。这一阶段的供给管理政策主要有横向经济联合政策、国营企业内部运营体制改革、推动私营经济发展、教育制度改革、养老保险制度改革等。

（一）推出横向经济联合政策，提升总体供给要素效率

计划经济体制下，长期实行由行政部门利用行政手段安排生产协作来完成商品的生产、流通和技术开发，这导致城市经济处于“条块分割”的状态，所有工业企业、科研单位以及相关单位之间均由政府统一管理，过多的行政干预往往导致经济运行效率的低下，进而拖累城市经济运行的整体效率。对城市经济的改革主要体现在推出了横向经济联合政策。该政策旨在疏通企业间、部门间以及地区间的内在联系，使得一些彼此相关和相互依赖的经济单位按照自愿互利的原则建立某种经济联合形式（包括工业企业间联合、生产企业与科研单位间联合、工商联合、商商联合以及工贸联合等五种形式），用以冲破集中依靠行政管理手段的体制束缚，彻底破除条块分割、政企不分、忽视企业自主权的旧体制弊端，最终提升总体供给要素的效率（包括企业的生产效率和市场机制的调节效率）。类似于家庭联产承包责任制释放农村经济

活力，横向经济联合则是激发城市经济活力的助推器，为下一步继续释放国营企业活力营造了有利环境。

（二）减少政府行政管制，扩大国营企业自主权，提高经营效率

经过改革起步阶段，非国营部门活力提高，且取得了长足发展，但国营企业改革仍相对滞后。国营经济基本上仍沿袭计划经济体制，前期改革并未真正涉及国营企业内部运营体制，企业整体运营效率并未如非国营部门那般快速提升。为进一步增强国营企业活力，促进国民经济增长，有针对性地制定了多项供给管理政策，主要包括国营企业承包制、厂长负责制、企业留利制度以及取消行政级别工资模式。国营企业承包制主要借鉴于农村家庭联产承包责任制的成功实践，将承包制用于国营企业，目的在于减少行政管制，将所有权和经营权分离，释放企业经营效率，扩大企业产出。数据资料显示，在推行国营企业承包制之后，当年全国预算内工业企业承包面已达 78%，其中大中型企业达到 82%，承包一年以上的大中型企业占 64%，而且众多的小企业也都实行了承包或租赁①。在承包制如火如荼推行的背景下，企业绩效明显好转，有效遏制了国营企业前几年的利润滑坡形势。厂长负责制给予企业经营自主权，将企业的经营决策权交由厂长负责。企业留利制度使得企业在发展生产、改善职工集体福利和奖励职工等方面具备了一定的财力，从而增强了企业活力，促进了企业经营效益的提升。

（三）推动私营经济发展，营造法制环境

尽管个体经济在改革起步阶段已获得法律支持，但私营经济仍受到多方面的约束和限制，发展被抑制。在此阶段，私营经济被正式纳入宪法，合法地位被确定。从制度环境层面看，法治保障是深入推动私营经济发展的一种政策供给。

---

① 转引自中国改革信息库：http://www.reformdata.org/2013/0627/17555.shtml。

（四）调整教育、养老等领域制度，丰富劳动力供给要素

教育制度调整属于长期供给管理调控，能够推动中国教育事业的高效运行，激发各类高校培养人才的潜力和活力，促进全国供给要素质量的提升，推动中国经济的长久发展。企业员工养老保险制度调整可实现短期供给管理调控，激发劳动者积极性，提高生产效率，也可实现长期供给管理调控，优化就业结构，利于经济长期可持续发展。

三、社会主义市场经济体制基本框架构建阶段（1992 年至 2002 年）

1992 年至 2002 年是中国深入推进改革开放、构建社会主义市场经济体制基本框架的阶段。这一阶段确立了以公有制为主体、多种所有制经济共同发展的基本经济制度，社会主义改革开放和现代化建设进入新的发展阶段。这一阶段供给管理政策主要有转变国有企业经营机制、建立现代企业制度、推行“债转股”、确认非公有制经济、农业产业化政策等。

（一）转变国有企业经营机制，建立现代企业制度

转变国有企业①经营机制属于短期供给管理调控，通过实现国有企业自主经营、自负盈亏、参与市场竞争以及营利目的不受干扰等四个目标来激发企业活力（孙效良，1991）。更重要的是，转换经营机制有助于企业形成以市场经济为基础，以企业法人制度为主体，以公司制度为核心，以产权清晰、权责明确、政企分开、管理科学为目标的新型现代企业制度。在现代企业制度下，通过政企职责分离、规范企业经营者行为等方式，提升国有企业生产力，扩大企业经济效益。股份制改制试点随即全面铺开。

（二）推行“债转股”，降低运营成本，改善经营效益

大部分国有企业在 20 世纪 90 年代面临高负债率的困境，企业经营严重

① 1993 年 3 月 29 日，第八届全国人大一次会议通过宪法修正案，将“国营经济”改为“国有经济”。相应地，“国营企业”更名为“国有企业”。

受资金所困。统计局数据资料显示，1995 年至 1998 年，国有企业账面平均负债率始终维持在 65%。虽然国家在 1994 年对 100 家企业进行了现代企业制度改造，但经过四年的努力其平均负债率仅下降了 2.6%（罗仲伟，2000）。鉴于此，国内推行“债转股”，将一部分国有企业无法偿还的债务转化为对企业的投资，消除企业沉重的还本付息负担，减轻其偿付债务压力，改善其资产负债结构和财务状况，实现企业运营成本大幅度下降，最终带动国有企业经营效益好转。

（三）确认非公有制经济地位和作用，注入经济长久发展活力

继 1982 年和 1988 年宪法修正案对个体、私营经济的法律地位分别予以确认之后，1999 年 3 月第九届全国人民代表大会第二次会议通过了《中华人民共和国宪法（修正案）》，将非公有制经济的作用写入宪法，再次对个体、私营经济等非公有制经济的地位和作用予以确认，为发展非公有制经济提供了一个长期稳定的制度环境、政策框架和法律保障，为中国经济的长久发展注入新的活力。

（四）保障农村经济长期发展

农村经济在经历前两个阶段的发展后，农业供给和商品流通均得到了保障，短期供给管理调控的边际效应减弱，一系列长期供给管理政策同时跟进，如农业产业化战略、“四分开一完善”原则[①]、乡镇企业法等。其中，农业产业化政策对传统农业进行技术改造，推动农业科技进步；“四分开一完善”原则保护农民生产积极性，真正建立适应社会主义市场经济要求、符合中国国情的粮食流通体制，最终共同助力农业的长久发展；乡镇企业法为乡镇企业的长期发展提供法律保障。

① 即政企分开、中央与地方责任分开、储蓄与经营分开、新老财务账目分开、完善粮食价格机制。

四、社会主义市场经济体制完善阶段（2003 年至 2012 年）

2003 年至 2012 年是完善中国社会主义市场经济体制阶段。这一阶段落实了科学发展观等一系列重大战略思想，转变经济发展方式，致力于完善以公有制为主体、多种所有制经济共同发展的基本经济制度。这一阶段的供给管理政策主要有推行国有资产管理体制、建立现代商业银行制度、强农惠农政策、拓宽非公有制经济行业准入、人口流动管理政策等。

（一）推行国有资产管理体制，扩大企业自主权，提升企业经营效率

自改革起步阶段以来，国有企业改革一直朝着减少政府管制与干预的方向推进，但改革进程中政企分离的政策目标始终难以真正实现，其原因在于政资不分（何诚颖，2000）。此阶段，为解决政资不分问题，国有资产管理体制开始推行，旨在实现真正意义上的政企分离，扩大企业自主权，提升企业经营效率。

（二）建立现代商业银行制度，优化融资渠道供给端

2004 年 1 月 6 日，国务院宣布对中国银行和中国建设银行实施股份制改造。对国有商业银行施行股份制改造，实现管理体制改革、完善治理结构、转换经营机制、促进绩效进步四大目标，建立现代商业银行制度。完善金融产权结构和法人治理结构，明晰所有权与经营权，促进两权分离，有利于改善国有商业银行的经营效率与效益，优化了融资渠道的供给端。

（三）强农惠农政策调动农民积极性，农业工业协调发展提高总产出

改革初期，中国优先发展农业，为工业化发展提供积累，待工业化发展到一定程度后，工业又能反哺农业，从而实现工业和农业的协调发展。此阶段，中国进入工业反哺农业的新阶段。这一阶段的供给管理政策主要涉及减税、补贴、耕地保护制度以及相关城乡统筹配套措施。其中，减税政策主要是取消农业特产税和农业税、对农民直接补贴，这些政策共同减轻农民负担、

增加农民收入、调动农民生产积极性。推行耕地保护制度一方面是为了保护和提高粮食综合生产能力；另一方面是为了恢复农民在土地问题上的主体地位，保护农民利益。城乡统筹配套措施包括推动农村富余劳动力转移、保障农民工就业安居、提高农民社会保障、加强“三农”扶持、推进城乡协调发展、促进现代农业发展、打造城镇群等，这些政策措施对破解城乡二元经济、优化社会产出结构、扩大总产出具有重要的意义。

（四）拓宽非公有制经济行业准入，优化资源配置，提高经济效率

2005 年 2 月 19 日，国务院发布《国务院关于鼓励支持和引导个体私营等非公有制经济发展的若干意见》（又称为“非公 36 条”），这是改革开放以来第一个以中央政府名义促进非公有制经济发展的系统性政策文件。2010 年 5 月 7 日，国务院再次发布《国务院关于鼓励和引导民间投资健康发展的若干意见》（又称为“新非公 36 条”）。这两个文件明确了非公有制经济的行业准入，支持非公有制经济进入垄断行业、公用事业和基础设施等领域。“非公 36 条”与“新非公 36 条”为发展非公有制经济提供了一个长期稳定的政策框架，政策框架层面的供给保障有利于促进公有制经济和非公有制经济市场竞争，引导市场竞争优化资源配置，提高经济效率。

（五）出台人口流动管理政策，优化劳动力资源跨区域配置

随着工业化程度不断提高，更多富余农村劳动力开始迁移至城市，形成了一批具有时代特征的农民工群体。数据资料显示，1990 年全国农村流入城市人口达 7000 万人①，而 2004 年则达到了 1.2 亿 ~1.4 亿人②。为解决因异地迁徙导致进城农民工无法享受到与当地人同等待遇的问题，平等就业制度、养老保险、平等接受义务教育以及户籍管理制度等政策随之配套推出，以保障农民工进城就业，维护农民工利益，这些政策在优化劳动力要素配置方面

① 转引自《人民日报（海外版）》，1990 年 12 月 18 日第 1 版。
② 引自新华网：《我国目前有 1.2 亿至 1.4 亿流动人口》，2004 年 7 月 15 日。

发挥了重要作用。

（六）实施教育均衡发展战略，提升全民素质，优化供给要素质量

2005 年，教育部印发《关于进一步推进义务教育均衡发展的若干意见》，教育均衡发展战略实施。义务教育向农村推进、城乡义务教育学杂费免除、特殊群体教育补助等政策措施，旨在通过教育支持实现全民素质提升，为经济长久发展储备高质量要素资源。

五、全面深化改革阶段（2013 年至 2017 年）

2013 年至 2017 年是中国全面深化改革的重要阶段。这一阶段完善和发展了中国特色社会主义制度，推进了国家治理体系和治理能力现代化，重点是经济体制改革，核心是处理好政府和市场之间的关系，让市场在资源配置中起决定性作用，更好发挥政府作用。这一阶段的供给管理政策主要有推进混合所有制经济体制、放宽民营资本市场准入、推行土地使用权制度、加强供给侧结构性改革、“营改增”、区域经济政策、人口政策调整等。

（一）进一步推进混合所有制经济，更大范围优化资源配置，实现各类经济优势互补

2015 年 9 月 24 日，国务院印发《关于国有企业发展混合所有制经济的意见》，混合所有制改革试点示范开始推进。国有资本、集体资本、非公有资本等交叉持股、相互融合的混合所有制经济可实现各种所有制资本取长补短、相互促进、共同发展。资本市场正成为国有企业改革的前沿阵地，国有企业改革与国有资本市场运作正在形成密切联系。

（二）放宽民资市场准入，调动民间资本积极性，优化国内资源配置

2014 年 11 月 26 日，国务院印发《关于创新重点领域投融资机制鼓励社会投资的指导意见》，明确提出公共服务和基础设施领域内民间资本平等准入。一系列相关政策文件随之出台，进一步放宽民间资本进入金融市场、民

航、公共事业等领域。这些政策为民间资本参与市场活动营造了公平、公开、公正的竞争环境，有利于国内资源配置的优化，促进经济发展。

（三）推行土地使用权制度，盘活农村土地资源，保障农民生产积极性

2015 年 8 月 24 日，国务院印发《关于开展农村承包土地的经营权和农民住房财产权抵押贷款试点的指导意见》，将土地承包权和经营权分离，形成所有权、承包权、经营权三权分置，经营权流转的格局。这不仅切实维护了农民的权益，增强农民积极性，也盘活了农村土地资源，优化了土地资源配置，共同提高了农业综合生产能力。

（四）加强供给侧结构性改革，着力提高供给体系质量和效率

此阶段，中国经济转型面临着工业产能过剩和服务业产品供给短缺的双重矛盾。2015 年 11 月 10 日，习近平总书记在中央财经领导小组第十一次会议上首次提出“供给侧结构性改革”，指出“在适度扩大总需求的同时，着力加强供给侧结构性改革，着力提高供给体系质量和效率”。供给侧结构性改革应运而生，重点是“三去一降一补”①，主要涉及产能过剩、楼市库存大、债务高企三个方面，着力提高经济发展质量，促进经济长久发展。

六、中国特色社会主义新时代（2018 年至今）

2018 年以来，中国特色社会主义进入新时代。这一阶段的经济发展已由高速增长转向高质量发展，处于转变发展方式、优化经济结构、转换增长动力的攻关期。主要的供给管理政策有进一步深化供给侧结构性改革、建立城乡融合发展体制、推进国有资产监管体制、深化财税金融体制改革等。

（一）深化供给侧结构性改革，推进产业结构调整

上一阶段，以“三去一降一补”为主抓手的供给侧结构性改革取得了显

① 即去产能、去库存、去杠杆、降成本、补短板五大任务。

著进展。党的十九大报告对深化供给侧结构性改革做了重大部署，不仅继续强调“三去一降一补”，还更加重视推进产业结构的调整，包括发展先进制造业、提升传统产业、保护企业家精神以及建设一支知识型、技能型、创新型的劳动者大军。

（二）建立城乡融合发展体制，促进农业现代化发展

实施乡村振兴战略，建立城乡融合发展体制机制和政策体系，将传统“三农”问题上升到乡村振兴高度，并且对乡村振兴的目标做了全新定位，即从传统的“生产发展、生活宽裕、乡风文明、村容整洁、管理民主”提升到“产业兴旺、生活富裕、乡风文明、生态宜居、治理有效”。其中，产业兴旺是乡村振兴的重点，促进农村第一、二、三产业融合发展，构建现代农业产业体系、生产体系和经营体系，提高农业的综合效益，从供给侧促进农村经济发展。

（三）推进国有资产监管体制，充分调动非公有资本积极性

2019 年党的十九届四中全会通过了《中共中央关于坚持和完善中国特色社会主义制度　推进国家治理体系和治理能力现代化若干重大问题的决定》，其中提出“形成以管资本为主的国有资产监管体制，有效发挥国有资本投资、运营公司功能作用”。“管资本”的前提则是国有资产资本化，或者国有企业整体上市之后的一种理想化的国有资产监管模式。在“管资本”的过程中就涉及非公有资本的参与问题，即如何充分调动非公有资本的积极性，鼓励其参与到国有企业的改革中来。

（四）加大减税降费力度，增强金融服务供给，降低企业成本

深化财税金融体制改革。进一步加大减税降费力度，实质性降低企业成本，尤其是新冠肺炎疫情暴发以来，每年的《政府工作报告》均涉及新的减税降费政策出台。进一步增强金融服务实体经济的能力，降低实体经济融资成本，以金融支持激发小微企业潜在活力。

第三节 中国供给管理政策应用总结

纵观改革开放以来中国供给管理 40 多年的实践历程，每个阶段的供给管理政策应用都呈现出不同的经济发展特征。在改革起步阶段，打破了过去计划经济的极端供给管理制度，确立了以“计划经济为主，市场调节为辅”的温和供给管理调控模式。其中，具体政策实践围绕农村展开，旨在释放农民因计划经济体制被束缚的生产活力，发展农业经济，提高农产品的总供给，为后续改革提供物质基础。改革重心战略转移阶段顺承了上一阶段经济体制改革路径，承认了商品经济的作用，建立了“有计划的商品经济”体制，进一步提升了供给管理宏观调控政策的有效性。由于前期农村改革初见成效，改革目标进一步转移至城市，实现“农村包围城市”的改革路径。值得注意的是，供给管理的宏观调控以短期调控为主，一些长期供给管理政策同时也在跟进，如教育制度变迁和各类保障制度调整。在社会主义市场经济体制基本框架构建阶段，建立了社会主义市场经济体制，丰富了长期供给管理调控，施政目标不仅仅在于经济长期增长，更在于国内经济结构失衡，这是供给管理调控的优势。在完善社会主义市场经济体制阶段，侧重于短期供给管理调控，此阶段的供给管理调控兼具短期性和长期性。其中，短期调控针对国有企业的运营机制和农民的生产积极性，以释放活力，提升效率为主；长期调控则侧重于农村经济、非公有制经济以及教育发展，兼具供给要素效率和质量提升。在全面深化改革阶段，短期供给管理调控明显少于长期供给管理调控。此阶段，中国改革开放进入深水区，短期供给管理政策选择面显著缩小，加之中国经济出现的结构性问题短时期难以解决，供给管理调控逐渐转向长期政策，如供给侧结构性改革、创新驱动以及人口调整等。值得注意的是，此阶段的供给管理调控目标并非如过去那般追求量的发展，而是侧重于质的发展，着重解决经济中出现的失衡问题。在中国特色社会主义新时代阶段，中国经济已由高速增长阶段转向高质量发展阶段，正处于转变发展方式、优化经济结构、转换增长动力的攻关期，以深化供给侧结构性改革为主线建设现代化经济体系是重要的发展目标，供给管理政策成为未来经济发展的重要发力点。

在这40多年的实践历程中，可以发现中国的供给管理在调控对象、调控方式和调控目标上均发生了转变。就调控对象而言，发生由农村到城市再到农村的转变，即从调控农业过渡到调整工业再到反哺农业；就调控方式而言，发生由短期到长期的转变，即在40多年的实践中，前中期的供给管理政策以短期调控为主，中后期的供给管理政策则以长期调控为主；就调控目标而言，供给管理的调控目标发生了从供给要素到经济结构的历史转变，即前期通过释放供给要素的活力促进经济发展，后期则以提升供给要素质量和调整经济结构来优化经济，从而助力经济健康发展。

基于对中国改革开放以来供给管理政策应用的梳理和总结，可以发现，中国的供给管理政策实践实际上有别于西方供给学派在应对20世纪70年代西方国家“滞胀”经济危机时的政策实践，双方在具体政策措施上表现出明显的差异。例如，西方供给管理的政策主张重在大幅度减税并辅之以政府管制放松、货币紧缩和政府支出减少，而中国的供给管理政策主张重在完善体制环境，优化市场机制，提升供给要素效率水平，并辅之以科技创新对供给要素质量提升的长期作用。形成这种显著差异的原因可能是双方所处的时代背景不同，施政目的不同以及政治、经济制度不同。同时也可以看到，双方的政策动机有相似之处，西方在供给管理中，放松政府管制是为了增强市场机制，中国在推行的供给管理政策中，也非常重视市场力量在资源配置中的作用。因此，西方供给管理理论在中国有一定的适用性，但具体实际操作不能照搬照抄，需要考虑中国特色（苏剑，2016；郭威等，2016；李栋，2012）。

第四节　中国供给管理的未来展望

未来中国供给管理政策实践应充分利用中国的制度优势。西方国家以资本主义私有制为基础的市场经济难以实现政府和市场有效的协同与统一，这是资本主义生产社会化与资本主义生产资料私有制之间的根本冲突，而中国特色社会主义市场经济体制是以公有制为主体、多种所有制经济共同发展的基本制度，并让市场在资源配置过程中起决定性作用，中国的市场经济体制在处理政府与市场之间的关系方面，相比于西方国家具有明显的制度优势，在供给管理政策方面更易表现出较好的实施效果。此外，西方国家资本主义制度的内在矛盾，使其在机制上难以保证市场公平竞争与政府干预政策间的统一（刘伟，2017），从而导致供给管理政策和需求管理政策难以协同，而中国建立的社会主义市场经济体制则可以极大地发挥供给管理和需求管理协同统一的调控组合优势，如同时实现总量调控和结构调控。

自 2008 年金融危机以来，在世界经济复苏乏力、全球价值链分工深化、中国经济增长动力转换以及周期性因素等多重内因与外因的作用下，中国经济增长速度由高速转入中高速，随之进入“新常态”阶段。在经济新常态下，中国国内面临经济增长率下降、“滞胀”隐患显现、劳动力短缺、消费占比提高、产业结构向资金密集型和知识密集型转换以及“后发优势”动力不足等新特征（刘伟、苏剑，2014）。与此同时，随着 2020 年以来新冠肺炎疫情的暴发，各国贸易保护和产业链回流频繁发生，全球价值链进入了加速重构期，世界经济格局再次发生转变。在此背景下，市场和资源两头在外的国际大循环动能开始明显减弱，国内经济循环的重要性日益凸显（苏剑等，2021）。为了应对这些新变化对中国经济的影响，供给侧结构性改革自提出以来持续发挥着重要的作用，中国经济可持续增长的“新红利”不断释放，经济结构不断优化升级，发展动力从要素和投资驱动转向了创新驱动（邵宇佳、王光，

2020），未来的供给侧结构性改革的调整也同样需要适应新的环境。

因此，考虑到当前源自西方的总供求模型并没有深刻地融入供给管理政策，导致目前制定宏观经济政策的理论基础和框架存在缺陷和不足（苏剑，2017），如何制定协同供给管理、需求管理以及价格管理的宏观调控政策，尤其是如何将供给管理政策融入总供求模型并结合中国特色构建一个具有中国特色的新型宏观调控体系将是未来供给管理的重要研究方向。

参考文献

中文参考文献

[1] 习近平在学习贯彻党的十九大精神研讨班开班式上发表重要讲话强调：以时不我待只争朝夕的精神投入工作 开创中国特色社会主义事业新局面[N]. 人民日报，2018-01-06（1）.

[2] 马克思恩格斯全集 . 第 1 卷 [M]. 北京：人民出版社，1995.

[3] 中央经济工作会议在北京举行 [N]. 人民日报，2012-12-17（1）.

[4] 中央经济工作会议在北京举行 [N]. 人民日报，2013-12-14（1）.

[5] 中央经济工作会议在北京举行 [N]. 人民日报，2014-12-12（1）.

[6] 中央经济工作会议在北京举行 [N]. 人民日报，2016-12-17（1）.

[7] 中央经济工作会议在北京举行 [N]. 人民日报，2018-12-22（1）.

[8] 中央经济工作会议在北京举行 [N]. 人民日报，2015-12-22（1）.

[9] 中央经济工作会议在北京举行 [N]. 人民日报，2017-12-21（1）.

[10] 中央经济工作会议在北京举行 [N]. 人民日报，2019-12-13（1）.

[11] 中央经济工作会议在北京举行 [N]. 人民日报，2020-12-19（1）.

[12] 中央经济工作会议在北京举行 [N]. 人民日报，2021-12-11（1）.

[13] 习近平谈治国理政 . 第 2 卷 [M]. 北京：外文出版社，2017.

[14] 习近平在省部级主要领导干部学习贯彻党的十九届五中全会精神专题研讨班开班式上发表重要讲话强调：深入学习坚决贯彻党的十九届五中全

会精神 确保全面建设社会主义现代化国家开好局 [N]. 人民日报，2021-01-12.

[15] 习近平 . 把握新发展阶段，贯彻新发展理念，构建新发展格局 [J]. 求是，2021（9）.

[16] 中共中央政治局召开会议 决定召开十九届五中全会 [N]. 人民日报，2020-07-31（1）.

[17] 中共中央政治局召开会议 分析研究当前经济形势和经济工作 [N]. 人民日报，2021-07-31（1）.

[18] 李扬，殷剑峰 . 劳动力转移过程中的高储蓄、高投资和中国经济增长 [J]. 经济研究，2005（2）：4-15.

[19] 李扬，殷剑峰，陈洪波 . 中国：高储蓄、高投资和高增长研究 [J]. 财贸经济，2007（1）：26-33.

[20] 杨继军，任志成，程瑶 . 人口年龄结构如何影响经济失衡——理论与中国的经验分析 [J]. 财经科学，2013（1）：65-73.

[21] 朱庆 . 中国特殊国际收支结构原因探析——基于人口年龄结构的视角 [J]. 世界经济研究，2007（5）：36-39.

[22] 王仁言 . 人口年龄结构、贸易差额与中国汇率政策的调整 [J]. 世界经济，2003（9）：3-9+80.

[23] 祝丹涛 . 人口年龄结构的国别差异和全球经济失衡 [J]. 经济社会体制比较，2008（2）：27-32.

[24] 刘雯 . 湖南人口年龄结构对居民消费率的影响——基于 1988—2007 年省内数据的实证研究 [J]. 消费经济，2009（3）：18-20+75.

[25] 沈继红 . 人口的年龄结构对消费率的影响研究——基于中国省际面板数据的实证分析 [J]. 上海经济研究，2015（4）：36-41.

[26] 李春琦，张杰平 . 中国人口结构变动对农村居民消费的影响研究 [J]. 中国人口科学，2009（4）：14-22.

[27] 付波航，方齐云，宋德勇 . 城镇化、人口年龄结构与居民消费——基

于省际动态面板的实证研究 [J]. 中国人口·资源与环境，2013（11）：108-114.

[28] 潘红虹，唐珏岚 . 人口老龄化对居民消费率的影响研究 [J]. 江西社会科学，2021（1）：51-60.

[29] 郭凯明，余靖雯，龚六堂 . 人口转变、企业家精神与经济增长 [J]. 经济学（季刊），2018（3）：989-1010.

[30] 中国经济增长前沿课题组，张平，刘霞辉，等 . 中国经济长期增长路径、效率与潜在增长水平 [J]. 经济研究，2012（11）：4-17+75.

[31] 都阳，封永刚 . 人口快速老龄化对经济增长的冲击 [J]. 经济研究，2021（2）：71-88.

[32] 陈强 . 高级计量经济学及 Stata 应用（第二版）[M]. 北京：高等教育出版社，2014.

[33] 常瑞祥 . 一体化、经济集聚与区域发展空间博士学位论文 [D]. 北京：首都经济贸易大学城市经济与公共管理学院，2018：75.

[34] 陈刚，李树 . 司法独立与市场分割——以法官异地交流为试验的研究 [J]. 经济研究，2013（9）.

[35] 陈敏，桂琦寒，陆铭，陈钊 . 中国经济增长如何持续发挥规模效应？——经济开放与国内商品市场分割的实证研究 [J]. 经济学（季刊），2008（1）.

[36] 范爱军，李真，刘小勇 . 国内市场分割及其影响因素的实证分析——以我国商品市场为例 [J]. 南开经济研究，2007（5）.

[37] 桂琦寒，陈敏，陆铭，陈钊 . 中国国内商品市场趋于分割还是整合：基于相对价格法的分析 [J]. 世界经济，2006（2）.

[38] 黄赜琳，王敬云 . 地方保护与市场分割：来自中国的经验数据 [J]. 中国工业经济，2006（2）.

[39] 李善同，侯永志，刘云中，陈波 . 中国国内地方保护问题的调查与分

析 [J]. 经济研究，2004（11）.

[40] 刘瑞明 . 国有企业、隐性补贴与市场分割：理论与经验证据 [J]. 管理世界，2012（4）.

[41] 刘志彪，孔令池 . 长三角区域一体化发展特征、问题及基本策略 [J]. 安徽大学学报（哲学社会科学版），2019（3）.

[42] 陆铭，陈钊 . 分割市场的经济增长——为什么经济开放可能加剧地方保护？ [J]. 经济研究，2009（3）.

[43] 吕冰洋，贺颖 . 分权、分税与市场分割 [J]. 北京大学学报（哲学社会科学版），2019（3）.

[44] 余淼杰 ."大变局"与中国经济"双循环"发展新格局 [J]. 上海对外经贸大学学报，2020（6）.

[45] 沈立人 . 地方政府的经济职能和经济行为 [M]. 上海：上海远东出版社，1999：68.

[46] 王建康 . 中国省际市场分割程度的时空格局及影响因素 [J]. 地理科学，2018（12）.

[47] 徐保昌，谢建国 . 市场分割与企业生产率：来自中国制造业企业的证据 [J]. 世界经济，2016（1）.

[48] 余东华，刘运 . 地方保护和市场分割的测度与辨识——基于方法论的文献综述 [J]. 世界经济文汇，2009（1）.

[49] 张昊 . 再议国内区域市场是趋于分割还是整合——对测度方法的探讨与改进 [J]. 财贸经济，2014（11）.

[50] 赵奇伟，熊性美 . 中国三大市场分割程度的比较分析：时间走势与区域差异 [J]. 世界经济，2009（6）.

[51] 郑毓盛，李崇高 . 中国地方分割的效率损失 [J]. 中国社会科学，2003（1）.

[52] 樊勇，李昊楠，蒋玉杰 . 企业税负、税收凸显性与企业固定资产投资

[J]. 财贸经济，2018（12）.

[53] 胡凯，吴清 .R&D 税收激励产业政策与企业生产率 [J]. 产业经济研究，2018（3）.

[54] 李林木，汪冲 . 税费负担、创新能力与企业升级——来自“新三板”挂牌公司的经验证据 [J]. 经济研究，2017（11）.

[55] 李永友，严岑 . 服务业“营改增”能带动制造业升级吗？ [J]. 经济研究，2018（4）.

[56] 刘行，叶康涛 . 增值税税率对企业价值的影响：来自股票市场反应的证据 [J]. 管理世界，2018（11）.

[57] 刘啟仁，赵灿，黄建忠 . 税收优惠、供给侧改革与企业投资 [J]. 管理世界，2019（1）.

[58] 鲁晓东，连玉君 . 中国工业企业全要素生产率估计：1999—2007[J]. 经济学（季刊），2012（2）.

[59] 申广军，陈斌开，杨汝岱 . 减税能否提振中国经济？——基于中国增值税改革的实证研究 [J]. 经济研究，2016（11）.

[60] 申广军，张延，王荣 . 结构性减税与企业去杠杆 [J]. 金融研究，2018（12）.

[61] 许和连，王海成 . 简政放权改革会改善企业出口绩效吗？——基于出口退（免）税审批权下放的准自然试验 [J]. 经济研究，2018（3）.

[62] 张祥建，徐晋，徐龙炳 . 高管精英治理模式能够提升企业绩效吗？——基于社会连带关系调节效应的研究 [J]. 经济研究，2015（3）.

[63] 郑宝红，张兆国 . 企业所得税率降低会影响全要素生产率吗？——来自我国上市公司的经验证据 [J]. 会计研究，2018（5）.

[64] 徐翔，厉克奥博，田晓轩 . 数据生产要素研究进展 [J]. 经济学动态，2021（4）：142-158.

[65] 王胜利，樊悦 . 论数据生产要素对经济增长的贡献 [J]. 上海经济研

究，2020（7）：32-39+117.

[66] 宋冬林，孙尚斌，范欣 . 数据成为现代生产要素的政治经济学分析 [J]. 经济学家，2021（7）：35-44.

[67] 戴双兴 . 数据要素：主要特征、推动效应及发展路径 [J]. 马克思主义与现实，2020（6）：171-177.

[68] 蔡跃洲，马文君 . 数据要素对高质量发展影响与数据流动制约 [J]. 数量经济技术经济研究，2021（3）：64-83.

[69] 金星晔，伏霖，李涛 . 数字经济规模核算的框架、方法与特点 [J]. 经济社会体制比较，2020（4）：69-78.

[70] 李政，周希禛 . 数据作为生产要素参与分配的政治经济学分析 [J]. 学习与探索，2020（1）：109-115.

[71] 王建冬，童楠楠 . 数字经济背景下数据与其他生产要素的协同联动机制研究 [J]. 电子政务，2020（3）：22-31.

[72] 谢康，夏正豪，肖静华 . 大数据成为现实生产要素的企业实现机制：产品创新视角 [J]. 中国工业经济，2020（5）：42-60.

[73] 戚聿东，刘欢欢 . 数字经济下数据的生产要素属性及其市场化配置机制研究 [J]. 经济纵横，2020（11）：63-76+2.

[74] 杨东，臧俊恒 . 数据生产要素的竞争规制困境与突破 [J]. 国家检察官学院学报，2020（6）：143-159.

[75] 于立，王建林 . 生产要素理论新论——兼论数据要素的共性和特性 [J]. 经济与管理研究，2020（4）：62-73.

[76] 熊巧琴，汤珂 . 数据要素的界权、交易和定价研究进展 [J]. 经济学动态，2021（2）：143-158.

[77] 徐翔，赵墨非 . 数据资本与经济增长路径 [J]. 经济研究，2020（10）：38-54.

[78] 李静萍 . 数据资产核算研究 [J]. 统计研究，2020（11）：3-14.

[79] 许宪春，张美慧，张钟文 . 数字化转型与经济社会统计的挑战和创新 [J]. 统计研究，2021（1）：15-26.

[80] 续继，唐琦 . 数字经济与国民经济核算文献评述 [J]. 经济学动态，2019（10）：117-131.

[81] 陈梦根，张鑫 . 数字经济的统计挑战与核算思路探讨 [J]. 改革，2020（9）：52-67.

[82] 彭刚，朱莉，陈榕 . SNA 视角下我国数字经济生产核算问题研究 [J]. 统计研究，2021（7）：19-31.

[83] 向书坚，吴文君 . OECD 数字经济核算研究最新动态及其启示 [J]. 统计研究，2018（12）：3-15.

[84] 张美慧 . 国际新经济测度研究进展及对中国的借鉴 [J]. 经济学家，2017（11）：47-55.

[85] 罗良清，平卫英，张雨露 . 基于融合视角的中国数字经济卫星账户编制研究 [J]. 统计研究，2021（1）：27-37.

[86] 蔡跃洲 . 数字经济的增加值及贡献度测算：历史沿革、理论基础与方法框架 [J]. 求是学刊，2018（5）：65-71.

[87] 向书坚，吴文君 . 中国数字经济卫星账户框架设计研究 [J]. 统计研究，2019（10）：3-16.

[88] 黄建伟，刘军 . 欧美数字治理的发展及其对中国的启示 [J]. 中国行政管理，2019（6）：36-41.

[89] 孙友晋，高乐 . 加强数字政府建设推进国家治理现代化 [J]. 中国行政管理，2020（11）：147-150.

[90] 李军鹏 . 面向基本现代化的数字政府建设方略 [J]. 改革，2020（12）：16-27.

[91] 李月，曹海军 . 省级政府数字治理影响因素与实施路径 [J]. 电子政务，2020（10）：29-48.

[92] 刘俊祥，曾森 . 中国乡村数字治理的智理属性、顶层设计与探索实践 [J]. 兰州大学学报，2020（1）：64–71.

[93] 张斌 . 国家治理视角下的税收现代化进程：共性、差异与路径 [J]. 税务研究，2019（4）：10–15.

[94] 万平 . 试论现代财政制度的基本逻辑——基于国家治理现代化的视角 [J]. 理论视野，2018（12）：32–39.

[95] 王东伟 . 财政治理现代化面临的挑战与对策 [J]. 财政科学，2020，（3）：38–48.

[96] 吕冰洋，刘晓路，马光荣 . 财政制度，国家治理与经济发展——第五届中国财政学论坛综述 [J]. 经济研究，2020（4）：203–206.

[97] 赵宁，朱云飞 . 县域财政运行的主要亮点，难点和堵点——河北县域调研报告 [J]. 地方财政研究，2020（4）：64–69.

[98] 许宪春，贾海，李皎，李俊波 . 房地产经济对中国国民经济增长的作用研究 [J]. 中国社会科学，2015（1）：84–101+204.

[99] 方意，荆中博，马晓 . 中国房地产市场对银行业系统性风险的溢出效应 [J]. 经济学（季刊），2021，21（6）：2037–2060.

[100] 卢建新，罗百棠 . 政府动机、企业预期与地价扭曲 [J]. 统计研究，2021，38（11）：73–86.

[101] “中国 2007 年投入产出表分析应用”课题组，许宪春，彭志龙，刘起运，等 . 基于 2007 年投入产出表的我国投资乘数测算和变动分析 [J]. 统计研究，2011，28（3）：3–7.

[102] 张钟文，叶银丹，许宪春 . 高技术产业发展对经济增长和促进就业的作用研究 [J]. 统计研究，2017，34（7）：37–48.

[103] “中国 2007 年投入产出表分析应用”课题组，许宪春，彭志龙，刘起运，等 . 国际金融危机就业效应的投入产出分析 [J]. 统计研究，2011，28（4）：4–10.

[104] 潘芳（清华同衡规划设计研究院院长助理、科研与信息中心主任），田爽（清华同衡规划设计研究院科研与信息中心研究员）. 美国东北部大西洋沿岸城市群发展的经验与启示 [J]. 前线，2018（2）.

[105] 薛凤旋，郑艳婷，许志桦（香港浸会大学当代中国研究所，北京师范大学经济与资源管理研究院）. 国外城市群发展及其对中国城市群的启示 [J]. 区域经济评论，2014（4）：147-152.

[106] 姚晓东，王刚 . 美国城市群的发展经验及借鉴 [J]. 天津经济，2013.

[107] 金世斌 . 国外城市群一体化发展的经验与启示 [J]. 上海城市管理，2017（2）.

[108] 朱丽娜（上海易居房地产研究院）. 日本东京都市圈对我国都市圈发展的启示 [J]. 上海房地，2018（2）：42-46.

[109] 于一洋（方塘智库区域战略研究中心研究员）. 伦敦都市圈的前世今生及对中国城市化的启示 [J]. 方塘智库公众号，2020-10-23.

[110] 前滩综研与剑桥大学联合课题组 . 以色列特拉维夫市全球科技创新中心实践探析 [J]. 现代工商，2015.

[111] 刘伟 . 我国供给侧结构性改革与西方“供给革命”的根本区别 [J]. 中共中央党校学报，2017（6）：17-26.

[112] 刘伟，苏剑 . 供给管理与我国的市场化改革进程 [J]. 北京大学学报，2007（5）：97-104.

[113] 苏剑 . 从一维空间到二维空间：供给管理与宏观调控体系的新突破 [N]. 光明日报，2015-12-13.

[114] 苏剑 . 新供给经济学：理论与实践 [M]. 北京：中国人民大学出版社，2016.

[115] 郑有贵 . 为什么中国经济体制改革由农村率先进行并首获成功 [J]. 中共党史研究，1998（5）：25-30.

[116] 孙效良 . 谈如何转换企业经营机制 [J]. 经济管理，1991（10）：

13-6.

[117] 罗仲伟．债转股政策的意义与问题 [J]. 科学决策，2000（3）：38-41.

[118] 何诚颖．我国国有资产管理体制模式的比较与选择 [J]. 中国工业经济，2000（3）：16-20.

[119] 郭威，等．供给侧结构性改革：理论与实践 [M]. 北京：人民出版社，2016.

[120] 李栋．里根经济学的政策实践及启示 [J]. 财政研究，2012（1）：79-81.

[121] 刘伟，苏剑．“新常态”下的中国宏观调控 [J]. 经济科学，2014（4）：5-13.

[122] 刘伟，蔡志洲．经济增长新常态与供给侧结构性改革 [J]. 求是学刊，2016，43（1）：56-65.

[123] 刘伟．经济“新常态”对宏观调控的新要求 [J]. 上海行政学院学报，2014（5）：4-14.

[124] 邵宇佳，王光．新时代下中国供给管理的创新实践与理论贡献 [J]. 当代经济管理，2020（5）：8-14.

[125] 苏剑，邵宇佳，陈丽娜．中国市场一体化进程：趋势、成效与建议 [J]. 社会科学辑刊，2021（3）：157-170.

[126] 苏剑．基于总供求模型和中国特色的宏观调控体系 [J]. 经济学家，2017（7）：27-37.

[127] 王光．政府投资基金有助于国有企业改革 [J]. 财政科学，2021（4）：118-125.

[128] 陈诗一．中国各地区低碳经济转型进程评估 [J]. 经济研究，2012（8）.

[129] 董敏杰，梁泳梅.1978—2010 年中国经济增长来源：一个非参数分解框架 [J]. 经济研究，2013（5）.

[130] 樊纲，王小鲁，马光荣 . 中国市场化进程对经济增长的贡献 [J]. 经济研究，2011（9）.

[131] 江飞涛，武鹏，李晓萍 . 中国工业经济增长动力机制转换 [J]. 中国工业经济，2014（5）.

[132] 李玲，陶锋 . 中国制造业最优环境规制强度的选择——基于绿色全要素生产率的视角 [J]. 中国工业经济，2012（5）.

[133] 李政大，袁晓玲，杨万平 . 环境质量评价研究现状、困惑和展望 [J]. 资源科学，2014（1）.

[134] 刘瑞翔 . 探寻中国经济增长源泉：要素投入、生产率与环境消耗 [J]. 世界经济，2013（10）.

[135] 路正南，闻捷，陈春华 . 论经济增长的驱动因素：劳动生产效率与产业结构——以江苏省为例 [J]. 学术探索，2012（1）.

[136] 任保全，刘志彪，王亮亮 . 战略性新兴产业生产率增长的来源：出口还是本土市场需求 [J]. 经济学家，2016（4）.

[137] 宋瑞礼 . 中国经济增长机理解释——基于投入产出 SDA 方法 [J]. 经济经纬，2012（2）.

[138] 王建军，周晓唯 . 公共物质资本投资与经济增长：1999—2012——基于 LMDI 的分析 [J]. 求索，2013（7）.

[139] 王美今，林建浩 . 计量经济学应用研究的可信性革命 [J]. 经济研究，2012（2）.

[140] 王清杨，李勇 . 技术进步和要素增长对经济增长的作用——兼评索洛的“余值法”[J]. 中国社会科学，1999（2）.

[141] 王恕立，胡宗彪 . 中国服务业分行业生产率变迁及异质性考察 [J]. 经济研究，2012（4）.

[142] 王伟光，陈锡文，李扬，等 .“十二五”时期中国经济社会发展改革问题笔谈 [J]. 经济研究，2010（12）.

[143] 余泳泽 . 改革开放以来中国经济增长动力转换的时空特征 [J]. 数量经济技术经济研究，2015（2）.

[144] 袁小慧，范金，王凯 . 探析江苏经济发展变化的源泉：基于 SDA 的分析 [J]. 管理评论，2011（4）.

[145] 袁晓玲，李政大 . 中国生态环境动态变化、区域差异和影响机制 [J]. 经济科学，2013（6）.

[146] 张军，吴桂英，张吉鹏 . 中国省际物质资本存量估算：1952—2000[J]. 经济研究，2004（10）.

[147] 邓旭，谢俊，滕飞 . 何谓“碳中和”？ [J]. 气候变化研究进展，2021，17（1）：107-113.

[148] 清华大学项目综合报告编写组 . 中国长期低碳发展战略与转型路径研究（综合报告）[J]. 中国人口・资源与环境，2020，30（11）：1-25.

[149] 全球能源互联网发展合作组织 . 中国 2060 年前碳中和研究报告 [EB/OL]. https：//www.geidco.org.cn/html/qqnyhlw/zt20210120_1/index.html.

[150] 杰里米・里夫金 . 第三次工业革命：新经济模式如何改变世界 [M]. 张体伟，孙豫宁，译 . 北京：中信出版社，2012.

[151] 李琼慧，叶小宁，胡静，等 . 分布式能源规模化发展前景及关键问题 [J]. 分布式能源，2020，5（2）：1-7.

[152] 国家能源局 . 能源科技热词：储能技术 [EB/OL]. http：//www.nea.gov.cn/2013-05/16/c_132386097.htm.

[153] 国网能源研究院有限公司 . 中国能源电力发展展望 2020[M]. 北京：中国电力出版社，2020.

[154] 曹军文，郑云，张文强，等 . 能源互联网推动下的氢能发展 [J/OL]. 清华大学学报（自然科学版）2021，61（4）：1-10. https：//doi.org/10.16511/j.cnki.qhdxxb.2021.25.007.

英文参考文献

[155] MODIGLIANI F, BRUMBERG R E . Utility analysis and the consumption function: an interpretation of cross-section data [J]. Journal of Post Keynesian Economics, 1954.

[156] MODIGLIANI F. The life cycle hypothesis of saving and intercountry differences in the saving ratio[M]. Oxford: Clarendon Press, 1970.

[157] MODIGLIANI F, CAO S L . The Chinese saving puzzle and the life-cycle hypothesis [J]. Journal of Economic Literature, 2004, 42(1):145-170.

[158] LEFF N H. Dependency rates and savings rates[J]. The American Economic Review, 1969, 59(5):886-896.

[159] SERRES A D, PELGRIN F. The decline in private saving rates in the 1990s in OECD countries: how much can be explained by non-wealth determinants? [J]. OECD Economic Studie, 2003, 36(36):117-153.

[160] KIM S, LEE J W. Demographic changes, saving, and current account in east asia [J]. Asian Economic Papers, 2007, 6(2):22-53.

[161] HIGGINS, M. Demography, national savings and international capital flows[J]. International Economic Review, 1998, 39(2):343-369.

[162] MICHAEL K. Population growth and technological change: one million B.C. to 1990 [J]. Quarterly Journal of Economics, 1993, 108(3): 681-716.

[163] FEYRER J. Aggregate evidence on the link between age structure and productivity [J].Population & Development Review, 2008, 34(2):78-99.

[164] LIANG J, WANG H, LAZEAR E P. Demographics and entrepreneurship[J]. Journal of Political Economy, 2018,126(S1):140-196.

[165] ROMER P M. Endogenous technological Change[J]. Journal of Political Economy, 1990, 98(5):71-102.

[166] GROSSMAN, GENE M, HELPMAN E. Innovation and growth in the global economy. Cambridge[M]. MA: MIT Press, 1991.

[167] AGHION P, HOWITT P. A model of growth through creative destruction[J]. Econometrica, 1992,60(2):323-351.

[168] Chow, Gregory, C, et al. China's Economic Growth: 1952-2010[J]. Economic Development & Cultural Change, 2002,51(1):247.

[169] STAIGER D., STOCK J H.Instrumental Variables Regression with Weak Instruments[J]. Econometrica, 1997,65(3):557-586.

[170] Bai C-E, Du Y, Tao Z, Tong S Y. Local protectionism and regional specialization: evidence from China's industries[J]. Journal of international economics, 2004, 63(2): 397-417.

[171] Baumol W J. Productivity growth, convergence, and wealth: what the long-run data[J]. American Economic Review, 1986, 76(5): 1072-1085.

[172] Fan C S, Wei X. The law of one price: evidence from the transitional economy of China[J]. The Review of Economics and Statistics, 2006, 88(4): 682-697.

[173] Holz C A. No razor's edge: Reexamining Alwyn Young's evidence for increasing interprovincial trade barriers in China[J]. The Review of Economics and Statistics, 2009, 91(3): 599-616.

[174] Ke S. Domestic market integration and regional economic

growth—China's recent experience from 1995-2011[J]. World Development, 2015, 66: 588-597.

[175] Mody A, Wang F-Y. Explaining industrial growth in coastal China: economic reforms... and what else?[J]. The World Bank Economic Review, 1997, 11(2): 293-325.

[176] Naughton B. How much can regional integration do to unify China's markets?[J]. How far across the river, 2003: 204-232.

[177] Park A, Du Y. Blunting the Razor's edge: Regional development in reform China[J]. University of Michigan and Chinese Academy of Social Sciences, 2003.

[178] Parsley D C, Wei S-J. Convergence to the law of one price without trade barriers or currency fluctuations[J]. The Quarterly Journal of Economics, 1996, 111(4): 1211-1236.

[179] Parsley D C, Wei S-J. Explaining the border effect: the role of exchange rate variability, shipping costs, and geography[J]. Journal of International Economics, 2001b, 55(1): 87-105.

[180] Parsley D C, Wei S-J. Limiting currency volatility to stimulate goods market integration: a price based approach[R]. National Bureau of Economic Research, 2001a, No. 0898-2937.

[181] Poncet S. Domestic market fragmentation and economic growth in China[J]. European Regional Science Association Conference Papers, no.117(2003), pp.1-34.

[182] Poncet S. Measuring Chinese domestic and international integration[J]. China Economic Review, 2003a, 14(1): 1-21.

[183] Samuelson P A. Theoretical notes on trade problems[J]. The Review of Economics and Statistics, 1964: 145-154.

[184] Xu X. Have the Chinese provinces become integrated under reform?[J]. China Economic Review, 2002, 13(2-3): 116-133.

[185] Young A. The razor's edge: Distortions and incremental reform in the People's Republic of China[J]. The Quarterly Journal of Economics, 2000, 115(4): 1091-1135.

[186] Almunia, M. and Lopez-Rodriguez, D. Under the Radar: The Effects of Monitoring Firms on Tax Compliance[M]. American Economic Journal: Economic Policy, 2018, 10(1): 1-38.

[187] Chen, Z.;Liu, Z.;Suárez Serrato, J. C. and Xu, D. Y. "Notching R&D Investment with Corporate Income Tax Cuts in China." NBER Working Paper, No. 24749, 2018.

[188] Chetty, R.;Friedman, J. N.;Olsen, T. and Pistaferri, L. "Adjustment Costs, Firm Responses, and Micro vs. Macro Labor Supply Elasticities: Evidence from Danish Tax Records." The Quarterly Journal of Economics, 2011, 126(2): 749-804.

[189] Devereux, M. P.;Liu, L. and Loretz, S. "The Elasticity of Corporate Taxable Income: New Evidence from UK Tax Records." American Economic Journal: Economic Policy, 2014, 6(2): 19-53.

[190] Devereux, M. P.;Maffini, G. and Xing, J. "Corporate Tax Incentives and Capital Structure: New Evidence from UK Firm-level Tax Returns." Journal of Banking & Finance, 2018, 88: 250-266.

[191] Guceri, I. and Liu, L. "Effectiveness of Fiscal Incentives for R&D: Quasi-Experimental Evidence." American Economic Journal: Economic Policy, 2019, 11(1): 266-291.

[192] Jia, J. and Ma, G. "Do R&D Tax Incentives Work? Firm-level Evidence from China." China Economic Review, 2017, 46: 50-66.

[193] Kleven, H. J. and Waseem, M. "Using Notches to Uncover Optimization Frictions and Structural Elasticities: Theory and Evidence from Pakistan." The Quarterly Journal of Economics, 2013, 128(2): 669-723.

[194] Kleven, H. J. "Bunching." Annual Review of Economics, 2016, 8: 435-464.

[195] Kosonen, T. "More and Cheaper Haircuts After VAT Cut? On the Efficiency and Incidence of Service Sector Consumption Taxes." Journal of Public Economics, 2015, 131: 87-100.

[196] Liu, Y. and Mao, J. "How do Tax Incentives Affect Investment and Productivity? Firm-level Evidence from China." American Economic Journal: Economic Policy, 2019, 11(3): 261-291.

[197] Saez, E. "Do Taxpayers Bunch at Kink Points?" American Economic Journal: Economic Policy, 2010, 2(3): 180-212.

[198] Zhang, L.;Chen, Y. and He, Z. "The Effect of Investment Tax Incentives: Evidence from China's Value-added Tax Reform." International Tax and Public Finance, 2018, 25(4): 913-945.

[199] Zidar, O. "Tax Cuts for Whom? Heterogeneous Effects of Income Tax Changes on Growth and Employment." Journal of Political Economy, 2019, 127(3): 1437-1472.

[200] BERGEMANN D, BONATTI A. Markets for information: an introduction [J]. Annual Review of Economics, 2019, 11: 85-107.

[201] JONES C I, TONETTI C. Nonrivalry and the economics of data [J]. American Economic Review, 2020, 110(9): 2819-2858.

[202] BAJARI P, CHERNOZHUKOV V, HORTAÇSU A, et al. The impact of big data on firm performance: an empirical investigation [J].

AEA Papers and Proceedings, 2019, 109: 33-37.

[203] BRYNJOLFSSON E, COLLIS A. How should we measure the digital economy [J]. Harvard Business Review, 2019, 97(6): 140-148.

[204] BEAUDREAU B C. The dynamo and the computer: an engineering perspective on the modern productivity paradox [J]. International Journal of Productivity and Performance Management, 2010, 59(1): 7-17.

[205] ACEMOGLU D, AUTOR D, DORN D, et al. Return of the solow paradox? IT, productivity, and employment in US manufacturing [J]. American Economic Review, 2014, 104(5): 394-399.

[206] FARBOODI M, MIHET R, PHILIPPON T, et al. Big data and firm dynamics [J]. AEA papers and proceedings, 2019, 109: 38-42.

[207] BEGENAU J, FARBOODI M, VELDKAMP L. Big data in finance and the growth of large firms [J]. Journal of Monetary Economics, 2018, 97: 71-87.

[208] MILLER A R, TUCKER C. Privacy protection, personalized medicine, and genetic testing [J]. Management Science, 2017, 64(10): 4648-4668.

[209] LAMBRECHT A, GOLDFARB A, BONATTI A, et al. How do firms make money selling digital goods online? [J]. Marketing Letters, 2014, 25(3): 331-341.

[210] SHANNON C E. A mathematical theory of communication [J]. Bell System Technical Journal, 1948, 27: 79-423.

[211] WANG R Y, STRONG D M. Beyond accuracy: what data quality means to data consumers [J]. Journal of Management Information Systems, 1996, 12(4): 5-33.

[212] FELDSTEIN M. Underestimating the real growth of GDP, personal

income, and productivity [J]. Journal of Economic Perspectives, 2017, 31(2): 145-164.

[213] GOLDFARB A, TUCKER C. Digital economics [J]. Journal of Economic Literature, 2019, 57(1): 3-43.

[214] AGHION P, BERGEAUD A, BOPPART T, et al. Missing growth from creative destruction [J]. American Economic Review, 2019, 109(8): 2795-2822.

[215] COYLE D. Do-it-yourself digital: the production boundary, the productivity puzzle and economic welfare [J]. Economica, 2019, 86(344): 750-774.

[216] Jones,C.I.Time Series Tests of Endogenous Growth Models[J]. The Quarterly Journal of Economics, 1995,110(2):495-525.

[217] Färe R., Grosskopf S., Pasurka Jr. C. A. Environmental Production Functions and Environmental Directional Distance Functions[J]. Energy, 2007, 32(7): 1055-1066.

[218] Grosskopf S. Some Remarks on the Malmquist Productivity Index and its Decomposition[J]. Journal of Productivity Analysis, 2003, 20(1): 459-474.

[219] Mastromarco C., Zago A. On Modeling the Determinants of TFP Growth[J]. Structural Change and Economic Dynamics, 2012, 23(4): 373-382.

[220] Tone K., Tsutsui M. An Epsilon-based Measure of Efficiency in DEA-A Third Pole of Technical Efficiency[J]. European Journal of Operational Research, 2010, 207(4): 1554-1563.

[221] Tian X., Yu X. The Enigmas of TFP in China: A meta-analysis[J]. China Economic Review, 2012, 23(2): 396-414.

[222] Torre Cepeda L. E., Ramos L. F. C. Patterns of TFP Growth in Mexico: 1991–2011[J]. The North American Journal of Economics and Finance, 2015, 34(C): 398–420.

[223] IPCC. Special report on global warming of 1.5 ℃ [M]. UK: Cambridge University Press, 2018.

[224] Rezaul Mahmood, et al. Land cover changes and their biogeo-physical effects on climate [J]. International Journal of Climatology, 2014, 34(4).